oberbayern

Friedrich Köthe

Friedrich Köthe

oberbayern

Friedrich Köthe

Oberbayern

erschienen im

REISE KNOW-HOW Verlag

ISBN 978-3-89662-560-1

© Helmut Hermann

Untere Mühle
D - 71706 Markgröningen
1. Auflage **2010**

Alle Rechte vorbehalten

– Printed in Germany –

www.reise-know-how.de

eMail-Adresse des Verlags:
rkhhermann@aol.com

Gestaltung und Herstellung
Umschlagkonzept: Carsten Blind
Inhalt: Carsten Blind
Lektorat: Helmut Hermann
Karten: Elke Krauß
Druck: Fuldaer Verlagsanstalt
Fotos: siehe Anhang

Dieses Buch ist erhältlich in jeder Buchhandlung in
Deutschland, Österreich, Schweiz, Niederlande und Belgien
Bitte informieren Sie Ihren Buchhändler über
folgende Bezugsadressen:

D: PROLIT GmbH, Postfach 9, 35461 Fernwald, www.prolit.de
       (sowie alle Barsortimente)
CH: AVA-buch 2000, Postfach 27, 8910 Affoltern, www.ava.ch
A: Mohr Morawa Buchvertrieb GmbH, Postfach 260, 1011 Wien
NL, B: Willems Adventure, www.willemsadventure.nl

Wer im Buchhandel trotzdem kein Glück hat, bekommt
unsere Bücher auch über unsere Büchershops im Internet (s.o.)

Vorwort

Krachlederne und Haferlschuh', Dirndl und Kropfband? Ja! Aber auch Hightech und Luxusautos, un-
zählige Seen und Hochgebirge, liebliche Hügellandschaften und bezaubernde Flussauen – Bayern
steht mit einem Fuß in der Vergangenheit und mit
einem in der Zukunft. Und der Spagat klappt vor-
trefflich. Nicht umsonst ist es in Deutschland das
beliebteste Urlaubsziel, lockt mit herrlichen Natur-
schauspielen, zahlreichen Angeboten zu Aktivitäten, Mittelalter-Festivals, Passionsstücken, Kino-
und Theaterereignissen und ausgezeichneten
Lokalen und Unterkünften – beileibe nicht alle im
Luxusbereich. In versteckten Ecken findet der
Reisende die kleinen und einfachen Biergärten, den
Landgasthof am Ende eines beschaulichen Spazier-
gangs. So ist für jeden etwas dabei, Party und
Erholung, Kunst, Kultur und Sport. Bayern ist eben
alles, was man braucht, um einen unvergesslichen
Urlaub zu verbringen – und „Oberbayern ist die
Steigerung von Bayern", wie Edmund Stoiber, der
ehemalige Ministerpräsident Bayerns, sagt.

Ihr Friedrich Köthe

Inhaltsverzeichnis

☐ Exkurs

Bitte schreiben oder mailen Sie (rkhhermann@aol.com),
wenn sich in Oberbayern Dinge verändert haben oder
Sie Neues wissen. Wir beantworten jede Zuschrift. Danke!

**Reise-ABC,
Land & Leute**

Praktisches Reise-ABC

Anreise Allgemein

Haupteinfallstor nach Oberbayern ist München mit seinem internationalen Flughafen und dem Kopfbahnhof mit ausgezeichneten Zugverbindungen ins ganze Bayern. Wer mit dem Auto anreist, wird zumindest bei der Fahrt auf dem Autobahnring die Silhouette Münchens genießen können. Von Süden her gelangen Autofahrer durch die Alpen unmittelbar in die grünen Landschaften Oberbayerns.

Anreise per Auto

Auch für jene, die mit ihrem Wagen von Norden kommen (B9/E45), ist München der Verteilungspunkt der Autobahnen für die Weiterfahrt. Sternförmig gehen vom Autobahnring um München ab: die B94 nach Osten, nach Süden die B8/E60 Richtung Salzburg (und von ihr abzweigend die B93/-E45 Richtung Italien) und die B95 Richtung Garmisch-Partenkirchen. Nach Westen führt die B96 in Richtung Memmingen und nach Nordwesten die B8 Richtung Augsburg.

Entfernungen München und Berlin sind 730 Straßenkilometer voneinander entfernt, München und Hamburg 775 km, von Köln sind es 575 km, von Frankfurt/M 420 km, von Leipzig 430 km, von Rostock 780 km und von Stuttgart 220 km. Von Zürich sind es 320 km, von Wien 440 km und von Bozen 280 km.

Umweltzone Wer nach München einfahren will, benötigt innerhalb des „Mittleren Rings" eine Umwelt-Plakette. Dies betrifft alle in- und ausländischen Kraftfahrzeuge. Die Plakette ist bestellbar beim Landratsamt München, Außenstelle Kraftfahrzeugzulassungs- und Führerscheinstelle, Bretonischer Ring 1, 85630 Grasbrunn-Neukeferloh, Tel. 62213000, Fax 6221-3128, www.landkreis-muenchen.de/buergerservice. Halter nichtdeutscher Fahrzeuge bestellen die Plakette bei TÜV Süd AG, Westendstraße 199, 80686 München, Tel. 57910, Fax 57911551, www.tuev-sued.de.

Ab Oktober 2010 dürfen Fahrzeuge ohne oder mit roter Plakette, ab Januar 2012 ohne oder mit einer gelben Plakette nicht mehr einfahren

Hinein ins
Weiß-Blaue

Anreise per Bahn

Der Haupbahnhof München ist der zentrale Knotenpunkt für die Weiterfahrt ins Oberland. Der moderne Kopfbahnhof liegt sechs Stunden Fahrzeit von Berlin und Hamburg, gute drei Stunden von Frankfurt/M, viereinhalb Stunden von Leipzig und Köln, achteinhalb Stunden von Rostock, vier Stunden von Zürich und gute vier Stunden von Wien entfernt (jeweils die schnellsten Verbindungen). Viele Fernverkehrszüge halten auch kurz – je nach Einfahrtsrichtung – an den Bahnhöfen Ostbahnhof (im Osten) und Pasing (im Westen). Wer in diese Gegenden Münchens will, steigt besser dort aus.

Fahrplanaus-
künfte/Preis-
informationen
in den
Bahnhöfen
oder unter
www.bahn.de

Das Schienennetz in Bayern ist gut ausgebaut, und wo Strecken stillgelegt wurden, gibt es meist einen Schienenersatzverkehr mit Bussen. Teils sind Strecken privatisiert, wie die der Bayerischen Oberlandbahn (BOB, von München nach Lenggries, Tegernsee und Bayrischzell).

Anreise per Bus

Die Busse aus Deutschland und Europa halten in München am neuen Busterminal ZOB (Tel. 2373 217, www.muenchen-zob.de) nahe des Hauptbahnhofes. Unter anderem verbindet die Busgesellschaft „Deutsche Touring" (Am Römerhof 17, 60486 Frankfurt/M., Tel. 069-7903501, www.touring.de) viele deutsche und europäische Städte mit München, die Preise sind etwas günstiger als die der Bahn, die Fahrtdauer etwas kürzer. Allerdings muss bei einigen Strecken umgestiegen werden. Von

München geht es mit den Bussen des „Regional-verkehr Oberbayern" weiter (RVO, Hirtenstraße 24, 80335 München, Tel. 551640, Fax 55164199, www.rvo-bus.de). Wer in die Berge will, sollte sich über die Kombitickets des RVO informieren, der mit vielen Bergbahnbetrieben zusammenarbeitet und Liftfahrten etwas günstiger macht.

Anreise per Flugzeug

Mit München, dem zweitwichtigsten Luftverkehrs-kreuz Deutschlands, hat Oberbayern beste Verbin-dungen sowohl innerhalb der Bundesrepublik als auch aus dem Ausland. Praktisch alle namhaften Linien- und Chartergesellschaften fliegen Bayerns Landeshauptstadt an. Der nationale/internationale Flughafen Franz-Josef-Strauß liegt 37 km vom Hauptbahnhof nordöstlich bei Erding.

Lufthansa

Lufthansa (www.lufthansa.com) fliegt aus Berlin/Tegel, Bremen, Dresden, Düsseldorf, Erfurt, Frank-furt/M, Friedrichshafen, Hamburg, Hannover, Heringsdorf, Hof, Köln/Bonn, Leipzig/Halle, Mann-heim, Augsburg, Münster, Nürnberg, Paderborn, Saarbrücken/Ensheim, Stuttgart und Westerland. Österreicher können mit Lufthansa von Graz, Klagenfurt, Linz und Wien (teilweise mit Air Dolomiti oder Augsburg Airways) nach München kommen. Schweizer fliegen von Basel, Genf und Zürich aus (teils mit Lufthansa Cityline oder Augsburg Airways).

Austrian

Mit Austrian Airlines (www.aua.com) fliegt man von Graz, Klagenfurt, Linz und Wien nach München.

Swiss

Die Swiss (www.swiss.com) startet von Basel, Genf und Zürich nach München.

Air Berlin

Air Berlin (www.airberlin.com) fliegt von Berlin/Tegel, Düsseldorf, Hamburg, Hannover, Köln/Bonn, Münster/Osnabrück, Saarbrücken und Sylt. Nach Memmingen (Schwaben) gelangt man von Köln/Bonn und Berlin/Tegel.

German Wings

Abflugorte von German Wings (www.germanwings .com) sind Berlin/Schönefeld, Dortmund, Köln/Bonn und Rostock. Österreicher fliegen von Wien und Klagenfurt, Schweizer von Zürich nach München.

Ryan Air

Der Billigflieger (www.ryanair.com) bietet nur eine

Verbindung nach Bayern. Angeflogen wird von Bremen aus „München West" – das ist der Flug hafen von Memmingen, der nicht mehr in Ober bayern, sondern in Schwaben liegt. Wer als Einzel ziel Neuschwanstein vor Augen hat, liegt mit diesem Flug richtig.

Preise   Je nach Aufenthaltsdauer (z.B. Wochenend-Specials), Vorausbuchungszeit und Saison variieren die Preise für einen Einfachflug zwischen 25 € und 200 €. Insbesondere Air Berlin und German Wings bieten die Flüge zu sehr günstigen Preisen an.

Flughäfen   **Flughafen München International** / München (Erding) / Franz Josef Strauß, FMG Flughafen München GmbH, Nordallee 25, 85356 München, Tel. 97500, Fax 97557906, www.munich-airport.de, 37 km vom Hauptbahnhof München. Die Fahrt in die City mit einem **Taxi** kostet um die 50 € (Fahrzeit 30 bis 60 Minuten, je nach Tageszeit). Der **Flughafenbus** fährt zum/vom Hauptbahnhof von 6.20 bis 21.40 Uhr im Zwanzigminutentakt (Dauer 40 bis 60 Minuten, einfach 10,50 €, hin und zurück 17 €; Autobus Oberbayern, Tel. 323040, www.airportbus-muenchen.de). Die **S-Bahn** fährt zum/vom Hauptbahnhof von 4.02 bis 1.22 Uhr (40 Minuten, Einzelfahrkarte 9,20 €, mit Streifenkarte 8,80 €, Single-Tageskarte für das Gesamtnetz 10 €, www.mvv-muenchen.de).

Der **Flughafen Memmingen** / Allgäu Airport (Am Flughafen 35, 87766 Memmingerberg, Tel. 08331–984200100, Fax 98420019, www.flughafenmemmingen.eu) liegt 112 Straßenkilometer von München. Die Fahrt vom Flughafen zum Memminger Hauptbahnhof dauert mit dem *Flughafenbus* 12 Minuten (6 bis 22 Uhr, alle 1–2 Stunden, 2,50 €). Von dort weiter mit der Bahn nach München in 75 bis 90 Minuten, einfach 19–24 €), oder mit dem *Allgäu Airport Express* direkt nach München (Haltestelle Arnulfstraße/Hauptbahnhof, 7 bis 22 Uhr, etwa alle zwei Stunden, Fahrzeit 90 Minuten, einfach 18 €, Tel. 08261-3022, www.allgaeu-airportexpress.de).

A-Z

Einreise

Theoretisch finden für Reisende aus Österreich und Schweiz keine Grenzkontrollen mehr statt. Allerdings werden bei Großveranstaltungen, z.B. Einreise von Fußballfans oder geplanten Demonstrationen, in Bayern durchaus zeitlich befristete Kontrollen vorgenommen. Unabhängig davon ist die Schweiz zolltechnisch weiter unabhängig und nicht Teil der EU, damit sind an den dortigen Grenzen jederzeit Zollkontrollen möglich und legitim. Auch wenn es in Deutschland nur eine Ausweispflicht, aber keine allgemeine Mitführpflicht eines Personaldokumentes gibt, sollte man auf alle Fälle immer ein Ausweisdokument mit sich führen.

Feiertage

Neujahr	01.01.
Heilige Drei Könige	06.01.
Karfreitag	02.04.2010, 22.04.2011, 06.04.2012
Ostermontag	05.04.2010, 25.04.2011, 09.04.2012
Tag der Arbeit	01.05.
Christi Himmelfahrt	13.05.2010, 02.06.2011, 17.05.2012
Pfingstmontag	24.05.2010, 13.06.2011, 28.05.2012
Fronleichnam	03.06.2010, 23.06.2011, 07.06.2012
Mariä Himmelfahrt	15.08.
Tag der dt. Einheit	03.10.
Allerheiligen	01.11.
1. Weihnachtstag	25.12.
2. Weihnachtstag	26.12.

Feste

Brauchtum

	Januar	Hornschlittenrennen in Gaißach und Garmisch-Partenkirchen; Perchtenlauf in Bad Reichenhall; Schäfflertanz in München (2012, 2019);
	Februar	Faschingstreiben am Münchener Viktualienmarkt; Fasching am Spitzingsee; Taubenmarkt in Wasserburg/Inn; Schäfflertanz in München (2012, 2019)
	Mai	Maibaumaufstellen in ganz Oberbayern; Bergknappenfest in Berchtesgaden; Passionsspiele in Oberammergau (2010, 2020)
	Juni	Sonnwendfeiern, z.B. an der Kampenwand; Passionsspiele in Oberammergau (2010, 2020)
	Juli	Passionsspiele in Oberammergau (2010, 2020)

August	Fischerstechen in Dießen, König Ludwig-Feier in Oberammergau; Passionsspiele in Oberammergau (2010, 2020); König Ludwig-Feier in Berg (Starnberger See)
September	Viehscheid (Almabtrieb) in ganz Oberbayern; Passionsspiele in Oberammergau (2010, 2020)
Oktober	Kirchweihfeste in ganz Oberbayern
Dezember	Weihnachtsmärkte in ganz Oberbayern; Krampuslaufen in Bad Reichenhall; Buttmandllaufen in Berchtesgaden

Mittelalter-liches

| Juli | Kaltenberger Ritterspiele; Bozner Markt in Mittenwald (2012, 2017); Burghausener Burgfest; Schifferstechen in Laufen |

Gelebtes Mittelalter

Sport

Januar	Vierschanzentournee im Skispringen in Oberstdorf und Garmisch-Partenkirchen als den zwei deutschen Austragungsorten; Ballonwoche in Inzell; Mongolfiade in Bad Wiessee
Juli	Zugspitzmarathon
August	Walchenseemarathon
Oktober	Münchenmarathon

Volksfeste, Jahrmärkte

Mai	Hofdult in Atötting; Frühjahrsdult in München
Starkbierzeit	Am Nockherberg (München)
Juni/Juli	Tollwood-Festival in München
Juli	Jakobidult in München
August	Herbstfest in Rosenheim
September	Oktoberfest in München, Fohlenmarkt Rottenbuch
Oktober	Herbstdult in München
Dezember	Tollwood-Festival in München

Wallfahrten	April	Georgiritt und Schwertertanz in Traunstein; Georgiritt in Tittmoning; Georgiritt zum Auerberg (Weilheim)
	Mai	Wallfahrt nach Maria Eck (Traunstein); Wallfahrten in Altötting
	Juni	Fronleichnamsprozessionen am zweiten Donnerstag nach Pfingsten, darunter Seeprozession auf dem Staffelsee (Murnau)
	Juli	Ulrichsritt in Steingaden
	August	Wallfahrt nach Sankt Bartholomä; Wallfahrt zur Gnadenkapelle in Altötting; Stumme Prozession in Landsberg
	September	Georgiritt in Ruhpolding
	November	Leonhardiritt in Bad Tölz, Kreuth und Murnau

Kultur und	Januar/	
Musikalisches	Februar	Volksmusiktage in der Wirtschaft Fraunhofer, München
	März	Jazzfestival in Burghausen
	Juni	Filmfest in München
	Juli/August	Opernfestival Gut Immling (Chiemsee); Kulturknallfestival (Theater, Kabarett) in Murnau; Salzburger Festspiele
	August	Reggae-Sommerfestival am Chiemsee
	November	Spielart Theaterbiennale in München (2011, 2013)

Information

Fast jeder Ort in Oberbayern besitzt ein Anlaufbüro für Touristen (Informationsbüro, Fremdenverkehrsamt, Tourismusverband, Kurverwaltung etc.). Bei den jeweiligen Orten findet man die Adresse.

Oberbayern   Die zentrale Informationsstelle für Oberbayern befindet sich in München: Tourismusverband München-Oberbayern e.V., Radolfzellerstr. 15, 81243 München, Tel. 8292180, www.oberbayern.de.

Österreich   Österreicher können sich an die Deutsche Zentrale für Tourismus e.V. wenden, Mariahilfer Straße 54, 1070 Wien, Tel. 01-5132792, Fax 513279222, www.deutschland-tourismus.de

Schweiz   Schweizer erhalten Informationsmaterial über die Deutsche Zentrale für Tourismus e.V., Talstr. 62, 8001 Zürich, Tel. 044-2132200, Fax 2120175, www.deutschland-tourismus.de

Kleidung

Für Touristen verboten

Entgegen der landläufigen Meinung benötigt man für einen Besuch Oberbayerns nicht zwingend Lederhose und Dirndl. Wer es zünftig liebt, kann beides jedoch vor Ort erstehen und besonders die Volksfeste (wie das Oktoberfest), in traditioneller Tracht besuchen. Ansonsten gehört ins Reisegepäck die für die jeweiligen Aktivitäten notwendige und der Jahreszeit entsprechende Ausstattung: leger bis elegant in den Städten, zweckmäßig bis rustikal für eine Landreise. Da Oberbayern ein ganzjähriges Urlaubsziel ist und das Hochgebirge nah, sollte man immer auch warme Kleidung dabei haben. Im Sommer laden die zahlreichen Badeseen und Freibäder zu einem kühlenden Sprung ein – also Badesachen einpacken. Die Sommer können heiß sein.

Wer in die Berge will, bedenke, dass mit dem Funtensee bei Berchtesgaden der kälteste Ort ganz Deutschlands in Oberbayern liegt und auch im Sommer wärmende Kleidung das Leben angenehm macht. Für die Übergangszeiten sind Strickwaren und Regenzeug angeraten.

Kommunikation

Telefon

Auch in Bayern sind die öffentlichen Fernsprecher fast ganz aus dem Straßenbild verschwunden (und in den Verbliebenen kann meist nur mit einer Telefon- oder einer Maestro-Karte bezahlt werden), als Hightechland trägt jeder ein Funktelefon am Mann oder an der Frau. Die Netzabdeckung ist ausgezeichnet, auch im Gebirge, wobei jedoch bei Großveranstaltungen, wie z.B. beim Reggae-Sommerfestival am Chiemsee, das Funknetz zusammenbrechen kann, weil nämlich Zehntausende sich per Handy im Gewühl zu finden versuchen.

Länder-Vorwahlen:
Österreich 0043, Schweiz 0041, Deutschland 0049

Internet

Viele Unterkünfte bieten inzwischen einen Internetzugang an, entweder als WLAN/WiFi/Hotspot in der gesamten Herberge oder mit einem Rechner im Rezeptionsbereich. Viele Tourismusämter haben ebenfalls einen Computer zu freien Benutzung

Hightech im
Grünen

herumstehen, auf dem man schnell seine Mails prüfen kann. Außerhalb der Städte ist Oberbayern mit
DSL-Anschlüssen etwas unterversorgt, so dass man
teilweise mit längeren Aufbauzeiten des Bildschir-
mes rechnen muss.

Konsulate

Österreich Generalkonsulat Österreich, Ismaninger Straße
136, 81675 München, Tel. 998150, Fax 9810225,
www.muenchen-gk@bmeia.gv.at.

Schweiz Schweizerisches Generalkonsulat, Brienner Straße
14, 80333 München, Tel. 2866200, Fax 28057961,
mun-vertretung@eda.admin.ch.

Knigge

Der schlimmste Fauxpas ist, sich in übertriebener
Art als Bayer auszugeben, indem man mit Lederhose, gamsbartgeschmücktem Hut, Haferlschuh'
und *Loferl* (die in einen Waden- und einen Fußteil
geteilten Strümpfe, zwischen denen die Haut her-
vorlugt) ausstaffiert durchs Land reist, oder einem
echten Bayern gegenüber sich unter Zuhilfenahme
dessen Dialektes zu verständigen sucht.

Ansonsten sind die Oberbayern ein langmütiges
Volk, das viel durchgehen und Herrgott und Nachbarn gute Männer sein lässt. Man ist meist gemütlich und nur manchmal *knarzig* (grantig), was aber
nichts heißt. Keinesfalls sollte man den *Grant* ernst
nehmen und mit spitzen Bemerkungen reagieren.
Das käme schlecht an, und wahrscheinlich lernte
man daraufhin einige neue, das eigene Aussehen
und Gemüt beschreibende Dialektwörter.

Das Wichtigste

Den Oberbayern ist die Natur lieb und teuer, besonders im Gebirge. Ihr Schutz wird hochgehalten und jeder Besucher sollte die Naturräume so verlassen, wie er sie vorgefunden hat – alles wieder mitnehmen, was man mitgebracht hat, nichts mitnehmen, was man nicht mitgebracht hat.

Der Pfarrer ist, insbesondere auf dem Land, noch vor den Respektspersonen Lehrer und Tierarzt, die moralische Instanz schlechthin, die Kirche praktisch allgegenwärtig und der Oberbayer im Rahmen eines barocken Katholizismus strenggläubig. Dies muss man respektieren und bei Kirchenbesuchen das entsprechende Verhalten an den Tag legen: angemessene Kleidung, Zurückhaltung während der Gottesdienstzeiten.

Kleines bayerisches Glossar

Dult	Ursprünglich ein Kirchenfest mit angeschlossenem Warenverkauf, heute ein reiner Jahrmarkt
Grandln	Ursprünglich Jagdtrophäen, heute allgemein die Bezeichnung für kleine Schmuckgegenstände an der Tracht
G'selchtes	Gepökeltes
G'stanz'l	Vierzeilige Spottreime
Jause	Brotzeit
Keferloher	Bierkrug
Loferl	Zweigeteilte Strümpfe mit einen Innenschuh- und einem Wadenteil
Nicker	Jagdmesser
Russ	Bier mit Zitronenlimonade
Schariwari	Schmuckkette mit Anhängern (z. B. Grandln)
Schmalzler	Schnupftabak

＿＿＿＿＿ Landkarten

Die **Shell** Regionalkarte Deutschland (1:150.000) Nr. 18 München, Oberbayern, Salzburg, Passau hat ein Ortsverzeichnis und einen kleinen Städteführer. Die **ADAC** Autokarte Bayern Süd liegt im Maßstab 1:200.000 vor.

Spezialkarten Der Verlag Publicpress hat eine **Motorradkarte** Oberbayern, Tirol, Südtirol (1:250.000) mit zwölf Tourenvorschlägen unterschiedlicher Länge vom Ammersee bis nach Bozen und eine **Radwanderkarte** Chiemgau, Oberbayern, Berchtesgadener Land (1:100.000) mit 14 Fernradwegen (darunter der Benediktweg entlang der Lebensstationen des früheren Kardinals Joseph Ratzinger, heute Papst) in Angebot. Auch der Allgemeine Deutsche Fahrradclub (ADFC) bietet eine **Radtourenkarte** Oberbayern (1:150.000) an. Die ausgezeichneten **Wanderkarten** im Verlag Kompass sind im Maßstab 1:50.000 erhältlich, auf www.kompass.at kann man einen Kartenschnitt im pdf-Format herunterladen.

Medien

Bekannteste und beliebteste **Tageszeitung** ist die linksliberal orientierte „Süddeutsche Zeitung". Der „Münchner Merkur" ist leicht rechtslastig. Als Boulevardzeitungen kommen die Regionalausgabe der Bildzeitung, die „TZ" (gehört zum Konzern um den Münchener Merkur) und die linksliberale „Abendzeitung" auf den Markt. Jede dieser Zeitungen wird in München verlegt, Süddeutsche und Merkur drucken für bestimmte oberbayerische Gegenden Regionalbeilagen.

Der Bayerische Rundfunk sendet fünf **Hörfunkprogramme,** Bayern 1 als buntes Potpourri des städtischen und ländlichen Lebens, Bayern 2 versteht sich als Kultursender und Bayern 3 hören die Jüngeren (die auch gerne aus Österreich Ö3 empfangen). B5 aktuell ist der Nachrichtensender des staatlichen Rundfunks, B4 Klassik bringt alles was zum Namen passt. Daneben gibt es noch eine ganze Reihe an Privatsendern. Das terrestrisch-digitale **Fernsehprogramm** besteht aus Bayern 3 und BR-alpha, ersterer mit einem buntem Gemisch aus Sendungen, die teils nur regional von Belang sind, aus Nachrichten und Spielfilmen. Letzterer genügt seinem intellektuellen Anspruch mit Hintergrundinformationen und Fortbildung.

Museen

In Oberbayern gibt es zahllose Museen, von den großstädtischen „Platzhirschen" in und um München bis zu den kleinen, speziellen oder rustikalen auf dem Land, die das Leben der Altvorderen und Holzknechte beleuchten, Kutschen sammeln, Künstler- oder Sportlerleben dokumentieren oder

Eine Liste der Museen in Oberbayern erhält man auf www.museen-in-bayern.de

die Funktion von Bergwerken erklären. Auch beim besten Willen kann man nicht alle besuchen, es heißt, sich auf bestimmte Themen zu beschränken. Im Allgemeinen haben die Museen montags geschlossen, die Kernöffnungszeit ist 9–17 Uhr, am Sonntag teils erst ab 10 Uhr. Mit einem Eintrittspreis zwischen 2,50 und 10 € muss man rechnen.

A–Z

Notruf

Die allgemein gültige **Notrufnummer** vom Festnetz und aus dem Mobilnetz ist deutschlandeinheitlich 112. Sie gilt für Polizei, Feuerwehr und Rettungsdienst. Weiterhin gültig ist die Nummer aus dem Festnetz Tel. 110 für die Polizei. Wer seine **Kreditkarte** sperren will, wählt Tel. 116116. Schweizer und Österreicher müssen ihre Kreditkarten gezielt beim Anbieter sperren lassen. Der **Pannenhilfsdienst** des ADAC ist vom Festnetz aus über Tel. 01802-222222, mit dem Funktelefon über Tel. 222222 erreichbar. Die **Bergrettung** hat vom Festnetz aus die Nummer 19222, vom Funktelefon aus 112.

Öffnungszeiten

Läden haben Montag bis Freitag, teils auch am Samstag, von 7.30/8 Uhr bis 19.30/20 Uhr geöffnet. Viele Läden gehen am Samstag ab 14/16 Uhr in das Wochenende, sonntags ist geschlossen. **Postämter** haben unterschiedliche Öffnungszeiten, die Hauptzeiten sind Mo–Fr 8–12 und 14–18 Uhr, Sa 9–12 Uhr. **Gaststätten** und **Restaurants** haben unter der Woche meist von 11–15 Uhr und ab 18/19 Uhr geöffnet, auf dem Land häufig auch durchgängig. Man beachte, dass auf dem Land die Küche schon mal um 20.30 Uhr schließen kann und die Gäste bereits ab 18 Uhr ihre Mahlzeiten einnehmen.

Reiseveranstalter

Zahlreiche große und kleine Reiseveranstalter haben Oberbayern und die Stadt München im Angebot. Hier seien nur einige Spezialveranstalter genannt:

Urlaub auf dem Bauern- hof: www. bauernhof- urlaub.com

- **Rennradreisen** rund um Bad Tölz, Miesbach und Rosenheim bietet bixi-bike & ski adventures an, www.bixi.at.
- Geführte **Mountainbike-Touren** unternimmt der Veranstalter Chiemgau Biking im Chiemgau und bis nach Tirol, www.chiemgau-biking.de.
- **Golfreisen** zu den über 30 Plätzen in Oberbayern bietet Fairplay Golfreisen an, www.fairplay-golf-reisen.de.
- **Wander- und Klettertouren** kann man über den Deutschen Alpenverein, Sektion München & Oberland buchen, www.alpenverein-muenchen-oberland.de.

Reisezeit

Oberbayern gehört zu den glücklichen Gegenden auf der Welt, in denen das ganze Jahr über Saison ist. Im Sommer wird gebadet und gewandert, im Winter Ski gelaufen und gewandert, und ganzjährig ist der Kulturtisch reich gedeckt mit Ausstellungen, Festivals, Konzertreihen und Jahrmärkten. Ein Jahresüberblick:

Frühling Die Natur erwacht, auf den Wiesen des Alpenvorlandes spitzen Krokusse aus dem Boden, in hellem Grün zeigen sich die ersten Blätter an den Bäumen und die Wanderer unternehmen ihre ersten Touren in der Hügelwelt Oberbayerns. Die Sonne gewinnt zunehmend an Kraft, in den Städten stellen die Wirte Tische und Stühle auf die Straße und die Ersten schlürfen ihren Cappuccino im Freien. Noch sind die Touristen nicht besonders zahlreich, nur hoch oben in den Bergen dreht sich für sie noch der Skizirkus. Jetzt kann man in den Hotels und

Märchenhaftes Panorama Neuschwanstein

Gasthöfen in den Tälern und in München noch das eine oder andere Schnäppchen bei der Unterkunftsbuchung ergattern.

Sommer
Der Tourismusmotor ist voll angelaufen, der Himmel zeigt sich in den Landesfarben weißblau mit seinen berühmten Wölkchen, die Wanderer steigen ab Mai hoch hinauf und mit dem Juni sollten die meisten Wege im Hochgebirge nach und nach schneefrei werden. Ab Juli ist endgültig die Zeit für die höchsten Gipfel gekommen und die Sommerfrischler belagern die Badeseen. Besonders am Wochenende können die Straßen nun überlastet sein, die Parkplätze an den Badestellen vollgestellt. München platzt aus allen Nähten, Besucher aus aller Welt tummeln sich in der Stadt und reisen zu den Highlights, wie Schloss Herrenchiemsee, aufs Land.

Herbst
Langsam wird es ruhiger, nun ist die schönste Zeit hoch oben im Gebirge, und die Seenplatte lädt noch immer mit erträglichen Wassertemperaturen zum Bad. Dies ist aber bald vorbei, immer häufiger bedeckt eine Nebeldecke das Voralpenland, und wer von den Bergen hinunter schaut, wundert sich, dass da unten Menschen leben können, während man selbst in der Sonne brät. Doch wenn diese den Schleier zerreißt, zeigen sich die Landschaften nochmals von ihrer schönsten Seite, die Bäume changieren in allen Braun-, Rot- und Grüntönen, die Bauern bestellen ein letztes Mal im Jahr ihre Felder, und die Besucher Oberbayerns wählen zwischen der herbstlich-prächtigen Natur und den zahlreichen kulturellen Veranstaltungen, die die Jahreszeit bereichern.

Winter   November und Dezember sind nicht immer trüb, ab und an bricht der Föhn ein, der für klare Fernsichten sorgt. Die Sonne wärmt anfangs noch die Leute in den Straßencafés, und die Berge kristallisieren klar und deutlich am Horizont. In den Städten und Dörfern kündigt sich der Jahreswechsel an, Anfang Dezember öffnen überall die Stand'l auf den Plätzen – Weihnachtsmarkt. Glühwein wärmt die Glieder, mit dem Kauf von Kunsthandwerk, Schmuck und anderen Geschenken bereiten die Bayern das Fest der Liebe vor. Noch ist nicht die Zeit des Wintersportes gekommen, die beginnt erst mit den Weihnachtsferien, dann aber Hallo! Die Skigebiete helfen der Natur mit Schneekanonen auf die Sprünge, alle Gästebetten sind belegt, und an den Liften stehen die Wintersportler in langen Schlangen. Mit dem Faschingsdienstag endet die Jahreszeit, der Frühling kündigt sich im Flachland mit den ersten Schneeglöckchen an.

Souvenirs

Von König-Ludwig-Memorabilien zum Maßkrug, von der Tracht zu Prêt-à-porter, vom Münter-Kunstdruck zum gerahmten „Röhrenden Hirsch", von Käse bis geräucherter Bergforelle – die Mitbringsel sind mannigfaltig und mal mehr, mal weniger – auch kulturell – haltbar. Hier eine Übersicht:

Schmuck   Das **Kropfband** ist ein Kleidungsstück der Bäuerin von Welt. Eng den Hals umschließend, aus Stoff mit Brosche oder Anhänger oder aus breiten Metallgliedern gearbeitet, verdeckte es früher tatsächlich den Kropf – Bayern war eben Jodmangel-Region. Traditionell ist es ein schwarzes Samtband mit einem kleinen Schmuckgegenstand. Das **Schariwari** (von franz. *charivari* – Durcheinander) war ehemals nur den Männern vorbehalten, die an einer Kette vor dem Bauch allerlei

Nützliches trugen: Mardergebisse, Dachspfoten oder Bergkristalle – die **Grandln.** Heute tragen es auch Damen zum Dirndl, allerdings mit etwas weniger martialischem Anhängern, es sind meist kleine Gegenstände oder Schmuckstücke aus Edelmetall wie Herzen oder Münzen. Der **Nicker** ist der Hirschfänger und mehr als männlicher Schmuck denn als Messer zum Abstechen von Wild geeignet, sein Griff ist üblicherweise aus Hirschhorn geschnitzt. Der **Gamsbart** am Hut ist selten geworden, wohl weil die Tiere nicht mehr so häufig sind: für einen benötigt man die Rückenhaare von bis zu 10 Gämsen.

Genussmittel   Die Verwendung von **Schnupftabak** ist zwar nicht auf Bayern beschränkt, doch aus Oberbayern kommen sicherlich die schönsten Dosen hierfür. Und wer sich seinen „Schmalzler" nach Originalrezept aus pulverisiertem Wacholderstrunk, in Zuckerwasser eingelegten Tabakblättern und einem Löffel Butterschmalz nicht selbst zubereiten will, kauft einen von Alois Pöschl, dem weltweit größten Schnupftabakhersteller gleich nördlich von München. **Enzian** ist nicht nur Gewächs, sondern, aus seinen Wurzeln zu Hochprozentigem gebrannt, auch Medizin für Leib und Seele. Nach einem Schweinsbraten mit Knödeln wirkt er Wunder – nicht weniger nach Eisbein mit Sauerkraut zuhause. Auch die **Liköre** aus dem Kloster Ettal werden für ihre Heilwirkung nicht nur von gemütskranken Damen gerühmt, besonders beliebt sind „Liqueur gelb" und „Liqueur grün". **Bier** in größeren Mengen wird man nur in den seltensten Fällen nach Hause spedieren, doch ein paar Flaschen Erdinger Weißbier, Andechser Doppelbock oder dunkles Salvator sind immer ein willkommenes Geschenk für Daheimgebliebene.

Essen   **Käse** ist gut mit nach Hause zu nehmen, in den Voralpen erhält man köstliche Sorten aus Rohmilch direkt von den Almen. Auch **Räucherfisch,** z.B. Forellen oder Saiblinge, sind für einen längeren Transport geeignet. Die meisten Oberbayern schwören auf Händlmaiers **Weißwurst-Senf,** zähflüssig, dunkelbraun mit den noch sichtbaren Gewürzkörnern, leicht süß und mild im Geschmack.

Finger weg!

Was **keinesfalls** ins Rückreisegepäck gehört: Weißwürste (schon gleich gar nicht in Dosen), weil sie unbedingt frisch gegessen werden müssen – ebenso wie die Brez'n, die innerhalb von Stunden zur weichzähen Masse mutieren.

Kunst-handwerk	Wer nach Oberammergau oder Mittenwald kommt, wird in den Hauptstraßen die Geschäfte voller **Holzschnitzereien** finden. Heilige und Knechte, Rehlein und Bären – die Sujets der „Herrgottsschnitzer" sind vielfältig, die Größe der Skulpturen auch und erst recht die Qualität und die Preise. Also Augen auf und genau überlegen, was man sich wirklich daheim aufs Sideboard stellen will.
Geschirr	Wer schon auf die Mitnahme von Weißwürsten verzichten muss, kann sich zumindest eine **Weißwurstterrine** und ein dazu passendes Töpfchen für den süßen Senf besorgen. Üblicherweise werden Weißwürste in heißem Wasser in der Terrine auf den Tisch gestellt und man greift sich Wurst nach Wurst. Für das nach Hause mitgebrachte Bier ist ein „Keferloher" unabdinglich, der berühmte bayerische **Maßkrug** aus glasiertem Steinzeug. Ihn gibt es ohne oder mit Deckel (original aus Zinn), einfach und geradlinig, wie sich's gehört, oder mit Reliefs überfrachtet, wie bei den Versionen „Neuschwanstein" und „Panorama Bayern".
Kleidung	Man gebe sich keinen Illusionen hin, die billigen **Dirndl** und **Lederhosen** kommen auch in Oberbayern meist aus Fernost – es sei denn, man erwirbt eine Tracht in einem Second-hand Shop. In den Läden im Oberland, die das bayerische Brauchtum hochhalten und in denen auch die Trachtenvereine einkaufen, ist alles Handarbeit, bis zu den Stickereien am Querriegel der Hosenträger, für die noch Pfauenfederkiele mit dem Messer gespalten werden. Das alles hat seinen Preis. Wer nur für einmal Oktoberfest ein zünftiges Gwand sucht, ist hier falsch und geht besser in einen der Trachtensupermärkte der Münchener Innenstadt.

Der während der Wiesn überall erhältliche „Sepplhut" in Universalgröße hat nichts mit bayerischer Tradition zu tun, er entstammt dem Kasperltheater.

Unterkünfte

Jeder findet in Oberbayern eine angemessene und seinen Preisvorstellungen entsprechende Unterkunft, in München und Umland vielleicht nicht gerade leicht zur Wies'nzeit oder bei großen Messen. In Herbst und Frühjahr sind die Preise moderater als im Sommer, oder in der Ferienzeit im Winter, wenn jeder Skifahren will. Bei längeren Aufenthalten gewähren besonders die kleineren Herbergen einen Rabatt auf den Zimmerpreis, die großen Hotels der Komfort- und Luxusklasse locken Gäste weniger mit Rabatten als mit Kombinationsangeboten, wie zusätzliche Mahlzeiten und Liftkarten oder mit „Treatments" im angeschlossenen Wellnessbereich (manchmal wirklich luxuriös, durchdacht und wunderschön, häufig aber auch winzig und lieblos konzipiert).

Hotels

Es gibt zahllose Hotels, nicht wenige sind dem Ruf der Zeit gefolgt und firmieren als Wellness-Hotels. Das Angebot reicht vom einfachen Zweisterne-Hotel bis zur luxuriösen Fünfsterneplus-Herberge nicht nur in München, sondern auch im Oberland. Ein Hotel garni bietet als Mahlzeit lediglich ein Frühstück an.

Gasthöfe

Der kleine Bruder des Hotels – meist in kleineren Ortschaften und Dörfern – hat nur ein eingeschränktes Angebot, aber die Preise sind günstig und man wohnt in einer authentischeren Atmosphäre. Im Allgemeinen ist ein Speiselokal angeschlossen, nicht selten befindet sich im Gebäude auch noch die Dorfmetzgerei.

Gasthof
in Inzell

Ferien auf dem Bauernhof

Die Einmietung auf einem Bauernhof ist mit die schönste und direkteste Art, sich Land und Leuten zu nähern. Die Gästezimmer haben in der Regel jedes ein eigenes Bad, immer wird ein Frühstück mit angeboten, nicht selten auch besteht die Möglichkeit der Halbpension. Viele der Bauernhöfe stehen in landschaftlich herrlicher Lage, einige sind stolz, als Biohof nur ökologisch einwandfreie Zutaten für die Mahlzeiten zu verwenden und legen auch Wert auf ökologisch unbedenkliche Einrichtung. Gerade für Kinder ist der Bauernhof ideal, die Kleinen und Größeren beschäftigen sich den ganzen Tag mit Entdeckungsreisen und mit den Tieren.

Große Auswahl: www. bauernhof-urlaub.com

Privatzimmer

Eine der günstigsten Möglichkeiten der Unterkunft sind die Privatzimmer, am Komfort muss man teils Abstriche machen (z.B. Etagenbad). Da die Vermieter den Aufwand erträglich halten müssen, sehen sie es ungern, wenn man sich nur für eine Nacht einquartieren will, drei Nächte sollten die Regel sein.

Ferienwohungen

Üblicherweise werden Ferienwohnungen wochenweise – meist von Samstag bis Samstag – vermietet. Sie sind komplett eingerichtet und die Küche ist mit allem Notwendigen ausgestattet. Damit sind die Ferienwohnungen für Selbstversorger ideal.

Berghütten

Wer in die Berge geht, kennt es: den überfüllten Schlafsaal, die dampfende Kleidung und das Schnarchen. Aber gibt es eine Alternative? Ja, die moderneren Berghütten bieten auch Doppel- oder Vierbettzimmer an! Die Mahlzeiten auf den Hütten sind meist kein kulinarisches Erlebnis, dafür kräftigend und reichlich.

Tegernseer Hütte am Buchstein

Hostels　　　Auch in Oberbayern hält die moderne Form der Jugendherberge langsam Einzug. Im Allgemeinen hat man die Wahl zwischen Einzel-, Zwei- und Mehrbettzimmern, häufig haben die Zimmer jeweils ein eigenes Bad, die Preise ähneln denen von Privatzimmern. Bei den Serviceleistungen wird manchmal fast Hotelstandard geboten, man ist unter sich und kann sich austauschen.

A-Z

Jugend-　　Lange hat es gedauert, den Mief der 1950er Jahre
herbergen　abzustreifen. Doch nach und nach werden die Jugendherbergen modernisiert, bieten eine durchaus reelle Balance zwischen Preis und Leistung und ein zeitgemäßes Ambiente. Wie bei den Hostels findet man schnell Kontakt und Informationen. Ursprünglich gedacht für unter 27 Jahre alte Reisende, werden heute prinzipiell auch Familien mit Kindern (in Familienzimmer) und, wenn Platz ist, auch ältere Einzelreisende aufgenommen.

Zelt- und　　Die Zeltplätze Oberbayerns liegen eigentlich im-
Caravan-　　mer in landschaftlich schöner Lage und nicht selten
plätze　　　an einem Seeufer. Sie genügen internationalen Standards und haben häufig auch Stellplätze und Serviceeinrichtungen für Campmobile und Caravans. Ein Wermutstropfen sind allerdings die zahlreichen Dauercamper, die ihr Wochenendhaus mit allem aus- und eingerüstet haben, was man meint, so zu benötigen. Unter der Woche kann der eine oder andere Platz dann schon recht trostlos und ausgestorben wirken.

Verkehr

Auch wenn viele den Bayern einen Sonderweg attestieren und sie als seltsames Bergvolk beschreiben – das Reisen in Bayern unterscheidet sich nicht von dem in den nördlichen Bundesländern Deutschlands, außer, dass das Angebot so vielfältig ist, dass es schwer fallen kann, sich für eine bestimmte Gegend zu entscheiden.

Eigenes　　Die Zugangswege nach Oberbayern sind oben im
Fahrzeug　Abschnitt „Anreise" beschrieben. Obwohl die Autobahnen bestens ausgebaut wurden, kommt es in den Hochzeiten des Reiseverkehrs und an den

Wochenenden zu endlos langen Staus, und auch die Landstraßen von München ins Oberland sind heillos überlastet. Man sollte deshalb Unternehmungen mit längeren Fahrten zu den wichtigen touristischen Zielen klugerweise auf die Wochentage verlegen.

Parken

Das Parkreglement wird in Bayern streng überwacht und ein Knöllchen schnell ausgestellt. Die Städte deklarieren auch zunehmend Anwohnerparkgebiete, die von Auswärtigen nicht benutzt werden dürfen. Auch die kostenpflichtigen Parkplätze nehmen zu. Die Hinweisschilder sind ausreichend verständlich.

Motorrad   Oberbayern ist Bikerland. Seine kleinen Straßen im Alpenvorland laden nachgerade zu einer Spritztour auf dem Motorrad ein. Bester Belag, ausgezeichnete Hinweise auf die Streckenführung und die in die Landschaft eingebetteten, kurvenreichen Straßen machen die Fahrt zum reinen und entspannten Vergnügen. Rasern und verhinderten Rennfahrern allerdings werden Steine in den Weg gelegt. Die berühmte Kesselbergstraße zwischen Kochel- und Walchensee ist am Wochenende für bergauffahrende Biker verboten. Zu viele haben sich hier schon „darannt".

Radfahren   Das Alpenvorland eignet sich hervorragend zum Radfahren, für jeden Geschmack lassen sich Strecken finden, flache Etappen, steile Bergstrecken und für die Mountainbiker holprige Bergwege. Wer sein Rad nicht mitbringen möchte oder kann, findet vor Ort

Radlerparadies

A-Z

Vermietungsstellen. Die Tourismusbüros führen darüber Nachweis und geben Broschüren mit den schönsten Strecken der Region heraus. Auch haben sich Gasthäuser auf die Radler-Klientel eingestellt und bieten kostengünstige, auf die Bedürfnisse der Radfahrer zugeschnittene Unterkünfte an, ,u.a. mit Mehrbettzimmern. Im Allgemeinen sind die Straßen radfahrfreundlich ausgebaut bzw. es wurden in den schönsten Gegenden eigene Radwege parallel zu den Überlandstraßen eingerichtet. Für den Radtransport gibt es die „Fahrradtageskarte Bayern", mit der es für 4,50 € einen Tag lang (bis nächsten Morgen 3 Uhr) auf den Bahnstrecken und mit dem Münchener Verkehrsverbund transportiert werden kann.

Tourenvorschläge

Die Motorradkarte „Oberbayern, Tirol, Südtirol" vom Verlag Publicpress schlägt zwölf Touren in den Alpen vor. Die Radwanderkarten „Chiemgau, Oberbayern, Berchtesgadener Land", „Berchtesgaden, Königssee", „Chiemsee" und „Bodensee – Königssee" offerieren zahlreiche Nah- und Fernradwege. Der Allgemeine Deutsche Fahrradclub ADFAC bietet ebenfalls eine Radtourenkarte „Oberbayern" an.

Umweltzone   Man beachte, dass München zur Umweltzone erklärt ist und die Einfahrt innerhalb des Mittleren Ringes nur mit einer Umweltplakette möglich (s.o. bei „Anreise").

Verkehrsmittel (öffentlich)

Bahn   Eine Bahnstrecke der Deutschen Bahn (www.bahn.de) führt durch Oberbayern von West nach Ost, die Strecke von Memmingen über München nach Osten über Dorfen nach Mühldorf und Altötting. Eine weitere Strecke geht von München über Grafing und Wasserburg nach Mühldorf. Nach Süden führen von München aus die Verbindungen Richtung Italien über Rosenheim nach Kufstein, von Rosenheim nach Traunstein und Salzburg bzw. Bad Reichenhall. Über Holzkirchen fährt die Bayerische Oberlandbahn nach Gmund am Tegernsee und abzweigend zum einen über Bad Tölz nach Lenggries und über Miesbach und Schliersee nach Bayrisch-zell. Über Starnberg geht es nach Kochel am See und abzweigend über Weilheim und Murnau nach Garmisch-Partenkirchen und weiter nach Mittenwald. Von dieser Strecke zweigt bei Weilheim die Verbindung über Schongau nach Landsberg ab. Mit der S-Bahn des Münchener Verkehrs- und Tarifverbundes erreicht man Wofratshausen. Das gut ausgebaute S-Bahn-System verbindet München auch mit allen weiteren Orten in seinem Großraum. Der Stadtverkehr München ist eine Wissenschaft für sich, siehe dazu bei den praktischen Informationen im Reiseteil.

Spezial-tickets der Deutschen Bahn

• Mit dem **Werdenfelsticket** für 10,50 € darf man einen Tag lang die 2. Klasse der Regional- und Regionalexpressbahnen, Busse des RVO, die Bayerische Zugspitzbahn und die Außerfernbahn zwischen Garmisch-Partenkirchen und Kempten benutzen. Geltungsbereich ist grob das Werdenfelser Land mit Dießen am Ammersee, Tutzing am Starnberger See, Schongau, Schloss Linderhof, Oberammergau, Mittenwald, Garmisch und Kochel am See.

• Das **Bayernticket** (Single 20 €, Fünf-Personen-Gruppe 28 €) ermöglicht einen Tag lang die Nutzung aller Nahverkehrszüge und den Verkehrsverbünden angeschlossenen Busse (z.B. RVO) in ganz Bayern.

• Eine Abwandlung ist das **Schöne-Wochenende-Ticket** der Bahn, mit dem eine Fünf-Personen-Gruppe ein Wochenende lang Nahverkehrszüge und Regionalbahnen nutzen kann (37 €).

• Der **Garmischer Ski-Express** fährt im Winter am Wochenende von München (Abfahrt 7 Uhr) Skifahrer nach Garmisch (mit Tagesskipass Classic 39 €, inklusive Zugspitzplatt 45 €).

• Das **MVV-Ticket der BOB** (Bayerischen Oberlandbahn, www.bayerische-oberlandbahn.de) ermöglicht Fünf-Personen-Gruppen einen Tag (für ein ganzes Wochenende 24 €) lang die Nutzung der BOB und der Verkehrsmittel des Münchener Verkehrsverbundes für 21 € (als Single-Ticket 14 €). Die BOB bietet im Winter auch **Kombitickets**

Seilbahn
Garmisch-
Partenkirchen

mit Tagesskipass zu folgenden Skigebieten an: Spitzingsee 41 €, Sudelfeld 40 €, Brauneck 39 € und Wendelstein 38,50 €. Im Sommer kostet die Fahrt nach Bad Tölz mit Eintritt in das Spaßbad Alpamare 33 € (Winter 34 €), nach Schliersee und das Bad Monte mare 28 € (Winter 29 €). Weitere Tickets gibt es im Sommer für Bergwanderungen in Kombination mit den Bergbahnnen (Spitzingsee 27 €, Wendelstein 29 €). Ins Karwendel fährt man für 23 € (ohne Bergbahnfahrt).

Bus

Der RVO (Regionalverkehr Oberbayern, www.rvo-bus.de) bedient als Tochterunternehmen der Deutschen Bahn mit seinem dichten Netz über 160 Linien und 12.000 km Strecke. Mit dem **Bus-Pass** darf man für 28,50 € an fünf beliebigen Tagen innerhalb eines Monats das gesamte Streckennetz des RVO mit nur wenigen Ausnahmen (z.B. hoch zum Kehlstein bei Berchtesgaden) benutzen. Auch der RVO bietet **Kombitickets** zum Wandern an (unterschiedliche Abfahrtsorte im Oberland, Preise nicht ab München): Albspitz (23,50 €), Eckbauer (13 €), Herzogstand (17 €), Karwendel (26 €), Kreuzeck (20 €), Spitzingsee (25 €), Wallberg (16 €), Wank (20 €), Zugspitze (44 €).

Museumsbahnen

Die zwei Kilometer lange **Chiemseebahn** (www.chiemsee-schiff-fahrt.de) von Prien nach Stock befährt eine Strecke, die eigens für den Tourismus geschaffen wurde. Prinzregent Luitpold ließ eine Dampfstraßenbahnlinie einrichten, um des Besucheransturms Herr zu werden, der sich schon im 19. Jahrhundert auf den Weg zum Schloss Herrenchiemsee machte. Sie verkehrt vom Bahnhof zur Schiffsanlegestelle (erstmals am 10. Juli 1887). An den Wochenenden und an Feiertagen wird noch heute in der Originalbahn gefahren (3,30 € hin und zurück).

Die **Tegernseebahn** (www.localbahnverein.de) fährt an einigen Wochenenden im Sommer die 25 Kilometer lange Strecke zwischen Tegernsee und Holzkirchen mit einer Lok 70083 und alten, „Donnerbüchsen"genannten Plattformwagen für die Passagiere. Mit dem selben Gerät werden Ostern, Pfingsten und an einigen Sommerwochenenden (ab Ostbahnhof München jeweils 10, 13 und 15 Uhr, Fahrtdauer eine Stunde, 13 €) die **Brückenfahrten** unternommen – einmal rund um München mit Halt auf den Isarbrücken.

Mit Schienenbussen (VT103), teils aber auch mit Dampflokomotiven, wird die 18 lange Strecke von Bad Endorf nach Obing am See von der **Chiemgauer Lokalbahn** (www.chiemgauer-lokalbahn.de) befahren, mit mehrfachen Fahrten jeweils an Sonn- und Feiertagen. Das Fahrgerät stammt aus den 1950er Jahren.

Die 5 Kilometer lange Schmalspurstrecke (900 mm) des **Wachtl-Express** (www.wachtl-bahn.de) befindet sich zwischen Kiefersfelden und Wachtl (Tirol). Benutzt werden zwei E-Loks des Typs Krokodil von 1930 und Waggons von 1912. Als internationale (!) Verbindung ist der Fahrplan dem der Deutschen Bahn integriert.

Schiff   Die Schiffe in Oberbayern unterhalten einen veritablen **Linienverkehr** (auch im Winter, wenn es die Eislage zulässt), ein gern und viel genutztes Angebot, um Wanderwege zu erreichen oder auch nur bequem vom Wasser aus die Natur mit ihren Bergen und lieblichen Landschaften zu genießen. Auf dem Königssee werden der Natur zuliebe nur Elektroboote verwendet, die in der eigenen klei-

Unterwegs
mit dem
Raddampfer
auf dem
Chiemsee

nen Werft (der höchstgelegenen Deutschlands) gebaut und gewartet werden. Die Schiffsflotte vom Starnberger See besteht aus den größten Schiffen Oberbayerns, und auf dem Chiemsee verkehrt tatsächlich noch ein Schaufelraddampfer.

A-Z

- Die *Chiemsee Schifffahrt* (www.chiemsee-schifffahrt.de) bedient die Orte rund um den Chiemsee und die Inseln Herren- und Frauenchiemsee.
- Die *Bayerische Seen-Schifffahrt* (www.seenschifffahrt.de) fährt auf dem Starnberger See, König-, Tegern- und Ammersee.
- Auf dem Kochelsee ist man mit der „Herzogstand" der *Motorschifffahrt Kochelsee* (www.motorschiffahrt-kochelsee.de) unterwegs, und den Staffelsee befährt die *Staffelseeschifffahrt* (www.staffelsee.org).
- Rundfahrten auf dem Schliersee sind mit der Schiff der *Schlierseeschifffahrt* (www.schlierseeschifffahrt.de) möglich.

Eine Floßfahrt, die ist lustig ...

Keine Schiffe, aber dennoch Wasserfahrzeuge sind die **Flöße der Isar,** mit denen man zünftig bei Blasmusik und Bier von Wolfratshausen an die Floßlände in München-Thalkirchen gelangt. Zum Beispiel mit der Flößerei Josef Seitner (www.flossfahrt.de) oder der Flößerei Michael Angermeier (www.isarflossfahrten.de).

Land und Leute

Zahlen und Fakten

Verwaltungsorganisation

Das 17.530 km² große Oberbayern – Teil der Landschaft Altbayern – ist mit Schwaben der südlichste Regierungsbezirk Bayerns, des flächengrößten Landes in Deutschland. Oberbayern erstreckt sind nördlich bis etwas über Ingolstadt (wo hinter Eichstätt Franken beginnt), südlich und östlich grenzt es an Österreich, westlich an den bayerischen Regierungsbezirk Schwaben, nordöstlich endet es am Regierungsbezirk Niederbayern. Verwaltungstechnisch untergliedert sich Oberbayern in 20 Landkreise und drei kreisfreie Städte – die Landeshauptstadt München, Ingolstadt und Rosenheim. 497 Gemeinden verwalten den Regierungsbezirk auf der untersten Ebene. Geschichtlich geht Oberbayern auf das Jahr 1255 zurück, als mit der ersten Landesteilung Bayerns ein oberbayerisches Herzogtum entstand (wenngleich nicht in den heutigen Grenzen).

In Oberbayern leben etwa 4,3 Millionen Menschen, deren Vertretung der alle fünf Jahre neu und zeitgleich mit dem bayerischen Landesparlament gewählte *Bezirkstag* ist, ein Parlament mit ehrenamtlichen Vertretern und dem Bezirkstagpräsidenten an der Spitze. Sie werkeln für das Gros der Bevölkerung meist unerkannt und unbekannt. Schon bürgernäher ist da der Landrat, eine in Bayern in vieler Hinsicht hochreputative Position mit einiger faktischer Macht. Er wird alle sechs Jahre direkt gewählt, ihm zu Seite steht der zeitgleich bestimmte Kreistag. Die Verwaltungsebene der Landkreise ist für das tägliche Leben zuständig und wird mit einer nicht unbeträchtliche Summe an Geld in Erfüllung der kommunalen Aufgaben ausgestattet. Je nach Charme und Charisma kann der Landrat in Oberbayern durchaus zum kleinen Gott werden, mit besten Verbindungen zur höchsten Führungsriege des Landes, nicht im großen politischen Spiel, aber in den kleinen, für die Bürger und Bauern

wichtigen Dingen – bei der Zuteilung von Bau-
projekten zum Beispiel, bei Standortbeihilfen oder
Vergabe von Aufträgen.

Wirtschaft

Oberbayern ist reich! Hinter Hamburg belegt es
den zweiten Platz im Ranking der Regionen mit
dem höchsten Bruttoinlandsprodukt pro Kopf. Auf
europäischer Ebene rangiert es hinter den Städten
London, Brüssel, Paris, Wien und Regionen wie
Großparis und Luxemburg. Und mit Starnberg besitzt Oberbayern die Stadt mit den meisten Millio-
nären Deutschlands. München ist der größte Ver-
sicherungsstandort Deutschlands und nach Frank-
furt der größte Bankenstandort – Letzteres gerät
allerdings nicht immer zum Vorteil. Das Großartige
und Großmännische hat sich auch im Kollaps der
Münchener Bank Hypo Real Estate manifestiert (die
in der Bankenkrise fast die ganze Welt des Geldes
in den Abgrund gerissen hätte), und im endlosen
Monopolyspiel der Bayerischen Landesbank.

Filmstudios (Bavaria), Hochtechnologie in Me-
dizin- und Computertechnik (über 14% der Beschäftigten Oberbayerns arbeiten in Hightech-
Firmen, Siemens, der zweitgrößte deutsche Konzern überhaupt, hat München als Standort, BMW,
Audi und MAN sind Schwergewichte der Fahrzeug-
industrie – um nur einige der „Wirbel" zu nennen,
die das Rückgrat der Wirtschaftskraft Oberbayerns

Blick vom
Olympiaturm
auf die BMW-
Zentrale in
München

bilden. Und mit der Bierindustrie nahm wohl Münchens Siegeszug auf dem Weg zu höchsten Bekanntheitsgraden seinen Anfang.

Trotz alledem hat sich Oberbayern seinen ländlichen Charakter bewahrt – selbst in München, wo das Leben eher gemütlich abläuft. Seine Naturräume sind sogar mit eines der wichtigsten Elemente für den wirtschaftlichen Erfolg. Der Tourismus trägt erheblich zum Sozialprodukt bei, fast 200.000 Menschen sind dort beschäftigt.

Wirtschaft Oberbayerns

Bruttowertschöpfung	161.000 Mio. (42% von Bayern)
Kaufkraft	122,5 (Deutschland 100)
Arbeitslosenquote	4–5 %

Landesnatur

Wenig verlockend wird die Gegend um München als „Kies- oder Schotterebene" bezeichnet, doch man kann beruhigt herkommen, auch sie ist mit Wäldern und Wiesen bewachsen und wird landwirtschaftlich genutzt. Die Ebene erinnert aber an die Entstehung der Landschaften Oberbayerns während der Eiszeiten, als die Gletscher aus den Alpen den Kies nach vorne trieben und ihn bei Abschmelzung weit im Norden ablagerten. Die lieblich-hügelige Moränenlandschaft im Oberland, die Findlinge und zahlreichen Seen erinnern ebenso an die Formungsperiode wie die glattgeschliffenen Flanken der Gebirgsgesteine und die Klammen an den Alpeneingängen.

Uralt sind also auch die Flüsse, die heute aber nicht mehr wildreißend zu Tale stürzen, sondern gemächlich oder munter und springend die Täler entlang fließen, sich schließlich mäandernd und von Auen begleitet über die Kiesebene nach Norden strömen. Amper, Altmühl, Lech, Isar, Inn und Salzach fließen durch Oberbayern, speisen Seen, entwässern sie wieder oder fließen direkt zum Grenzfluss Donau, der großen europäischen Wasserader. Die Seen sind mit die beliebtesten Ausflugsziele im Alpenvorland, wobei der Königssee der tiefste Deutschlands und der Chiemsee der größte Bayerns ist.

Ramsauer
Kirchenidylle

Mächtig ragen die Gebirgsstöcke himmelwärts, bei Föhnwetterlage kann man die prächtige Granitkette der nördlichen Kalkalpen schon von Ingolstadt aus sehen. Das Hochgebirge wächst relativ unvermittelt aus der Landschaft, wer darauf zufährt, gelangt durch die sanften Hügel des Oberlandes direkt an eine Vorkette, die schon 1000 Meter hoch ragt, hinter ihr beginnt unmittelbar die Welt der baumlosen Gipfel (von Ost nach West): Berchtesgadener und Chiemgauer Alpen, Mangfall-, Ester- und Wettersteingebirge und schließlich die Zugspitze, mit 2962 Metern der höchste Berg Deutschlands. Alles wunderschöne, einfach-erholsame und herausfordernd-schwierige Wander- und Klettergebiete.

Die sattgrünen Weiden des Oberlandes sind ideal für die Viehwirtschaft und für den Tourismus gleichermaßen. Die Idylle von Kühen auf sanft geschwungenen Wiesen vor geranienbewachsener Bauernhofkulisse ist Labsal für die Seelen stressgeplagter Städter. Die unverdorbene Natur sorgt für beste Qualität der Milch-, Fleisch- und Bergbauernprodukte. Die Wälder der Tannen- und Laubbäume zeigen sich im im Sommer licht bis dunkel und schneeüberpudert im Winter, Habitate und Tummelplatz einer breitgefächerten Fauna von Rot- und Schwarzwild und einer reichen Vogelwelt.

Geologie

Zahlreiche Geotope, Formationsüberbleibsel der frühen Erdgeschichte, erinnern an die Entstehung der Landschaften Oberbayerns. Der **Gletscherschliff von Fischbach** (bei Laar) zeigt die Wirkung des eiszeitlichen Inn-Gletschers, der sich, durch den ungeheuren Druck zähplastisch geworden, ins Alpenvorland schob und mit Geröll an seiner Unterseite das Gestein glattschliff. Später überdeckte Schotter das Geotop, erst beim Autobahnbau entdeckte man die Felsformation, die sich so – seit ihrer Entstehung geschützt – in ihrer ursprünglichen Form präsentiert: phänomenal glatt mit Rinnen und Kolken, die durch mit Eiswasser vermischtem Geröll in „Gletschermühlen" als kreisrunde Abtragungen entstanden.

Die **Partnachklamm** (bei Garmisch-Partenkirchen) entstand durch Schmelzwasser der Gletscher, das sich durch einen bei der Gebirgsbildung nach oben getragenen Felsriegel fräste. Davor und dahinter fließt die Partnach breiter und ruhiger. In dem Riegel aus hartem Muschelkalk schuf sich der Partnach-Fluss aber ein 700 Meter langes und bis zu 86 Meter tiefes Bett, schmal, dunkel, ganzjährig eiskalt und auf einem schmalen Parallelweg mit Tunnels hervorragend zu erkunden.

Mit den **Osterseen** (bei Iffeldorf) hat sich ein Bild aus den letzten Tagen der jüngsten Eiszeit erhalten – eine Eiszerfallslandschaft. Da im gesamten Gebiet nachfolgende Ablagerungen nicht stattfanden, ist das Relief in seiner ursprünglichen Form zu sehen. Hier „starb" der Isar-Loisach-Gletscher und zerfiel in Toteisblöcke. Das nachdrängende Schmelzwasser aus den Bergen sorgte mit dem mitgeschwemmten Geröll einmal für eine Barriere, die es vom Entwässerungssystem nach Norden abschnitt, und häufte zum anderen immer mehr Geröll zwischen die Toteisblöcke. Als diese schließlich abschmolzen, entstanden zwischen den Geröllhügeln die heutigen großen Seen Oberbayerns, mit die schönsten und idyllischsten Erholungsgebiete.

Den **Findling von Steinwies** (bei Miesbach) transportierte der Inn-Chiemsee-Gletscher an seine heutige Stelle. Über 100 Kilometer lang war der

Weg des 60 Kubikmeter großen Steins aus Gneis von den Hohen Tauern. Findlinge lagern die Gletscher an ihren Flanken und an ihrer Front ab, Teil des gesamten Gerölltransportes, der die heutigen Landschaftsreliefe Oberbayerns verursachte.

Die Bilderbuchlandschaft des Alpenvorlandes sind also eine Folge der **Eiszeiten.** Sechs waren es insgesamt, immer wieder abgelöst von den wärmeren Zwischeneiszeiten. Jede dauerte mehrere zehntausend Jahre, der ganze Vorgang erstreckte sich über 2,2 Millionen Jahre im Quartär. Die letzte Kaltzeit – die Würmeiszeit – war am mächtigsten. Davor war kein Gletscher so weit vorgedrungen, sogar das, was später München wurde, war bedeckt. Geendet hat die Würmeiszeit vor erst 20.000 Jahren.

Doch vor der Würmeiszeit mussten noch die **Alpen** entstehen und für das Material sorgen, das die Gletscher transportieren konnten. Vor 200 Millionen Jahren war (nicht nur) Bayern vom Tethysmeer bedeckt, Gesteine bauten sich von seinem Grund mehrere tausend Meter hoch auf. Mit dem Rückzug des Wassers kamen diese Gesteinsschichten zum Vorschein. Die afrikanische Platte schob (und schiebt sich) gegen die europäisch-kontinentale und sorgte für Hebungen, Senkungen und Faltungen. Die Alpen, die Karpaten und der Balkan reckten sich gen Himmel.

Weitere Geotope mit genauer Beschreibung auf www.lfu.bayern.de/geologie/fachinformationen/geotope_schoensten/oberbayern

Wandern in den Bayrischen Alpen

Klima

So wie die Alpen das oberbayrische Landschaftsbild
bestimmen, sind sie auch für das Klima zuständig.
Als Querriegel halten sie die warmen Luftmassen
der Mittelmeerregion fern. Kommen die Wolken
von Westen, dann regnen sie an der Nordseite der
Alpenkette ab. Die Westwinde sind nicht besonders
eisig, aber auch nicht unangenehm heiß. Steht
Ostwind an, dann kann es im Sommer richtig warm
werden, im Winter trägt er die Kälte Sibiriens nach
Oberbayern. Am Alpenrand sorgen Berg- und
Talwinde für Bewegung: Am Vormittag, wenn die
Sonne die Gipfel erwärmt, steigt die Luft nach oben,
am späten Nachmittag ist es in den Tälern wärmer
als oben, und die Luft pfeift nach unten. In den
Bergen kann es schon mal vorkommen, dass ein
Mikroklima entsteht und ein Unwetter die Wan-
derer unglücklich macht, während 10 Kilometer
weiter die Kletterer in der Sonne schwitzen. Eine
Besonderheit ist der Föhn mit teils extremen
Windgeschwindigkeiten in den Bergen.

Die **Temperaturunterschiede** sind im Flachland
(und besonders an den Seen mit ihrem ausglei-
chenden Effekt) geringer als im Alpenvorland. An
den Gebirgsflanken und natürlich oben in den
Alpen sind sie ausgeprägter.

Auch die **Niederschlagsmenge** unterschiedet
sich. Während in München um 900 Millimeter im
Jahr gemessen werden, sind es im Oberland 1200
Millimeter und in den Bergen bis zu 2000 Millimeter. Letztere fallen zum guten Teil als Schnee
und sorgen für mächtige Wächten. Als Winter-
wanderer und Skifahrer abseits der Hauptwege und
-pisten sollte man sich deshalb mit Akribie über die
Lawinenlage informieren.

Der **Föhnwind** ist keine Spezialität Bayerns, er
tritt an jedem Gebirge auf, doch nur in Oberbayern
dürfen die Menschen ihre schlechte Laune damit
begründen. Der Föhn ist ein Fallwind, trocken und
heiß, dessen Entstehung unterschiedliche Ursachen
haben kann. In Bayern tritt er meist auf, wenn
feuchte Luftmassen an der Südseite der Alpen auf-
steigen, sich beim Abregnen erwärmen (der um-
gekehrte Effekt der Verdunstungskälte) und an der

Nordseite für warmen Fallwind sorgen – Kopfschmerzzeit, aber auch die Gelegenheit, die Alpen mit einer Wolkenwand (Föhnmauer) über den Gipfeln in aller Klarheit aus großen Entfernung bestaunen zu können: Durch die warme Luft wird die Atmosphäre dünner, die Objekte wirken größer.

Die **Erderwärmung** führt auch in Bayern zu immer stärkeren Effekten, die Gletscher verschwinden zusehends. Mit Schneekanonen wird versucht, den Skifahrern ihr Vergnügen zu ermöglichen, die Gletscher auf der Zugspitze müssen im Sommer mit großen Planen abgedeckt werden, um sie noch einige Jahre zu erhalten. Der Schnee als wichtigstes und kostenloses Trinkwasserreservoir Oberbayerns wird mit der Verringerung der Schneefälle zukünftig für Probleme sorgen. Auch der beste bayerische Umweltschutz nützt bei diesem globalen Problem nichts. Prognosen sagen das vollständige Verschwinden der Gletscher auf der Zugspitze für 2030 voraus.

Klimatabelle (durchschnittl. Höchst-/Tiefsttemperatur)

	Bayern	München	Garmisch	Zugspitze
Januar	-5 – 2	-6 – 1	-6 – 2	-14 – -9
Feb.	-4 – 4	-5 – 3	-5 – 4	-14 – -9
März	-1 – 8	-2 – 9	-2 – 8	-13 – -8
April	3 – 13	3 – 14	1 – 12	-10 – -5
Mai	7 – 17	7 – 18	5 – 17	-5 – 0
Juni	10 – 21	10 – 21	8 – 19	-2 – 3
Juli	12 – 23	12 – 23	10 – 21	0 – 5
August	12 – 22	11 – 23	10 – 21	0 – 5
September	9 – 19	8 – 20	7 – 18	-2 – 3
Oktober	4 – 14	4 – 13	3 – 13	-5 – 0
November	0 – 7	0 – 7	-1 – 7	-10 – -5
Dezember	-4 – 3	-4 – 2	-5 – 2	-12 – -7

Wetterbericht:
www.wetter.net, schnelle übersichtliche Suche nach Orten. Regionalwetterbericht des Bayerischen Rundfunks: www.br-online.de/wetter. Lawinenlagebericht (auch unter Tel. 089-92141210): www.lawinenwarndienst-bayern.de

Tier und Pflanzenwelt

In Bayern wachsen rund 2800 Pflanzenarten, von denen vor allem die der Alpen besonderes Augenmerk verdienen, kommen sie doch sonst in ganz Deutschland nicht mehr vor. 50 endemische Pflanzen machen die Flora Bayerns einzigartig. Doch diese und die Hälfte aller Blumen, Gräser, Bäume und Sträucher, Moose und Flechten sind bedroht. Da von jeder Pflanzenart im Schnitt zehn Tierarten abhängen, sind Flora und Fauna eng verbunden. Der Mensch mit seiner Siedlungswirkung, Hauptverursacher der Bedrohung, hat die Pflicht und Aufgabe, die Biodiversität zu erhalten. Stark gefährdet und endemisch sind z.B. das Bayerische Löffelkraut *(cochlearia bavarica),* der Schlauch-Enzian *(gentiana utriculosa)* oder das Niedrige Veilchen *(viola pumila).* Und da die Baumgrenze auch mittelfristig nach oben wandert, sind generell die Lebensräume der Pflanzen am oberen Rand der Baumgrenze durch Verdrängung gefährdet – wodurch z.B. das seltene Schneehuhn seinen angestammten Lebensraum verliert.

Fauna

Neben Arzt, Lehrer und Pfarrer besitzt auch der Förster viel Reputation auf dem Land und wurde von einem der wichtigsten oberbayerischen Literaten – Ludwig Ganghofer – mehrfach in seinen Büchern gewürdigt. Nicht die Jagd ist die Hauptaufgabe des Försters, sondern die Hege und Pflege der Naturräume und deren Tierwelt. Wild tummelt sich in großer Zahl in den oberbayerischen Wäldern und Forsten. So zahlreich sind sie, dass der Wildverbiss, das Abnagen von jungen Trieben und der Rinde, zunehmend zum Problem für die Wälder wird. Dann muss doch die Jagd für eine Balance in der Natur sorgen – selbst kann sie es nicht mehr. Auch der *Borkenkäfer* spielt eine wichtige, wenn auch unschöne Rolle. Hat er die Nadelbäume einmal befallen und geschwächt, können die Herbststürme ganze Schneisen in den Wald brechen. Deshalb werden befallene Bereiche häufig rigoros abgeholzt, um die weitere Ausbreitung des Käfers einzudämmen.

Auf Wanderungen im Hochgebirge begegnet man *Gamswild* und *Murmeltieren,* dem *Steinbock* mit seinem prächtigen Gehörn aber nur noch bei viel Glück und dann nur im Berchtesgadener Land oder an der Benediktenwand. Unterhalb ihres Lebensraumes bevölkert der *Auerhahn* die Bergwälder, in den Tälern lebt nur noch vereinzelt in Heide- und Moorlandschaften das *Birkhuhn.* Im Wald der Täler und des Alpenvorlandes äsen *Reh-, Rot-* und *Damwild.* Das *Wildschwein,* das als Allesfresser den Wald auch verlässt und auf den bestellten Flächen frisst, kann Bauern zur Weißglut treiben. Nur in Einzelfällen verirren sich *Elche* in die Wälder Oberbayerns, ebenso wie *Bären,* wie der 2006 vom Balkan eingewanderte „Bruno", der nach aufgeregten Wochen schließlich zum Abschuss freigegeben wurde. Noch unterwegs sind *Dachse* und *Marder, Otter* und *Biber, Mäuse* und *Füchse, Iltisse* und *Luchse, Schneehasen, Waschbären, Wildkaninchen* und *Wildkatze.* Der *Wolf* wiederum ist in Oberbayern eine absolute Rarität und verirrt sich nur als Einzelgänger. Und dann gibt es natürlich noch, friedlich auf den Weiden der Täler und Almen, das *Rind,* braun oder schwarz gefleckt, freundlich die Touristen beäugend.

Am Himmel schweben *Greifvögel, Falken* und *Steinadler.* Die *Alpendohlen* umschwirren an den Gipfeln die Wanderer, wohl wissend, dass die eine oder andere Krume von der Jause für sie abfällt. *Auer-* und *Birkwild* in den Wäldern, das *Blässhuhn* an den Seen und das gefährdete *Schneehuhn,* im Winter unter meterhohen Schneewächten versteckt, sind weitere Spezies der Vogelwelt. Hinzu kommen u.a. noch *Krähen, Elstern, Fasane, Schnepfen, Wachteln, Störche, Eulen* und der *Eichelhäher.*

Renken

In den oberbayerischen Seen schwimmen Hecht, Zander, Saibling, Forelle, Barsch und *Renke,* letztere sicherlich der köstlichste Speisefisch. Er schmeckt frisch und geräuchert herrlich und ist geradezu eine Spezialität – wie in Starnberg bei *Dechant's Kleinem Fischrestaurant,* am Starnberger See beim *Hoffischer Seebald* in Ammerland, bei der *Fischerrosl* in St. Heinrich, an den Kiosken auf der *Fraueninsel* im Chiemsee und im *Schwaigerhof* am Walchensee. Die Renke gilt als „Brotfisch" der Fischer Oberbayerns, über 50% des Fanges macht sie aus.

Flora

Die Baumgrenze in Oberbayern liegt naturgemäß niedriger als an den südlichen Bergflanken, sie bewegt sich um 1700 Meter Höhe, allerdings mit ansteigender Tendenz. Über ihr beginnt die Welt der *Latschen,* der Krummholzregion, darüber ist noch die *Mattenregion* zu finden, danach beginnt der blanke Fels und der Bewuchs reduziert sich auf Flechten. Die Bergwälder bestehen vornehmlich aus Nadelgehölz (Fichten), selten ist auch ein Bergahorn zu sehen, zu den Tälern hin aber auch Mischwald mit Buchen, Fichten und Tannen. Die bewirtschafteten Forste um München bestehen fast immer aus Nadelbäumen, die als Nutzholz Verwendung finden.

In den Bergen blühen zahlreiche, rigoros geschützte *Enzianarten* (darunter der Deutsche Enzian und der Schwalbenwurzenenzian). Enzianschnaps brennt man aus den Wurzeln des Enzians von speziell dafür angelegten Pflanzungen (Funtensee). Weitere wichtige Pflanzen weit oben sind *Alpenanemone, Alpendost, Bärlapp, Eibe, Schneeheide, Seidelbast, Silberdistel* und *Wacholder.*

Wer tiefer in die Flora einsteigen will und gleichzeitig die Natur erleben, kann sich auf einen der Lehrpfade begeben, die aus diesem Grund in Naturschutzgebieten angelegt wurden. Der **Alpen-Erlebnispfad Ruhpolding** (Traunstein, ab Bergstation Rauschbergbahn) erläutert auf 2 km Länge mit Informationshütten die Tier- und Pflanzenwelt der Alpen. Auf dem **Naturlehrpfad Kaufering** (Landsberg/Lech, 1,5 km nördlich Kaufering) erfährt man auf einem 7,5 km langen Rundweg mit

Weitere Naturlehrpfade auf
www.lfu.bayern.de/geologie/
fachinformationen/geo_lehr
pfade/oberbayern_gl

Tafeln viel zur Natur des Lechtales.
Der **Alpenlehrpfad Wallberg** (Miesbach, ab Bergstation Wallbergbahn)
führt 3,5 km durchs Gebirge, auf
Tafeln wird das Zusammenspiel der
Natur erklärt. Auf dem **Moorlehrpfad Kendlmühlfilze** (Grassau, Museum Salz und Moor) ist die
Pflanzen- und Tierwelt des Hochmoores beschrieben. Der **Naturlehrpfad Zauberwald** (Ramsau, am
Hintersee) vermittelt auf zahlreichen Tafeln an einem 1,5 km langen Weg die einmalige Pflanzenwelt des Berchtesgadener Landes.

Abenteuer
Klettergarten

Umweltschutz

In Bayern wird der Umweltschutz schon seit vielen
Jahren groß geschrieben, es kommt nicht von ungefähr, dass das Trinkwasser Münchens aus den
Alpen nicht aufbereitet werden muss und so aus
dem Hahn fließt, wie es die Berge verlassen hat.
Seit den 1970er Jahren werden Konzepte zur
Gewässerentwicklung erstellt und umgesetzt. Dabei soll die menschliche Einflussnahme langfristig
so gering wie möglich ausfallen. Gewässer und
Flussläufe sollen sowohl den Ansprüchen des
Naturerhaltes (sauberes Trinkwasser, Beibehaltung
des Erholungswertes) als auch notwendiger Schutzfunktionen (Hochwasser) gewährleisten. So wird
z.B. der Isar eine neue Auenlandschaft „verpasst".
Dazu sind umfangreiche Rückbaumaßnahmen nötig, damit der Fluss bei Hochwasser zukünftig in
der Lage ist, an seinen Ufergebieten Schmelzwasser
aus den Bergen aufzunehmen und sie nicht mehr

direkt bei Anfall flussabwärts zu leiten. Die frühere Politik der Flussbegradigung und der Bau von Hochwasser-Rückhaltebecken und -kanälen wird nun durch eine Flusslandschaft ersetzt, in der die Isar wieder mäandern darf.

Schützenswerte Lebensräume werden akribisch kartiert und Maßnahmen beschlossen, auf welche Art und Weise man ihre Flora und Fauna am besten erhalten kann. So wird z.B. die Rückverwandlung von Weideflächen zu Streuobstwiesen unterstützt, die die besten Lebensbedingungen für ein breit-gefächertes Pflanzen- und Tierleben bieten. Hier wachsen die seltenen Schlauch-Enziane und Sumpf-gladiolen, kriechen Kreuzotter und Sumpfschrecke durch die Gräser.

Um die Artenvielfalt zu erhalten, wird zunehmend versucht, nur autochthones Saatgut einzu-bringen (Saatgut lokalhistorischer Kulturen, vor Ort gewonnen), damit die Genvielfalt erhalten bleibt und nicht Pflanzen „von der Stange" aus den Gen-labors alles verdrängen.

Zum Schutz der Wildtiere werden mit viel Aufwand Korridore errichtet, um bestimmten Arten zu erlauben, eine Straße oder Autobahn mittels Über- und Unterführungen „unfallfrei" zu kreuzen.

Olympia, nein danke!

Auch wenn die bayerische Regierung einiges in punkto Um-weltschutz unternommen hat, treten nicht immer wirtschaftliche Interessen in den Hintergrund. Gerade bei der klassischen touristi-schen Entwicklung bewirkt das Arbeitsplatz-Argument bei den „Großkopferten" immer noch Wunder. Doch der Bund Naturschutz stellt sich immer wieder und immer mehr auf „die Hinterbeine", hinterfragt den hundertsten Skilift, der wegen der milden Winter si-cherlich auch noch mit Schneekanonen versorgt sein muss, wehrt sich gegen einen *Flying Fox* (ein langes Stahlseil, an dem man tal-wärts gleitet) unter dem Gipfel der Alpspitze, der Waldvögel und Wild vertreibt, verweigert Straßenbau in den Alpen, unterstützt Renaturierungsprojekte, stellt schließlich die Winterolympiade 2018 gänzlich in Frage – und kämpft nicht alleine: Die Basis der CSU von Garmisch-Partenkirchen macht ebenso Front gegen ihre Oberen wie die der SPD in München, die gerne die Betten der Stadt gefüllt sähe. Das Argument: Drei Milliarden Olympia-Kosten und eine nicht zu verantwortende Naturzerstörung im Alpenbereich.

Geschichte

Die Historie Bayerns ist sehr wechselvoll. Heutige „Bajuwaren" sind das Resultat eines Schmelztiegels von Bevölkerungsgruppen der europäischen Frühzeit, die sich bei und nach Völkerwanderungen durchmischten. So ist der Bayer nicht „urgermanisch", sondern das Ergebnis von Liebschaften zwischen Kelten, Franken, Alemannen und den Römern, die selbst schon in ihren Heerhaufen ein „bunt gemischtes" Publikum mit sich führten. So blieb das Beste hier hängen, und es sollte nicht allzu lange dauern, bis die Bayern sogar die Könige und Kaiser des Heiligen Römischen Reiches Deutscher Nation stellten. Danach beschied man sich mit einer Nebenrolle – zumindest in der Politik. In der Kultur konnte man weiterhin mithalten, nicht zuletzt mit dem Märchenkönig Ludwig II.

Urbevölkerung

Von den Eiszeiten seit Millionen Jahren bedeckt, eignete sich das Alpenvorland nicht besonders gut zur Ansiedelung. Erst ab 4000 v.Chr. wanderten wohl Völker ein und besiedelten die Gebiete südlich der Donau. Ab etwa 2000 v.Chr. waren auch die alpennahen Bereiche von Menschen bewohnt. Noch heute werden Artefakte aus der Stein-, Bronze- und Eisenzeit geborgen. Im 5. Jahrhundet v.Chr. kamen die Kelten, absorbierten ihre Vorgänger nach und nach und bauten eine hochentwickelte Kultur auf. Ihre viereckigen, 100 x 100 Meter messenden Schanzbauten mit Wall, Graben und Durchgang sind noch bei Schöngeising (Fürstenfeldbruck) und bei Buchendorf (München) zu sehen, auch auf dem neuen Südfriedhof Münchens ist eine Viereckschanze gestanden. Über lange Jahre wurden die Schanzen fälschlich als Bauwerke der Römer bezeichnet (Römerschanzen), tatsächlich gehen sie auf die Kelten zurück und dienten wohl als Kultstätten.

Römer

Das Gebiet Altbayerns verleibte **Kaiser Augustus** dem Römischen Reich ein. Dazu schickte er im Jahr

15 v.Chr. seine Söhne auf Feldzug gegen Norden, die Gebiete südlich der Donau und westlich des Inns wurden zur Provinz *Raetia,* die Gebiete des heutigen Chiemgau östlich des Inns zur Provinz *Noricum.* Die hochentwickelte keltische Kultur verschwand und wurde durch das römische Staats- und Rechtssystem ersetzt. Straßen entstanden, Grenzgarnisonen wurden eingerichtet, Handelsstützpunkte gebaut. Das Wegenetz aus dieser Zeit bildet bis heute die Grundlage der Verkehrstraßen nördlich der Alpen und über sie hinweg nach Süden. Mit dem Untergang des Römischen Reiches fielen Völker aus dem Norden ein. Der germanische Heerführer **Odoaker,** in Diensten Roms noch zu militärischer Perfektion ausgebildet, setzte Kaiser Romulus Augustulus 476 ab, erklärte sich selbst zum Herrscher über Westrom und zeigte an den Gebieten nördlich der Alpen wenig Interesse. Was römisch war, wanderte zurück nach Süden.

Bajuwaren

Mit dem Ende des Römischen Reiches kamen mit der Völkerwanderung neue Interessenten ins Alpenvorland. Zum Ende des 5. Jahrhunderts tummelten sich hier nun germanische Stämme wie die Alemannen, Markomannen, Thüringer (die aus Böhmen ihren eigenen Volksnamen mitbrachten, der zur Bezeichnung „Bajuwaren" gewandelt wurde), Langobarden und was von den Römern geblieben war und ließen den „Baier" entstehen. Die erste schriftliche Erwähnung fand das Wort 551 durch den Geschichtsschreiber Jordanes in seinem Werk „Getica", einem Buch über die Goten, in dem er die Baiern als „Findelkinder der Völkerwanderung" beschreibt. Zur Schreibweise mit „y" kamen Volk wie Land erst durch König Ludwig I. im 19. Jahrhundert.

Die Gründung

Das genaue Datum der Entstehung von Baiern als Herzogtum liegt im Dunkel. Das Herrschergeschlecht der Agilolfinger mit Stammvater Agilulf war aber wohl fränkischen Ursprungs. **Garibald I.** (um 530–591) ist der erste schriftlich erwähnte

Herzog. Man nimmt das Jahr 550 als Gründungs-
datum des zum merowingischen Reich gehörenden Herzogtums an. Die Regentschaften der Agilolfinger begleiteten wichtige kulturelle Leistungen:
Es entstand mit der „Lex Baiuvariorum" der erste
Gesetzescodex Deutschlands, das erste Schulgesetz
und Rechteeinräumungen für Frauen. Die Herzöge
verbreiteten mit mehreren Missionierungswellen
(darunter die fränkische mit den heute noch hoch-
gepriesenen Missionaren Emmeram, Korbinian und
Rupert) das Christentum im ganzen Land. Bistümer
wurden gegründet, zahlreiche Klöster entstanden,
die Landschaften wurden kultiviert. In Macht-
kämpfen um die Vorherrschaft im Reich gingen
allerdings auch zwei Kriege verloren. Da die Baiern
im Reich auf der Seite der Merowinger standen,
marschierten 725 und 743 die konkurrierenden
Karolinger ein und sorgten für Räson. Als Karl der
Große 768 die Regierung übernahm (bereits 751
hatten die Merowinger ihr Reich an die Karolinger
verloren) und die Agilolfinger noch immer nicht
die Finger aus der großen Politik heraushalten wollten, setzte dieser kurzerhand 788 **Tassilo III.,** den
damit letzten Herzog der Agilolfinger-Dynastie, ab.

Die Karolinger

Als König des Frankenreiches vollbrachte **Karl der
Große** wahre Wunder, er vergrößerte das Reich zu
seiner weitesten Ausdehnung. Sowohl Frankreich

als auch Deutschland sehen in ihm die
verantwortliche Lichtgestalt ihrer Be-
gründung. Seine Nachfahren ließen in
Streitigkeiten das Reich zerfallen, 843
wurde das Frankenreich mit dem Ver-
trag von Verdun endgültig geteilt, die
Grundlage für die späteren Länder
Frankreich und Deutschland gelegt.
Doch noch davor wurde Baiern zum
Königreich, **Ludwig der Deutsche** trat
seine Stellung 817 in Regensburg als
Hauptstadt an. 895 endet die Herr-
schaft der Karolinger in Baiern und die
Königswürde wurde abgegeben.

Karl der Große

Luitpoldinger, Sachsen und Salier

Unter die Regentschaft der Luitpoldinger als Markgrafen, die 895 begann, fielen die Ungarn-einfälle, die ganze Landstriche in Baiern verwüstet zurückließen. Als Markgraf **Luitpold** bei Preßburg bei der Verteidigung Baierns 907 fiel, übernahm sein Sohn **Arnulf** die Macht und gründete wieder ein Herzogtum Baiern. Er musste aber 947 die Herrschaft an die Sachsen abgeben, die inzwischen Kaiser in Ostfranken geworden waren. **Kaiser Otto I.** vergab die Herzogswürde Baiern an seinen Bruder **Heinrich I.** Dessen Urenkel, Herzog Heinrich der IV., wurde als **Heinrich II.** 1002 deutscher König und 1014 auch deutscher Kaiser. Er starb 1024, und bis 1027 wurde verhandelt, wer ihm als König nachfolgen solle. Nun hatte das fränkische Geschlecht der Salier als bairische Herzöge bis 1070 eine kurze Zwischenphase der Regierung.

Der Welfe Heinrich der Löwe

Der König und spätere Kaiser **Heinrich IV.** (der Canossa-Gänger aus dem Saliergeschlecht) ernannte 1070 als ersten Welfen **Welf IV.** zum bairischen Herzog. Dessen Nachkomme, Herzog **Heinrich XII.** „der Löwe", erhielt Baiern 1156 als Lehen. Sein Machtbereich erstreckte sich bis in die Steiermark und nach Istrien, auch an der Ostsee konnte er seine Interessen vertreten. Für wirtschaftlichen Aufschwung sorgte insbesondere auch die Verlegung des Salzhandels, der bislang in den Händen der Bischöfe von Freising lag. Heinrich der Löwe riss kurzerhand die Brücke der Freisinger bei Föhring ab, gründete München und ließ dort eine neue Brücke errichten, über die nun der tributpflichtige Salzhandel erfolgte. Doch Heinrichs Machtansprüche vertrugen sich nicht mit denen von **Friedrich Barbarossa,** der inzwischen Kaiser geworden war. Krieg und Verwüstung herrschten in Baiern, die Allianzen gegen Heinrich den Löwen wurden erdrückend und schließlich entzog ihm Friedrich Barbarossa das Herzogtum, ließ ihn verbannen und setzte an seiner statt die bisherigen bairischen Pfalzgrafen des Hauses Wittelsbach ein.

Wittelsbacher Anfänge

Mit **Otto I.** erlangte 1180 der erste Wittelsbacher die Herzogwürde für Baiern, die Wittelsbacher sollten bis zum Ende des I. Weltkrieges Baiern (und mehr) regieren. Doch erst einmal wurde das Herrschaftsgebiet verkleinert, die Steiermark und Istrien wurden abgetrennt. Sachsen, das auch die welfischen Herzöge regierten, teilte man ebenfalls auf. Im Kern war damit das Gebiet des heutige Bayern geschaffen. Nach dem Tod Ottos I., nach nur drei Jahren Regierungzeit, trat sein Sohn **Ludwig der Kelheimer** an seine Stelle, beschnitt die Macht der großen Bistümer, vergrößerte Baiern wieder und zeichnete für die Stadtgründungen, u.a. Landsberg und Straubing, verantwortlich.

Bayerischer Löwe

Seine Heirat mit *Ludmilla von Bogen* brachte das weiß-blaue **Rautenwappen** (das die Grafen von Bogen in ihren Insignien führten) nach Baiern, und seine besten Kontakte zum Stauferkönig Friedrich II. brachte ihm dann noch die Pfalzgrafschaft bei Rhein ein und deren Wappenlöwen, den die Wittelsbacher damit tragen durften. Da die Wittelsbacher traditionell nicht das Recht des Erstgeborenen auf die Regentschaft kannten, wurde Baiern 1255 zwischen den Erben in die Herzogtümer Oberbaiern mit München und Niederbaiern mit dem Chiemgau aufgeteilt (erste Landesteilung).

König, Kaiser, Krieg

1294 wurde **Ludwig IV.** „der Baier" Herzog von Baiern und 1314 zum deutschen König gewählt – als Gegenmaßnahme zu der Wahl eines Habsburgers auf den deutschen Thron durch eine abgespaltene Gruppe von Kurfürsten. Von allen wurde die Königswürde Ludwig IV. erst zuerkannt, als er 1322 bei Mühldorf und Ampfing in der letzten Ritterschlacht des Mittelalters den König aus dem Hause Habsburg besiegte. Der Weg zur höchsten Stelle war damit frei, 1328 ließ er sich in Rom als Kaiser des Heiligen Römischen Reiches erklären. Auf dem Rückweg stiftete er aus Dankbarkeit das Kloster Ettal, und München als Hauptstadt des Kaiserreiches machte er zum kulturellen Zentrum. 1336 erließ Ludwig der Baier das bairische Landrecht. Als er 1347 starb, teilte man bis 1349 Baiern unter seinen Söhnen auf (zweite Landesteilung). 1392 kam es zur dritten Landesteilung: Es entstanden die Herzogtümer Ingolstadt, Landshut und München. Zwistigkeiten untereinander führten zu den Wittelsbacher Hauskriegen, die im Baierischen Krieg 1420–1422 gipfelten.

Wiedervereinigt

An Herzog **Albrecht dem Weisen** war es, Baiern wieder zu vereinigen und für Zukunft zu sorgen. Der Landshuter Erbfolgekrieg brachte das Land 1505 erneut zusammen und Albrecht erließ ein Jahr später das Primogeniturgesetz: Zukünftig sollte die Herrschaft immer nur dem Erstgeborenen zustehen, eine Landesteilung war nicht mehr vorgesehen. Und er machte den **Katholizismus** zur Staatsreligion. Sein Nachfolger Herzog **Wilhelm IV.** regierte 1508–1550 und festigte nicht nur die Stellung der Kirche im Staat (mit der Verfolgung der Lutheraner und der Unterstützung der Jesuiten in Ingolstadt), er sorgte am 23. April 1516 für das bis heute gültige **Reinheitsgebot** bei den Bierbrauereien. 1518 erließ er ein neues Landrecht und 1520 eine einheitliche Gerichtsordnung. In seine Regentschaft fiel auch der Umzug vom Alten Hof in die Neuveste (die heutige Residenz in München).

Sein Sohn **Albrecht V.** (Herzog 1550–1579) legte den Grundstein für die Kunstsinnigkeit des Hauses Wittelsbach – er galt als wütender Sammler und richtete die erste Kunstkammer ein. Auch er bekämpfte die Lutheraner mit aller Macht und holte die Jesuiten als „Denkfabrik" der Gegenreformation nach München.

Dreißig Jahre Krieg

Als 1597 Herzog **Maximilian I.** „der Große" die Herrschaft übernahm, sah sich Baiern politisch immer mächtiger werden, aber bald auch – ab 1618 –, mit „beiden Beinen" im Dreißigjährigen Krieg. Die Katholische Kirche hatten die Wittelsbacher in den letzten Jahrzehnten im Land gestärkt, und nun konnte man davon profitieren. Auf der Seite der katholischen Liga kämpfte man gegen die Reformation. Bei der Schlacht am Weißen Berg 1620 besiegte Maximilians General Tilly die böhmischen Lutheraner, Maximilian I. erhielt dafür von seinem Kaiser Ferdinand II. den Kurfürstentitel. Doch dann stand die Reformation doch noch vor den Toren der Residenzstadt – die Schweden marschierten 1632–1634 ein. Mit der Schlacht von Zusmarshausen im bairischen Schwaben endete der Dreißigjährige Krieg.

Kurfürsten sind Wahlfürsten; jene Fürsten, die den dt. König oder Kaiser wählten (kürten).

Kurfürsten

Als Kurfürst **Ferdinand Maria** 1651 antrat, geriet Baiern in den Sog des Barock. Allerorten entstanden neue Kirchen und Klöster, und was noch alten Stilen entsprang, wurde barockisiert. Ferdinand Maria, auch „der Friedfertige" genannt, betrieb eine erfolgreiche Friedenspolitik, was ihm schließlich das Angebot der Kaiserkrone einbrachte – er lehnte ab. Sein Sohn Kurfürst **Max II. Emanuel** ließ die Schlösser Schleißheim und Lustheim errichten, erweiterte Schloss Nymphenburg und legte Gemäldegalerien an. 1683 befreite er Wien, vor dessen Toren die Türken biwakierten, und ging als Eroberer Belgrads in die Geschichte ein. Als sein Sohn, dem die Erbfolge auf den spanischen Thron versprochen war, starb, kam es in der Folge zu den Spanischen Erbfolgekriegen, in denen Baiern

MAXIMILIAN
CHURFUERST
VON BAYERN

an der Seite Frankreichs gegen die Habsburger
stand – und 1704 die Schlacht von Höchstätt verlor.
Österreich marschierte in Baiern ein, Max II. Emanuel
floh nach Holland ins Exil. 1714 kehrte er heim und
erhielt seine Ländereien zurück.

Und immer wieder Habsburg

Kurfürst **Karl Albrecht,** Sohn von Ferdinand Maria,
erklärte sich 1741 zum König von Böhmen und ließ
sich 1742 als Kaiser **Karl VII.** küren, was den Habsburgern, selbst auf den Thron lauernd, nicht
schmeckte. Sie marschierten wieder nach Baiern,
noch im gleichen Jahr, erneut im Jahr 1743 und
noch einmal 1745. Baiern stand vor einem Scher-
benhaufen und dem Staatsbankrott, als Karl VII.
starb. Max III. Joseph, wieder Kurfürst, blieb nichts
anderes übrig, als sich aus dem politischen Spiel
der Großmächte herauszuhalten. Auch sein Nachfolger ab 1777, Kurfürst **Karl Thedor,** konnte daran
nichts ändern, obwohl er es versuchte. Im bairischen Erbfolgekrieg 1778/79 wollte er mit Österreich einen Gebietstausch vornehmen (Niederbaiern und Oberpfalz an die Habsburger, im
Gegenzug Vorderösterreich nach Baiern). Friedrich
II. von Preußen intervenierte und verhinderte es.
Ein zweiter Anlauf Karl Theodors war ebenfalls nicht
durchsetzbar, jetzt wollte er sogar ganz Baiern aufgeben und stattdessen das österreichische Holland
regieren. Auch diesmal schritt Friedrich II. ein. Mit
Karl Theodors Tod 1799 endete die Kurfürstenzeit,
Größeres stand nun auf der Fahne.

Endlich König

1799 wurde **Max IV. Joseph** Kurfürst. Zwei Jahre
später schloss er sich Frankreich an und machte
Baiern zum modernen säkularen Staat, was sich
auch auf die Größe des Landes auswirkte. Mit der
Einverleibung klösterlichen und bischöflichen
Besitzes erweiterte er das Gebiet des Landes von
40.000 auf 75.000 km². 1804 kam es zur Säkularisation, die Klöster wurden geschlossen, ihr Besitz
wurde aufgeteilt. 1805 gelangte mit dem Frieden
von Preßburg auch Tirol wieder nach Baiern, und
schließlich bestieg der Kurfürst 1806 – nun als **Max**

I. Joseph – den bairischen Königsthron. Doch nicht alles lief rund. Mit der Anlehnung an Frankreich musste Baiern eine Truppe von 30.000 Mann aufstellen, die mit Napoleons Armee 1812 in die russischen Weiten marschierte und nicht wiederkehrte. Daraufhin wechselte man die Seite und schloss sich 1813, kurz vor der Völkerschlacht bei Leipzig und dem Ende der französischen Herrschaft über Europa, Napoleons Gegnern an. Mit dem Wiener Kongress 1815 wurde die Souveränität Baierns innerhalb des Deutschen Bundes besiegelt und seine Grenzen (bis auf Gebietsverluste an Österreich) bestätigt. 1818 verabschiedete Baiern als erstes deutsches Land eine Verfassung.

Kunstsinn und ein dummer Fehler

Ludwig I.

Mit **Ludwig I.** wurde 1825 ein Mann König, der ganz beträchtlich zum Erscheinungsbild des Landes und der Stadt München beitrug. Als Verehrer des klassischen Griechenlandes ließ er Prachtstraßen bauen, sein Sohn wurde als Otto I. sogar König von Griechenland. In München erhielten Ludwigstraße und Königsplatz ihr heutiges Aussehen, die Walhalla und die Befreiungshalle wurden an der Donau errichtet. Auch die weltberühmte Galerie der „Schönen Münchnerinnen" ließ er anlegen. Und er benannte sein Land um, indem er einen Buchstaben austauschte – **Baiern wurde zu Bayern.** Tief religiös ließ er auch der Kirche freie Hand, die sich wieder Klöster zulegte, unter ihnen Schäftlarn und den Bierwallfahrtsort Andechs. Dann liierte er sich mit der Sängerin Lola Montez. Das Volk war empört! Während sich ganz Deutschland 1848 revolutionären Gedanken hingab, kümmerten sich die Bayern um die Schlafzimmergeschichten ihres Königs und zwangen ihn zur Abdankung – obwohl er noch schnell Pressefreiheit und eine unabhängige Gerichtsbarkeit mit Geschworenengerichten versprach. An seine Stelle trat im Jahr 1848 der Sohn **Max II.** Er förderte die Wissenschaften, gründete das Bayerische Nationalmuseum und trat beim Bauwesen in die Fußstapfen des Vaters – die Maximilianstraße und das Maximilianeum in München wurden gebaut.

Ludwig II.

Der Märchenkönig und Schöngeist **Ludwig II.**, Sohn von Max II., kam 1864 mit 18 Jahren an die Macht und wollte sie nicht so recht nutzen. Selbstbezogen richtete er sich immer mehr in seiner kleinen, großen Welt ein, baute die Schlösser Neuschwanstein, Linderhof und Herrenchiemsee, alimentierte den Opernkomponisten Richard Wagner und bewies in der Politik eine unglückliche Hand. 1870 zwang Bismarck Bayern in das Deutsche Kaiserreich, gerade noch rechtzeitig, um die Bayerische Armee im Deutsch-Französischen Krieg 1870/71 einsetzen zu können. 1886 waren die Staatsfinanzen – nicht zuletzt wegen der Bauwut des Königs – vollständig zerrüttet, die inzwischen mächtiger gewordene bürgerliche Politik ließ Ludwig II. 1886 als geisteskrank erklären und ersetzte ihn durch seinen Onkel, den Prinzregenten **Luitpold.** Der König selbst ertrank noch im selben Jahr unter nie geklärten Umständen bei Berg im Starnberger See.

Das Ende des Königreiches

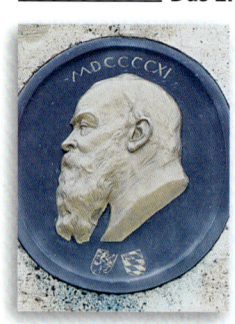

Prinzregent **Luitpold** regierte Bayern bis zu seinem Tod 1912. Ihm folgte Ludwig III. Dann kam der I. Weltkrieg mit seinen Vernichtungsschlachten, in denen 190.000 Bayern – viele von ihnen im Alpenkrieg gegen Italien – den Tod fanden. Ausgeblutet kapitulierte das Deutsche Reich 1918, der bayerische König dankte ab und es blieb ein Vakuum. Gefüllt haben es die Revolutionäre, München wurde zur Räterepublik, Kurt Eisner rief den „Volksstaat Bayern" aus. Der Sozialdemokratie war dies gar nicht recht, sie holte deshalb die Reaktion mit ihren rechtsnationalen Freikorps zu Hilfe, aus denen später viele leitende Nationalsozialisten hervorgingen. Sie zerschlugen in blutigen Gefechten die Volksarmee der Räterepublik.

Im Herzen der Nazis

Die Umbruchzeiten nach dem verlorenen Weltkrieg, der Verlust der angestammten Pfründe breiter Bevölkerungsteile und die auch durch die Versailler Verträge hervorgerufene wirtschaftliche Not führten schließlich zum Aufkommen der nationalsozialistischen Bewegung. München allerdings war in den 1920er Jahren auch noch ein Hort der Liberalität und des Freigeistes, der Künstler und Denker – Schwabing hatte seine Hochzeit. Doch während die einen feierten und große Gedanken hegten, hatten die anderen ganz gegensätzliche Pläne. 1923 versuchte **Adolf Hitler** das erste Mal, an die Macht zu gelangen. Der Marsch auf die Münchener Feldherrnhalle misslang aber. Und als schließlich 1933 mit der Wahl Hitlers zum Reichskanzler der Anfang vom Ende begann, avancierte München zur „Hauptstadt der Bewegung". Nürnberg erhielt die pompösen, jedes Jahr wiederkehrenden Reichsparteitage, Garmisch die olympischen Winterspiele, Dachau das erste Konzentrationslager Deutschlands und Hitler selbst nahm seinen bevorzugten Wohnsitz im Berchtesgadener Land auf dem Obersalzberg. Wie überall wurden nun die Juden und Regimegegner verfolgt, eingesperrt und getötet. Dann kamen die Bomben der Alliierten und hinterließen bei Ende des Krieges 1945 in der Hauptstadt Bayerns – am 30. April marschierten die Amerikaner ein – ein einziges Trümmerfeld. 60% der Münchener Altstadt war zerstört. Die ländlichen Gebiete Oberbayerns kamen glimpflicher davon – sie hatten keine nennenswerten Bombenziele.

Steinerner Löwe vor der Feldherrnhalle; im Hintergrund der Turm der Theatinerkirche.

Neubeginn

Bereits 1945 begann der Wiederaufbau Münchens, der Schutt wurde zusammengetragen und zu zwei großen, heute als Stadtparks begrünten Bergen getürmt, der eine von ihnen der spätere Olympiaberg an der Austragungsstätte der Olympiade 1972. Mit diesem Großereignis waren Deutschland, der nunmehrige Freistaat Bayern und München als ehemalige „Hauptstadt der Bewegung" endgültig in der Demokratie und in der Neuzeit angekommen. In der Landespolitik mochten aber viele das Prädikat eines demokratischen Staates noch nicht vergeben.

Die CSU, der ewige Alleinherrscher der Nachkriegszeit, konnte machen, was sie wollte, ihre Vertreter bestimmten als bayerische Alleinpartei der christlichen Politlandschaft zu nicht geringem Anteil die Geschicke auch auf Bundesebene. Den Oberbayern aber waren die Skandale um den Parteiführer und Ministerpräsidenten **Franz Josef Strauß** herzlich egal, sie empfanden sein Wirken sogar als beneidenswerten Ausdruck dessen, was in Italien als „Grandezza" Berlusconis fröhlich Urständ feiert. Doch trotz aller Skandale: Die Regierungen Bayerns haben seit 1945 das Land zu einer der industriewirtschaftlich erfolgreichsten Regionen in Europa gemacht und gleichzeitig die Natur in weiten Teilen bewahrt.

Olympiagelände
in München

Olympiade 1972

München wollte 1972 die „Spiele der Heiterkeit" austragen, doch es kam anders. Palästinesische Widerstandkämpfer nahmen elf Mitglieder der israelischen Mannschaft als Geiseln und verlangten die Freilassung von 232 Palästinensern. Die deutsche Polizei versuchte, die Geiseln am Flughafen Fürstenfeldbruck zu befreien, was in einem Fiasko endete. Bei einer zweistündigen Schießerei starben alle Geiseln. Danach wurde überlegt, die Spiele zu beenden, man führte sie dann aber – auf Entscheidung des Internationalen Olympischen Komitees – mit halbtägiger Unterbrechung und einer Schweigestunde im Olypiastadion zu Ende.

Heute

Dann kam ein Ereignis, das das Selbstbewusstsein der Oberbayern in ungeahnte Höhen hob: Kardinal Joseph Ratzinger aus Marktl am Inn wurde 2005 zu **Benedikt XVI.** – „Wir sind Papst!" Das war nicht mehr zu toppen. Oder doch? Die Hypo Real Estate, eine Tochtergesellschaft der (ur)Bayerischen Hypotheken- und Wechselbank und der (ur)Bayerischen Vereinsbank hatte 2006 eine Bilanzsumme von 160 Milliarden Euro, hinzu kam aber das Vierfache an „außerbilanzlichen" Geschäften in Tochterbanken – recht und schlecht vor der Bankenaufsicht verborgen. Damit war die Hypo Real Estate plötzlich im allgemeinen Bankenkollaps insolvent, aber für die für die gesamte Weltwirtschaft „systemrelevant". Berlin musste den Geldbeutel zücken. Und dann noch der „Sahneklecks" des weiteren Miliarden-Desasters mit der Bayerischen Landesbank. Der seit 2008 Bayern regierende **Horst Seehofer** hat alle Hände voll und vermutlich noch lange zu tun, Bayern und seine Finanzen aus der Bedrängnis zu bringen. Auch Anfang 2010 war das Theater um das von den bayerischen Politikern beaufsichtigte und von Ihnen für allerlei Zweckmäßiges genutzte Geldinstitut nicht zu Ende. Immer wieder tauchten die spitzen Zähne neuer Milliardensummen hinter dem Kasperle auf und brachten den seit 2008 Bayern regierenden **Horst Seehofer** und seine Seppl aus der Finanzwelt in Bedrängnis.

Wirtschaft und Kultur

Als „stockkatholisch" wird Oberbayern gesehen, seine Menschen als Bauern im Trachtengewand, immerzu Schweinebraten, Weißwürste und Bier vor sich auf dem Tisch und Blasmusik in den Ohren. Richtig! Aber nicht nur! Oberbayern spielt im Herzen Europas kulturell und wirtschaftlich auch eine Mittlerrolle zwischen dem hohen Norden und dem tiefen Süden. Nicht umsonst ist Oberbayern ein Zentrum der Hightech-Industrie und der Logistik, und was das *easy living* anbelangt, so heißt es hier halt nicht so, sondern auf gut bairisch *dolce vita.* Schließlich trinkt man neben Bier auch Prosecco, speist nicht nur *G'selchtes,* sondern gerne auch Pasta, und mit dem Barock hat man weitere Anleihen in Italien gemacht. Und dann ist es in Oberbayern (manchmal) auch noch fast so warm wie am „Stiefel" – nur schöner.

Wirtschaft

Die, je nach politischer Couleur , Licht- oder Hassgestalt Franz Josef Strauß hat die Hightech-Sparte nach Oberbayern gebracht, sein gegen viele Widerstände durchgesetzter Aufbau einer europäischen Flugzeugindustrie mit einem ihrer heutigen Hauptstandorte in Ottobrunn war die Initialzündung für die Ansiedelung weiterer Hightech-Firmen, vornehmlich aus den Bereichen Medizintechnik (in Martinsried), Umwelttechnik (Weihenstephan) und in der Kommunikationstechnologie (Garching).

Dass in Oberbayern acht Max-Planck-Institute in Schlüsseltechnologien forschen, tut dem Erfolg sicher keinen Abbruch (Neurobiologie, Physik, extraterrestrische Physik, Astrophysik, Plasmaphysik, Quantenoptik, Biochemie und Neurobiologie). Neben Schwergewichten wie EADS und MTU haben sich zahlreiche kleine und mittelständische Firmen etabliert, die als Zulieferer auch eigene Forschungsabteilungen und internationale Handelsbeziehungen unterhalten.

Mit der Autoindustrie in Ingolstadt (Audi) und München (BMW) befinden sich zwei der erfolgreichsten Pkw-Hersteller auf oberbayerischem

Boden, MAN in München gehört zu den weltweit
führenden Herstellern von Nutzfahrzeugen und zu
den *global players* im Maschinenbau.

Auch wenn in der Landwirtschaft mit rund
30.000 Beschäftigten nur 1% der oberbayerischen
Erwerbstätigen tätig sind (Dienstleistungssektor
68%, produzierendes Gwerbe 31%), spielt die
Landwirtschaft eine tragende Rolle. Zwar nicht in
ihrem Beitrag zum Bruttosozialprodukt, aber für
den Erhalt der Natur.

Wesentlich wichtiger bei den Einkommen ist die
letztlich aber von der Güte der Landwirtschaft ab-
hängige **Tourismusindustrie,** die einen wesentlichen Beitrag zur Wirtschaftsleistung Oberbayerns
erbringt. 200.000 Gästebetten stehen zur Verfügung, mehr als ein Drittel der gesamtbayerischen
Kapazität. Jedes Jahr werden über 30 Millionen
Übernachtungen gezählt, mehr als zwei Drittel der
Gäste kommen aus Deutschland. Die Besucher geben dabei alljährlich über 10 Milliarden € aus. Direkt
sind von diesem Geldfluss fast 200.000 Menschen
abhängig.

Religion

Die bayerischen Herzöge, Kurfürsten und Könige ha-
ben nichts unversucht gelassen, den Katholizismus
in Bayern fest zu verankern. Es ist ihnen gelungen.
Die Lutheraner mit ihrer calvinistischen, freudlosen
Art haben hier nie ein Bein auf den Boden gebracht.
Man darf getrost behaupten, dass beim Glauben des
Oberbayern die Uhren ein wenig anders ticken.
Immer noch pflegt man allerorten die ganz und gar

nicht christlichen Rituale der Altvorderen.
Fasnacht mit *Goaß'lschnalz'n* und schre-
ckenerregenden Masken, der *Butt'nmand'l-
lauf* vor Weihnachten und die Sonnwend-
feuer an den Berghängen kommen aus heid-
nischer Zeit, der *Leonhardiritt* gar geht auf
die Germanen zurück. Kein Pfarrer konnte
die alten Brauchtümer auf Dauer den Bayern
austreiben (und sie wollten es wohl auch
nicht), denn die Kirchen sind so auch einen
Tick prächtiger als woanders, verschnörkel-
ter, praller, südlicher. Dass die Menschen ans

Geranien gegen
Aberglauben?

Schariwari Trophäen erlegter Tiere hängten und damit das Jagdglück beschworen und mit aus den Bergen geschlagenen Mineralien sich ihres Reichtums versicherten – dem Herrn Pfarrer war's recht, wenn man nur regelmäßig in die Kirche kam. Und die auf den Balkonen des Oberlandes gegen Missgunst gepflanzten Geranien waren, nun ja, Aberglauben, aber eben auch hübsch anzusehen.

Himmel auf Erden

Der Dienstmann Alois Hingerl ist das Paradebeispiel strenger bayerischer Rechtgläubigkeit: Er wollte „ums Verrecken" nicht seinen Stammtischplatz im Wirtshaus verlassen, um im Himmel als Engerl „Hosianna" zu singen und Manna zu essen; da diskutiert er dann hoch droben lieber und nervt den Petrus und dessen „Chef", bis beide ein Einsehen haben und ihrer Gemütsbalance zuliebe den Alois wieder in Richtung Wirtschaft entlassen.

(„Ein Münchner im Himmel", von Ludwig Thoma.)

Religionszugehörigkeit in Oberbayern	
Röm.-Katholisch	70 %
Evangelisch	16 %
Ohne	9 %
Islamisch	3 %
Sonstige	2 %
Jüdisch	0,001 %

Literatur

Ganghofers (1855–1920) Heimatromane vollführten einen wahren Siegeszug durch die Bibliotheken in Zeiten der biedermeierlichen Gartenlaube mit Rühr- und Führstücken zur Lebensbewältigung kleinbürgerlichen, naturidealisierenden Lebens, mit großen Gefühlen und Idealen am Berg und im Tal.

Die beiden Ludwigs –
Thoma (1867–1921) und
Ganghofer (1855–1920)
– sind die Paradepferde
bayerischer Volksliteratur

„Der Herrgottsschnitzer von Ammergau", „Der Jäger von Fall" und „Edelweiß-
könig" verbreiteten die Idylle des Alpenvorlandes in ganz Deutschland, und die
Menschen begaben sich auf die Spuren
von Jäger und Jungfrau. Kaiser Wilhelm II. soll
Ganghofers Bücher nachgerade verschlungen haben, die späteren „Heimatfilme" beförderten das
Genre noch weiter.

Ganz anders war **Ludwig Thoma,** der als wahrer
Volksschriftsteller aber ebenso den Nerv der Zeit
traf. In seinen satirisch geschriebenen Werken ließ
er sich vehement über Doppelmoral und Klein-
bürgertum aus, verlor dabei aber nie den Humor,
und die von ihm Beschriebenen verdienen immer
auch einen Rest von Sympathie. In der „Lokalbahn"
sind die Gespräche eines Bauern im Zugabteil
beschrieben, der als Volksvertreter nach München
reist. Auch in „Josef Filzers Briefwexel" sind die
Ergüsse eines – allerdings des Hochdeutschen nicht
ganz mächtigen – Volksvertreters festgehalten.
Und wer in Oberbayern aufwuchs, hat die „Laus-
bubengeschichten" als Rezeptbuch für das eigene
Leben sogar freiwillig und in einem Rutsch bis zum
Ende durchgelesen.

Lena Christ (1881–1920) aus Glonn wollte
eigentlich ins Kloster, nach 18 Monaten hatte sie
genug und wurde Schriftstellerin. Ihre erste Ver-
öffentlichung, „Erinnerungen einer Überflüssigen",
war stark autobiografisch geprägt und ein Erfolg.
Mit den „Lausdirndlgeschichten" reihte sie sich bei
den Volksschriftstellern ein, ihr bekanntestes Werk
„Die Rumplhanni" beschreibt das Leben einer
Köchin auf dem Land, die versucht, ihren eigenen
Weg zu gehen.

Mit **Lion Feuchtwanger** (1884–1958) wurde ein
Schwergewicht der Weltliteratur in München geboren. In einem seiner Hauptwerke („Erfolg") bil-
dete er das Leben in München ab, als der National-
sozialismus an Einfluss gewann. Seine historischen
Romane „Jud Süß" (den die Nazis zu einem bösen
Film missbrauchten) und die „Josephus-Trilogie"
wurden Welterfolge. Er war als Jude gezwungen,
zu emigrieren.

Oskar Maria Graf (1894–1967) aus Berg emigrierte ebenso, allerdings freiwillig, und forderte von den Nazis, die seine Bücher nicht auf den Index gesetzt hatten, diese zu verbrennen, was sie 1934 nachholten. Als an der Münchener Räterepublik Beteiligter war sein Leben zukünftig von einem linken Humanismus und bedingungslosem Pazifismus geprägt. Der „in der Wolle gefärbte" Oberbayer schrieb sehr breitgefächert und jonglierte aufs Beste mit dem bairischen Dialekt. Bekannteste Werke: „Das Leben meiner Mutter", „Kalendergeschichten" und die Autobiografie seiner jungen Jahre, „Wir sind Gefangene".

Karl-Valentin-Brunnen am Viktualienmarkt, München

Wenn auch **Karl Valentin** (1882–1948) eigentlich „nur" Komiker war, seine Kurzstücke sind druckwürdig und haben auch ihren Weg in die Bücher gefunden. Zusammen mit **Liesl Karlstadt** (1892–1960) sorgte er für die skurrilsten Momente auf den Bühnen der ersten Häfte des 20. Jahrhunderts.

Herbert Achternbusch (geb. 1938) wurde nicht so sehr wegen seiner – von vielen hochgeschätzten – Prosa, sondern wegen seiner Filme bekannt, für die er auch die Drehbücher schrieb: „Servus Bayern", „Der Neger Erwin" oder „Der Depp".

Franz Xaver Kroetz (geb. 1946) feierte deutschlandweit Erfolg mit seiner Münchener Sittengeschichte „Kir Royal" über die Viertel-, Halb- und Vollprominenz in und um Schwabing. Er gilt als einer der produktivsten Bühnenschriftsteller der deutschen Gegenwart.

Weitere Schriftsteller

Alfred Andersch, Carl Améry, Josef Martin Bauer, Michael Ende, Daniel Kehlmann, Anette Kolb, Thomas, Klaus und Golo Mann, Christian Morgenstern, Eugen Roth, Siegfried Sommer, Patrick Süskind („Das Parfüm").

Architektur

Herrliche Schlösser und Villen, prächtige Kirchen und Klöster und idyllische Bauernhäuser und Berghütten: in Oberbayern zeigt sich die Architektur in ihrer ganzen Bandbreite, vom einfachen Profanbis zum überbordenden Sakralbau. Als kunstsinnige Förderer haben die Herzöge und Kurfürsten

Schwelgerischer
Barock

viel Geld ausgegeben, um ihren Sammlungen das rechte Zuhause zu bieten, und die nachnapoleonische Abkehr von der Säkularisation brachte dem Kirchen- und Klosterbau noch einmal einen Schub. Einige der schönsten Gebäude entstanden zu Beginn des 18. Jahrhunderts, aber auch das ausklingende 19. Jahrhundert schuf mit den Bauten Ludwig II. Höhepunkte der Architektur. Die Münchener legten sich zu Beginn des 20. Jahrhunderts Anwesen wie das Lenbachhaus oder die Stuckvilla zu und begeisterten die Welt mit dem von Frei Otto konzipierten Olympiagelände. Das 21. Jahrhundert begrüßten sie mit wegweisender moderner Architektur, wie den Museumsbauten der *Pinakothek der Moderne* und der Sammlung Brandhorst.

**Die
Architekten**

Jörg von Halsbach (1410–1488), wichtigstes Bauwerk war die Frauenkirche in München – eine der größten Hallenkirchen mit fast unnahbar wirkendem Äußeren und einem eleganten Inneren.

Die oberbayerischen Brüder **Cosmas Damian Asam** (1686–1739) und **Egid Quirin Asam** (1692–1750) stehen wie keine sonst für den Spätbarock bzw. das Rokoko im Kurfürstentum. Ihre gemeinsame Hauptarbeit, die Kirche St. Johann Nepomuk in München, Asam-Kirche genannt, ist ein Gesamtkunstwerk mit dem besten an typischer Freskomalerei, an Stuck und Lichtkonzeption. Ausgezeichnet im Geschäft, erhielten sie viele weitere Aufträge, so in Schloss Schleißheim und in Freising.

Der Dachauer **Josef Effner** (1687–1745) war ab 1715 Hofbaumeister und schuf die Erweiterungsbauten der Schlösser Nymphenburg und Schleißheim und bestimmte die Gartenanlage von Nymphenburg mit.

Die Familie Schmuzer beeinflusste die Klosterarchitektur Oberbayerns über ein Jahrhundert lang. **Johann Schmuzer** (1642–1701) wurde in Wessobrunn geboren und begründete als Klosterbaumeister die Wessobrunner Schule.

Wessobrunn avancierte im Rokoko zum bedeutendsten Stukaturzentrum Europas

Auf ihn geht der Neubau der Benediktinerabteil Wessobrunn zurück. Sein Sohn **Joseph Schmuzer** (1683–1752) trat in die Fußstapfen seines Vaters und bestimmte die Neubauten der Pfarrkirchen in Oberammergau und Mittenwald und der Klosterkirche von Ettal. Dessen Sohn **Franz Xaver Schmuzer** (1713–1775) schmückte u.a. die Kirchen in Steingaden und Hohenpeißenberg.

Einer der wichtigsten Vertreter der Wessobrunner Schule war **Dominikus Zimmermann** (1685–1766), der die *Wallfahrtskirche Wies* baute und ausschmückte.

Mit dem in der Oberpfalz geborenen **Johann Michael Fischer** (1692–1766) kam einer der bedeutendsten Architekten des Rokoko nach Oberbayern. Er schuf Kirchen in Dießen am Ammersee und in Altomünster.

François Cuvilliés (1695–1768) wurde in Belgien geboren und avancierte 1725 zum kurfürstlichen Hofbaumeister. Er gilt als einer der Wegbereiter des Rokoko im Land, das Theater in der Residenz Münchens trägt seinen Namen, auch zeichnete er in der Residenz für die „Reichen Zimmer" verantwortlich.

Leo von Klenze (1784–1864) war nur Wahlmünchener, aber als Hofbauintendant des klassizismusverliebten Ludwig I. sorgte er für das heutige architektonische Erscheinungsbild der Prachtstraße in der Residenzstadt, der Ludwigstraße.

Der Münchener **Gabriel von Seidl** (1848–1913) arbeitete für den Prinzregenten und brachte den Neubarock nach Oberbayern. Unter ihm entstanden die Gebäude des Bayerischen Nationalmuseums und des Deutschen Museums.

Dem Chemnitzer **Frei Otto** (geb. 1925) verdankt München die spektakuläre, organische Dachstruktur des Olympiageländes für die Sommerspiele 1972, dem Münchner Architektenbüro von **Stephan Braunfels** (geb. 1950) die 2002 eröffnete *Pinakothek der Moderne* mit ihrem revolutionären Lichtkonzept.

Bauernhaus-architektur   Die Bauernhausarchitektur in Oberbayern ist alpenländisch bestimmt. Die **Drei-** oder **Vierseithöfe** mit festgemauertem Erdgeschoss und vielen

Gut Holz

Nebeneinrichtungen konnten sich nur die reichen Familien leisten, die kleinen Bauern hatten erst einen – bis auf den Feuerungsbereich aus Holz errichteten – **Einfirsthof,** nach und nach wurde auch hier das Erdgeschoss gemauert. Die Regel waren die **Kleinhäusler** mit nur wenig oder gar keinem Grund, die neben der Landwirtschaft noch eines weiteren Standbeines bedurften – als Köhler oder Bienenzüchter, als Weber und Zimmerer. Die **Almhütten** – *Kaser* genannt – bewohnten die Senner im Sommer und kümmerten sich um das hochge-

brachte Vieh, während die Bauern unten das Heu ernteten. Wenn der Bauer die Wirtschaft an seine Nachkommen abgab, zog er ins *Austragshäus'l,* das sich auf dem Grund des Hofes befand und in dem die Altbauern ihr Rentnerdasein verbrachten.

Bauernhofmuseen

Die Bauernhofmuseen von **Amerang** (www.bauernhausmuseum-amerang.de, s.S. 225) und **Glentleiten** (www.glentleiten.de, s.S. 185) geben einen guten Überblick über die Architektur im Lauf der Jahrhunderte.

Bildende Kunst

Bayerns Herzöge, Kurfürsten und Könige hatten sich fast alle auch der Kunst verschrieben und sorgten für ein reges kulturelles Leben in der Residenzstadt und auf dem Land. Da die nur allzu gerne nach Oberbayern kommenden Künstler häufig universell waren, malten sie nicht nur, der eine oder andere schnitzte gleichzeitig, war manchmal auch ein begnadeter Stukkateur, und viele hatten eine Ausbildung als Baumeister. München war eine Künstlerstadt und das Umland profitierte davon. Bis heute hat sich die Tradition erhalten, und die zeitgenössische Kunstszene ist nicht weniger lebendig als vor Jahrhunderten.

Innenansicht der
barocken
Friedhofskirche
in Rottach-Egern

Maler und
Bildhauer

Erasmus Grasser (1450–1518) stammte aus der Oberpfalz und ging nach München, um dort sein schönstes Werk zu vollbringen – die holzge- schnitzten, spätgotischen *Moriskentänzer,* über lange Zeit vergessen und weggelagert, schließlich wiederentdeckt und im Münchener Stadtmuseum ausgestellt.

Der Weilheimer **Hans Krumpper** (1570–1634) war einer dieser Universalkünstler, er schuf u.a. das Grabmal Ludwig des Bayern in der Münchener Frauenkirche.

Der Wessobrunner **Johann Baptist Zimmer- mann** (1680–1758) war ein produktiver Maler und Stukkateur, der seine Spuren in den Sakralbauten ganz Oberbayerns hinterlassen hat, darunter Ettal, Schliersee, Andechs, Wies und Freising. Auch im Schloss Schleißheim hat er mitgeholfen und in der Amalienburg von Nymphenburg.

Johann Baptist Baader (1717–1779) wurde als Kirchenmaler bekannt und begehrt, seine Werke sind vornehmlich im Pfaffenwinkel zu sehen, in Wessobrunn und Perchting.

Ignaz Günther (1727–1775), auch ein Bayer, gilt als einer der Hauptvertreter der Rokokoplastik, seine Arbeiten schmücken die Altäre in Weyarn und im Freisinger Neustift.

Carl Spitzweg (1808–1885) aus Unterpfaffen- hofen gilt als der Malerfürst des Biedermeier. Mit sei- nen kleinen Idyllen rannte er beim vermögend ge- wordenen Bürgertum Münchens offene Türen ein.

Franz von Lenbach (1836–1904), geboren im Spargeldorf Schrobenhausen, erlangte Berühmtheit mit den Porträts der ganz Großen Ihrer Zeit, darunter denen vom deutschen Kaiser Wilhelm I., dem österreichischen Franz Joseph und auch von Bismarck. Er trat als Mitgründer der Künstlergemeinschaft Allotria auf, in der sich die wichtigsten bayerischen Persönlichkeiten trafen.

Olaf Gulbranson (1873–1958) kam zwar aus Norwegen, aber er wählte den Tegernsee zur Heimat und wurde dort auch begraben. Er war als Maler und Grafiker tätig. Viele seiner Zeichnungen erschienen im satirischen Simplicissimus.

Der Blaue Reiter

Der Münchener **Franz Marc** (1880–1916) tat sich mit **Wassily Kandinsky** (1866–1944) zur Künstlergruppe „Blauer Reiter" zusammen, beide brachten den gleichnamigen Almanach heraus. Schnell schlossen sich August Macke, **Gabriele Münter,** Alfred Kubin und weitere an. Paul Klee und Arnold Schönberg waren zwar nicht Mitglieder, aber unterstützten die Gruppe bei ihrem Bestreben, die Kunst in neue Bahnen zu lenken – der Expressionismus trat seinen Siegeszug an.

> Die Werke des „Blauen Reiter" lassen sich u.a. im Münchener Lenbachhaus und im Münterhaus in Murnau bewundern (beide www.lenbachhaus.de)

Lüftlmalerei

Der alpenländische Fassadenschmuck ist bis weit nach Tirol hinein üblich. Noch bei feuchtem Putz wird die Farbe aufgetragen, dringt in die tieferen Schichten vor und ist damit sehr haltbar. Ganze Fassaden können geschmückt sein, aber häufig ist nur ein einzelnes Bild an einer Ecke oder zwischen zwei Fenstern zu sehen. Die Lüftlmalerei ist typische Volkskunst, ausgeführt von Handwerkern ohne große künstlerische Reputation, aber von den Leuten geliebt. Besonders im Werdenfelser Land wollte kein Bauherr auf die Dienste der Lüftlmaler verzichten. Die Bilder haben ländliche und dörfliche Szenen zum Thema, können Heilige und Begebenheiten aus der Bibel darstellen oder auch nur als Ornamente die Fassade gliedern. Die Lüftlmalerei ist in ganz Oberbayern zu finden, besonders schön aber in Oberammergau und Mittenwald.

Lüftlmalerei

Musik

Ludwig II. ließ in seine Schlösser Dekorationen aus Wagners Opern einbauen

Natürlich genießen die Münchener Philharmoniker und das Nationaltheater Weltruhm, und **Richard Wagner** (1813–1883) wurde von Ludwig II. nach Oberbayern geholt und alimentiert, damit er in Ruhe seine Opern schreiben konnte.

Der Komponist **Richard Strauß** (1864–1949) war wie **Carl Orff** (1895–1982) Münchener, doch wer weiß schon, dass in den Alpen die ersten *percussion*-Gruppen Europas auftraten? Beim **Schuhplattln** wird der Rythmus eines Musikstücks aufgenommen, meist der Dreivierteltakt eines Landlers und durch Klatschen auf die krachledern bewehrten Schenkel und die Haferlschuh verstärkt. Tatsächlich entstand dieses recht archaisch wirkende Tanzvergnügen im 19. Jahrhundert als Werbungstanz, bei dem sich die Burschen in ihrer besten Art vor den Augen der Mägde zeigen konnten.

Hausmusik

Im Oberland wurde früher überall Hausmusik gepflegt, wenn man an langen Winterabenden zusammensaß in der „Gunklstubn", in der die Frauen gesponnen haben, und wenn man sich im Sommer beim „Hoagartn" im Freien traf, im „Heimgarten", wo ebenso musiziert wurde (und Karten gespielt und die letzten dörflichen Ereignisse durchgesprochen). In den Wirtsstuben holten Musiker die Instrumente hervor: Gitarre, Hackbrett, Zither, steirische Harmonika, Mundharmonika, manchmal eine Blockflöte oder Klarinette und auch die Maultrommel. Gespielt wurde teils ohne Gesang, teils

sang man **G'stanzl'n** zur Musik, kurze, meist vier-
zeilige Spottverse mit einer einfacheren Melodie.
Zu den berühmtesten G'stanz'l-Sängern in Oberbayern gehörte der **Roider Jackl** (1906–1975).

Blasmusik   Keine Traditionsveranstaltung ohne Blasmusik, und
das Oktoberfest ist da noch die unbedeutendste.
Wird der Maibaum aufgestellt, böllern die Gebirgsschützen, wird das Starkbier angestochen oder sitzt
man am Sonntagvormittag im Biergarten – Tuba,
Posaunen, Hörner, Klarinetten und Trompeten sorgen in unterschiedlicher Zusammensetzung für
den unverwechselbaren Hauruck-Sound, der die
Leute ihr Bier noch einmal so gut schmecken und
bei Festen am späteren Abend auf Bänke und
Tische springen lässt.

Jodeln   Entstanden ist das Jodeln als Kommunikations-
mittel über weite Entfernungen, vornehmlich im
Gebirge, wo die Senner und Waldarbeiter eine
schrille Tonfolge herausschrieen, um sich so verständigen zu können. Irgendwann wandelte sich
das Jodeln dann zu Kunstform. „Holladrijo" oder
„Hodarario" oder sonstige Fantasiewörter- und -
tonfolgen tönten fortan unter Stimmwechsel zwischen Brust und Falsett durch die Bergwelt und besonders gerne an Stellen, wo es ein Echo gibt.

Das Echo auf
dem Königs-
see antwortet
zweimal

Alphorn   Das **Alphorn** kommt seit 1550 im ganzen Alpenraum vor. Es ist um die drei Meter lang und wiegt
wegen seiner Dünnwandigkeit nur wenige Kilo-
gramm, so dass es kein Kraftakt ist, es in die Berge
zu schleppen. Aber man braucht schon eine gute
Lunge, um den tiefen Ton herauszuquetschen.

Zünftige
Musikkapelle auf
der Speck-Alm

Dann aber trägt er weit, und wenn auf den Bergen eine ganze Gruppe bläst, entsteht eine fast unwirkliche Stimmung von entzücktem Vergessen.

Volksmusik-Trends

Dass die Volksmusik nicht beim G'stanz'l-Singen verweilt, sondern sich weiterentwickelt, belegt die Münchner Kultwirtschaft *Fraunhofer* jedes Jahr mit Volksmusiktagen von Januar bis Mitte Februar. Da lassen sich Entdeckungen machen: Die Münchner **Fraunhofer Saitenmusik** mit ihrem Mix aus alpenländischen Traditionen und modernen europäischen Stilen; **Brass Banda** aus dem Chiemgau mit einem von Bläsern getriebenen Ethno-Bayern-Drive, oder **Kofelgschroa** aus Oberammergau, die bayerische Melodien mit Gipsy und Polka kombinieren. Das Ganze endet mit einer Preisverleihung und einem lange im Voraus ausverkauften Tanzfrühschoppen.

Programm der Volksmusiktage:
www.fraunhofertheater.de

Die andere Art

Mit der Biermösl-Blosn (www.biermoesl-blosn.de) und den Wellküren (www.wellkueren.de) pflegen zwei Musikgruppen aus einer Familie (die Buam in der einen, die Mädels in der anderen) auf eine ganz eigenwillige Art die Tradition. Alle sind ausgezeichnete Musiker, holen sich ihre Texte zu den bayerischen Traditionsmelodien aus den aktuellen Geschehnissen und werden nicht müde, die Großkopferten in ihren Liedern anzuklagen – immer ein Genuss und immer mit einer bombigen Stimmung unter den Zuhörern!

Theater und Kabarett

Den Boden bereitet für das Kabarett haben **Karl Valentin** (1882–1948) und **Liesl Karlstadt** (1892–1960) mit ihren Bühnenauftritten als „Buchbinder Wanninger" oder auch in der „Orchesterprobe". Die Lichtgestalt des modernen oberbayerischen Kabaretts ist hingegen **Gerhard Polt** (geb. 1942). Seine „hinterfotzigen" Charaktere haben eine ganze Generation mit neuen Erkenntnissen über die bayerische Lebensart versorgt. Der Alleinunterhalter **Georg Ringsgwandl** (geb. 1948), studierter Mediziner, verfasst nadelspitze Texte und lässt sich – wie Polt auch – über die bayerische Seele aus.

In der Volkstheaterszene ist das **Schlierseer Bauerntheater** (www.schlierseer-bauerntheater .de) mit seinen traditionellen Stücken der Platzhirsch für die Touristen und seit 1892 das älteste Bauerntheater Deutschlands überhaupt. Das **Münchner Volkstheater** (www.muenchner-volks-theater.de) dagegen nimmt auch moderne Stücke oder zumindest moderne Inszenierungen von alten Stücken (u.a. durch Franz Xaver Kroetz) in seinen Spielplan auf. Im **Tegernseer Volkstheater** (www.tegernseer-volkstheater.de) ist das „Königl. Bayer. Amtsgericht" von Ludwig Thoma ein Dauerbrenner, und im **Berchtesgadener Bauerntheater** (www.berchtesgadener-bauerntheater.de) kommen mit „Der liebestolle Bauer" oder „Der Jäger von Fall" spaßige und tragische Stücke auf die Bühne.

Brauchtum

Im Mai stellen die jungen Burschen jedes Dorfes und jedes Marktes (und auch der Münchner Stadtteile) ihren weißblau-geringelt gestrichenen **Maibaum** auf, geschmückt mit einem Kranz hoch oben und mit Zunftwappen auf seiner ganzen Länge. Dazu gibt's Bier, Brotzeit und Blasmusik. Doch wer nicht aufgepasst hat, dem wurde am Vorabend der Maibaum von den Burschen des Nachbardorfes entwendet, und voller Schmach muss man sie um

Das halbe Dorf hilft mit

Rückgabe bitten (was auch geschieht, nicht aber ohne ein entsprechendes Lösegeld in Form von Bier).

Wohl noch keiner ist vor Gericht mit der Ausrede durchgekommen, er würde ja nur Brauchtum pflegen: **Wildern** stand sogar bis 1945 unter Todesstrafe. Doch Oberbayern ohne den Wildschütz (wie Jennerwein einer war) wäre nicht Oberbayern. Jedenfalls spielt die tatsächliche Wilderei keine große Rolle mehr, nur als Heldenverehrung hat sie noch ihre Bedeutung.

Kräuterbusch'n

Wer einen rechten *Kräuterbusch'n* zusammenstellen will, muss bis zu 77 Kräuter sammeln und sie an Mariä Himmelfahrt in der Kirche weihen lassen. Am Dachboden aufgehängt schützt er vor Blitzschlag, und unters Kopfkissen gelegt fördert er das Eheglück. Wer die Pflanzen unter sachkundiger Anleitung einer Kräuterpädagogin sammeln will, kann dies mit Angelika Prem vom Hennererhof in Schliersee machen (www.hennerer.de).

Auch das **Fensterln** hat abgenommen, der Besuch seiner Liebsten oder was man dafür hielt, des nachts und unter Zuhilfenahme einer Leiter, um deren Fenster zu erreichen. Häufig kriegte der Bauer das mit, schoss heraus und hebelte den ungebetenen Besucher samt Leiter in die freie Luft.

Hopfen und Malz – Gott erhalt's!

Bier hat in Bayern eine Jahrhunderte lange Tradition, denn schon im Jahr 1516 verfügte Herzog Wilhelm IV.: *„Wie das Pier im Sommer und Winter auf dem Land ausgeschenkt und gebraut werden soll: Wir wöllen auch sonderlichen / für das allenthalben in unsern Stetten / Märkten / und auf dem Lande / zu kainem Pier merer Stück / dann allain Gersten / Hopfen / und Wasser / genommen und Gepraucht sölle werdn".*

Dieses Gesetz wurde bekannt als „Bayerische Reinheitsgebot" und gilt als das älteste Lebensmittelgesetz der Welt und muss auch heute noch genau befolgt werden.

Vor dem Zweiten Weltkrieg gab es in Bayern in fast jedem größeren Ort noch eine oder mehrere Brauereien. Doch auch in Bayern müssen die Kleinen den großen Konzernen weichen, dennoch sind in Oberbayern noch etwa 80 Brauereien in Betrieb, die den weltweit guten Ruf des bayerischen Bieres aufrecht erhalten.

Das untergärige und obergärige Bier, das in Bayern nach dem Reinheitsgebot gebraut wird, unterscheidet sich schon durch die Rohstoffe: Für das untergärige **Exportbier** und Pilsner wird Gerste verwendet, für das obergärige **Weizenbier** (in Bayern „Weißbier" oder „Weiße" genannt), wird neben Gerste auch Weizen verarbeitet.

Herstellung

Um die Stärke aus den Getreidekörnern in Malzzucker umzuwandeln, lässt man es in der Mälzerei nach dem Einweichen kurz ankeimen, stoppt dann die Keimung und trocknet es bei geringer Wärme, bis es nur noch einen geringen Feuchtigkeitsanteil hat. Ein alter Brauerspruch lautet: „Klein Feuer gibt süß Malz dem Bräuer".

Der nächste große Arbeitsschritt zur Bierherstellung ist die Verarbeitung des Malzes und Hopfens im Sudhaus. Er dauert ca. acht bis zehn Stunden. Das Malz wird geschrotet und im Bottich mit Brauwasser vermischt. Dabei können die beim Keimprozess entwickelten Enzyme innerhalb der sogenannten „Verzuckerungstemperatur" die Stärke in Malzzucker umwandeln. Es entsteht dadurch eine malzzuckerhaltige Flüssigkeit – die Würze.

Nach Trennung der unlöslichen Rückstände von der Würze, den sogenannten „Trebern", wird die Würze in der Sudpfanne etwa zwei Stunden lang gekocht. Dabei wird der Hopfen zugesetzt. Bei diesem Hopfenkochen wird die Würze auf die gewünschte Malzzucker-Konzentration eingestellt, denn aus dieser errechnet sich die Biersteuer. Aus dem Hopfen werden die Bitterstoffe ausgekocht und die Würze keimfrei gemacht. Das Malz hat nun seine nährenden Substanzen und der Hopfen seine anregende Eigenschaft an die Würze abgegeben. Der Brauer sagt: „Das Malz ist die Kraft und der Hopfen die Seele des Bieres".

Im nächsten Schritt wird die Würze auf etwa 5–6 Grad Celsius abgekühlt und im Gärbottich mit einer für Brauereien gezüchteten Kulturhefe versetzt.

Die nächsten Arbeitsgänge unterscheiden sich dann je nach Biersorte: Dem späteren Exportbier wird die sogenannte „untergärige Hefe" zugegeben, die sich, wie der Name sagt, nach der Gärung bei niedrigen Temperaturen nach 8–10 Tagen am Boden absetzt. Im Verlauf des Gärprozesses wird die Stärke durch Enzyme etwa zu gleichen Teilen zu Alkohol und Kohlensäure umgewandelt. Bei der nun folgenden Nachgärung wird das Jungbier in Lagertanks gepumpt. Dort lagert es bei Temperaturen um den Gefrierpunkt vier bis sechs Wochen. Es reichert sich dabei weiter mit Kohlensäure an und reift dabei zu einem feinherben Bier heran. Im Gegensatz zu Wein lagert Bier nicht bei Umgebungsdruck, sondern unter leichtem Gegendruck. Im letzten Schritt wird das Bier klar und keimfrei filtriert in Flaschen oder Fässer gefüllt.

Die Herstellung **Weißbier** unterscheidet sich neben den Getreidesorten auch durch die Zugabe von obergäriger Hefe. Der Hauptgärvorgang dauert nur drei Tage und die Hefe steigt nach oben. Die Nachgärung findet dabei nicht in den Lagertanks statt, sondern das Bier wird nochmals mit unvergorener Würze und untergäriger Hefe versetzt und in Flaschen und Fässern in warmen Kellern zur Gärung gebracht. Dabei entsteht der für Weißbier typische Geschmack. Man kann im trinkfertigen Weißbier auf dem Boden der Flasche die feine Kulturhefe erkennen.

Die Geschichte des Weißbieres reicht gleichfalls bis ins Mittelalter zurück: 1548 erhielt nur ein einziges Adelsgeschlecht, der Freiherr von Degenberg, das Privileg Weißbier zu brauen. Durch diese Einschränkung sollte die Weizenernte für die Ernährung der Bevölkerung gesichert werden. Als 1602 dieses Adelsgeschlecht ausstarb, fiel das alleinige Braurecht für Weißbier an Herzog Maximilian I. zurück. Somit lag das Privileg für Weißbier für lange Zeit bei den jeweiligen bayerischen Landesherrn und brachte sichere Einnahmen für Bayern. 1798 hob Kurfürst Karl Theodor dieses Monopol auf, und jeder konnte von nun an das Recht erwerben, Weißbier zu brauen.

Aromen und Alkoholgehalt der einzelnen Biersorten

Die hellen, untergärigen Vollbiere haben 11–14 Volumenprozent Stammwürze und 4,0 bis 5,5 Volumenprozent Alkohol. Sie schmecken vollmundig mit einem feinen Hopfenaroma. Die dunklen Vollbiere und die Märzenbiere haben durch die höhere Darrtemperatur in der Mälzerei ein pikantes Malzaroma.

Das **Pilsner Bier** hat einen etwas niedrigeren Stammwürzegehalt und ein feines, kräftiges Hopfenaroma.

Die **Bockbiere,** die man in Bayern gerne im Frühjahr trinkt, müssen eine Stammwürze zwischen 16 und 18 Volumenprozent aufweisen. Sie schmecken vollmundig mit ausgeprägtem Malzaroma.

Die **Starkbiere,** die zur Fastenzeit getrunken werden (mit der Bezeichnung „Doppelbock", mit der Endung „-ator" oder Biere, die einen Heiligennamen tragen), müssen mehr als 18 Volumenprozent Stammwürze aufweisen. Dies ist das stärkste Bier, das in Bayern gebraut wird und galt im Mittelalter in den Klöstern zur Fastenzeit als „flüssiges Brot".

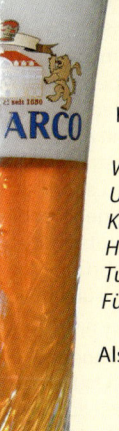

Beim obergärigen **Weizenbier** handelt es sich um Bier mit einem Extraktgehalt zwischen 11 und 14 Prozent Stammwürze und einem Alkoholgehalt von 5,0 bis 5,5 Volumenprozent. Es schmeckt sehr erfrischend und hat ein feines Hefe- und Hopfenaroma.

Wenn Du mal recht durstig bist
Und das Bier hübsch süffig ist
Kannst Du dann wohl verstehn?
Hin zum Wirte musst du gehen
Tust am Bier dich gütlich
Fühlst dich urgemütlich.

Also Prost!

Georg Fleischberger, Braumeister

Essen und Trinken

Viel Fleisch und viel Mehlspeisen, der Oberbayer versteht zu leben – schließlich ist die Arbeit auf den Feldern und Almen, in den Amtstuben und Sakristeien hart und kräftezehrend genug. Das klassische Sonntagsgericht ist der **Schweinebraten,** im Sommer mit Kartoffelsalat, im Winter mit Semmelknödel als Beilage, dazu ein Krautsalat, gut gestampft und mit Kümmel gewürzt. Da zwischen Kirchgang und der Mahlzeit zuhause ein wenig Zeit bleibt und man hungrig ist (zur hl. Kommunion muss man nüchtern sein), reizt ein kleines Vorgericht in der Wirtschaft. Man bestelle aus Tradition **Saures Lüngerl** mit Semmelknödel und einem Bier.

Suppen

Basis der Suppe ist immer eine Rinderbrühe – mit Gemüse gekocht und im Idealfall aus Fleisch- und Markknochen und Suppenfleisch, und wenns Geld nicht reicht nur aus den blanken Knochen. Die Einlagen sind vielfältig: in Anlehnung an den Tiroler Nachbarn Pfannkuchenstreifen, sonst Griesnockerl und – echt bayerisch – Leberspatzen oder Leberknödel. Besonders kräftigend ist die Brotsuppe aus angerösteten Roggenbrotscheiben und Zwiebeln, abgelöscht mit Fleischbrühe. Vor dem Servieren wird generell Schnittlauch über die Suppen gestreut.

Vorgerichte

Abgebräunte Milzwurst und Saures Lüngerl sind sicherlich nicht jedermanns Sache, doch typischer geht's nicht. Die Bauern haben die Tiere komplett verwertet, und so ist eben auch Milz und Lunge auf den Tisch gekommen. Die Milzwurst begleitet normalerweise ein Kartoffelsalat (mit Gurke verfeinert), das Lüngerl, teils auch mit Beigabe von Herz, Bries und in dünne Streifen geschnitten, wird von einem

Semmelknödel gekrönt. Wer's weniger heftig mag, bestellt zum Kartoffelsalat eine Scheibe abgebräunten Leberkäs'. Und die *Weißwürste,* die müssen prallfrisch auf den Tisch, deshalb sollten sie eigentlich mit dem Mittagsläuten gegessen sein. Dazu natürlich Weißwurstsenf (von Luise Händlmaier), Brez'n und ein Hefeweißbier.

Hauptspeisen Ob der Schweinsbraten mit oder ohne Kruste oder z.B. mit Dunkelbiersoße genossen wird, ist Geschmackssache. Als Beigericht ist auf alle Fälle Kartoffelsalat oder ein Semmelknödel angesagt. *Böfflamott* ist die bayerische Variante des *boeuf à la mode,* mariniertes Rindfleisch, das freitags gekauft und so bis Sonntag haltbar gemacht wurde. Ist ein Wilderer oder Jäger in der Familie, wird am Wochenende Rehrücken, ein Hirschschlegel oder Hirschgulasch zubereitet. Auch eine Ente ist möglich, gebraten mit einer Füllung aus Äpfeln und Zwiebeln.

Im Herbst werden *Schwammerl* – Pilze – gesammelt und mit einer Rahmsoße und Petersilie zu einem Semmelknödel gegessen, ein billiges und schmackhaftes Gericht. Da man früher nicht jeden Tag Fleisch essen konnte (manche sogar nie oder nur an den hohen kirchlichen Feiertagen), haben sich die *Mehlspeisen* entwickelt. Aus Hefeteig entstehen die hellen Dampfnudeln in einem abgedichteten Topf, als krustige Rohrnudeln in einer Reine (Bräter) im Herd. Dazu wird Vanillesoße gereicht. Aus Mehl und Wasser werden auch die Fingernudeln hergestellt, Teigröllchen, die die Köchin in der Pfanne knusprig bräunt und mit Sauerkraut und ausgedrückten und gebratenen Blut- und Leberwürsten serviert.

Kirchweih war in Oberbayern schon immer ein absoluter Festtag, und das einzige vorstellbare Mittagessen das *Kirchweihganserl* mit Beifuß-Gewürz oder Äpfeln und Zwiebeln gefüllt und von Kartoffelknödel, Blaukraut und Selleriesalat begleitet.

Fisch Mit ihren vielen Seen haben die Oberbayern natürlich auch Fisch auf den Speisekarten. Karpfen blau wird gegessen, Forelle mit Sahnesoße, Saibling mit Sauerrahm und als edelster Fisch die *Renke,* geräuchert, nach Müllerin Art oder für den Tegernsee typisch: gebraten mit geräuchertem Kraut.

Nachspeisen   Eigentlich kennt die Landbevölkerung keinen Nachtisch, höchstens beendet mal ein Birnenkompott oder Apfelmus die Mahlzeit. Allerdings haben sich die hohen Herren und Damen in der Residenz einiges einfallen lassen, um final satt zu werden. Die *Bayerische Creme* besteht aus Gelatine, Eigelb, Sahne, Zucker und Vanilleschoten und wurde angeblich von einer bairisch-herzöglichen Tochter im 14. Jahrhundert entwickelt.

Die *Prinzregententorte* geht auf die Konditorei Rottenhöfer zurück, die im ausgehenden 19. Jahrhundert die Schichtentorte schuf, deren acht Teigblätter

Die Erfinder der Prinz-regententorte verkaufen auch heute noch: Confiserie Rottenhöfer, Residenzstr. 25, München, Tel. 089-222915, www.rottenhoefer.de

die damaligen acht Regierungsbezirke symbolisierten. Heute bestellen die Bürgerlichen in den Biergärten auch häufig einen *Kaiserschmarrn* oder gefüllte Pfannkuchen.

Biergarten-Brotzeit   Sommer ist Biergartenzeit. Im Schatten der Kastanienbäume schmeckt nach der Arbeit am frühen Abend das kühle Bier, dazu bringt man sich traditionell sein eigenes Essen mit. In das Brotzeitkörbchen packt man einen Radi, auch Radieserl, Presssack, Sulz (Sülze), Emmentaler, Brot oder Brez'n (die man aber besser und frisch im Biergarten kauft) und dann noch den **Obazd'n** – nach in jeder Familie streng gehütetem Rezept selbst hergestellt aus einem schon flüchtenden Camembert, Butter, feinst gewiegter Zwiebel, Paprikapulver und einem Schuss Weißbier. Alles wird gut vermengt und ein paar Stunden in den Kühlschrank gestellt.

In jedem Biergarten mit Selbstbedienung gibt es einen Bereich, wo man seine mitgebrachte Brotzeit verzehren darf – das Bier wird vor Ort gekauft

Unterwegs
in Oberbayern

Fünf Tage Oberbayern: ein Vorschlag

Einmal quer durch Oberbayern fahren, ob im Frühjahr, im Sommer oder im Herbst. Es gilt viel zu entdecken, aber alles geht nicht, und so heißt es eine Auswahl treffen und sich auf das Wesentliche konzentrieren. Immer früh aufstehen, sonst ist die Strecke von insgesamt 650 km mit all den Sehenswürdigkeiten nicht in fünf Tagen zu machen.

1. Tag: Ein Tag lang München, ganz in der Früh in die Frauenkirche, vormittags in die *Residenz,* zum Mittagessen in den *Englischen Garten:* Biergarten am Chinesischen Turm. Am späten Nachmittag zum Shoppen nach *Schwabing* (für die Jungen) oder in die Fünf Höfe (für die Bessersituierten), abends in eine der traditionellen Bierschänken wie *Hofbräuhaus* oder französisch essen im Dukatz.

2. Tag: Am Morgen schnell ins Auto springen und zwischen Ammersee und Starnberger See (Buchheim-Museum) nach *Schongau,* wo ein Blick in die Altstadt geworfen werden sollte. Ein frühes Mittagessen auf dem *Peißenberg* mit Blick auf die Alpen. Dann weiter zum *Weltkulturerbe Wieskirche* und zum Königsschloss von *Neuschwanstein.* Anschließend steht das Schloss von *Linderhof* auf der Liste, übernachtet wird in *Oberammergau,* wo man einen Abendspaziergang unternimmt und in Unterammergau im Gasthof Schleifstein isst. Schlafen kann man im Hotel Friedenshöhe, wo auch Thomas Mann abgestiegen ist.

3. Tag: Über das *Kloster Ettal* geht es nach Garmisch-Partenkirchen und hinauf auf die *Zugspitze.* Essen im Gletschergarten mit Aussicht auf die Untengebliebenen. Nachmittags fährt man über *Mittenwald, Murnau* und *Kochel am See* („Blauer Reiter") entweder am Sylvensteinspeicher entlang oder durch die Jachenau an den *Tegernsee.* Abendessen auf der Weißachalm (Ente!), übernachten in Tegernsee im Leeberghof – nicht ohne Cocktail in der Sassa-Bar mit Blick auf den See.

4. Tag: Über *Schliersee* und *Bayrischzell* fährt man beizeiten nach *Prien* am Chiemsee und besteigt das Schiff zu *Herreninsel* mit *Schloss Herrenchiemsee,* danach zur *Fraueninsel,* um eine Semmel mit geräuchertem Fisch aus der Hand zu essen. Über *Reit im Winkl* und *Ruhpolding* (Holzfällermuseum) führt die Route nach *Bad Reichenhall.* Am späten Nachmittag angekommen, kann man noch die Soleförderung im Museum begutachten. Danach endet die Fahrt in *Berchtesgaden* (Salzbergwerk). Gegessen und übernachtet wird entweder bodenständig im Vorderbrand oder gehoben im Rehlegg.

5. Tag: Vormittags nimmt man das Schiff auf dem *Königssee* nach *Sankt Bartholomä,* isst dort zu Mittag, kehrt zurück und fährt hoch zum *Obersalzberg* und zum Dokumentationszentrum. Nach dem Besuch der Ausstellung bringt der Bus einen zum *Kehlsteinhaus.* Nun steht noch eine länger Autofahrt nach *Burghausen an,* zur längsten Burg der Welt, wo man z.B. im Knoxoleum zu Abend isst und im Klostergasthof von Raitenhaslach schläft.

München und das Fünfseenland

Die bayerische Politik-, Wirtschafts- und Kunstmetropole München und das von Seen und sanften Hügel geprägte **Fünfseenland** direkt vor der Haustüre bilden eine vielseitige Ferienregion mit zahllosen Museen, Kirchen, Biergärten, Einkaufs-, Unterhaltungs- und Sportmöglichkeiten. Mindestens drei Tage sollte man für München, mindestens einen weiteren Tag für die Highlights im Fünfseenland einplanen. Da die Verkehrsverbindungen gut sind, wählt man je nach Gusto entweder die Stadt oder eine Unterkunft an den Seen als Standort.

Tour-Tipp

Dauer: ein bis zwei Tage. Strecke: etwa 175 km. Von München kommend wählt man die A 95 in Richtung Garmisch-Partenkirchen und verlässt sie an der Ausfahrt **Starnberg** (Museum Starnberger See, s.S. 116). Über **Berg** (Gedenkkreuz für König Ludwig II., s.S. 117) und **Seeshaupt** umrundet man den See bis **Bernried** (Buchheim-Museum, s.S. 118) und **Feldafing** (Roseninsel, s.S. 118). Dann geht's nach Westen bis **Andechs** (Kloster Andechs, s.S. 121), und nach Besuch des „Heiligen Berges" südwestwärts über Fischen am Ammersee bis **Dießen** (Marienmünster, Töpfermarkt, s.S. 123). Nächste Station nordwestwärts fahrend ist **Landsberg am Lech** (Altstadt, s.S. 126) von wo aus die E54 zurückführt nach München.

München

Die bayerische Landeshauptstadt ist der unangefochtene Star unter den deutschen Metropolen, sowohl was Attraktivität und Freizeitwert angeht, als auch in punkto Lebenshaltungskosten. Dennoch wird ihr gemeinhin eine gewisse Provinzialität attestiert, was in der Bezeichnung „Millionendorf" seinen Niederschlag findet. Eine wegen ihrer Restaurierung trotz großer Kriegsschäden stimmige Altstadt, ein spektakuläres Museums-Areal, das größte technische Museum der Welt und das größte Volksfest, das Oktoberfest, ziehen zu jeder Jahreszeit Besucher an die Isarstadt.

Geschichte

Freising und *Grünwald,* beide heute Vororte München chens, können auf eine weitaus längere Geschichte zurückblicken. In Grünwald unterhielten die Römer bereits 17 n.Chr. ein Militärlager. Freising wurde 739 als Bistum durch den heiligen Korbinian gegründet und florierte dank der Abgaben, die durchziehende Salzhändler an der von Freisinger Bischöfen kontrollierten Isarbrücke im heutigen Vorort Oberföhring zu entrichten hatten.

München verdankt seine Existenz dem Welfenherzog Heinrich den Löwen (ca. 1129–1195), der 1158 kurzerhand eben diese Isarbrücke anzündete und eine neue „ze den Munichen" errichtete. Fortan zahlten die aus dem Berchtesgadener Raum kommenden Salzhändler an den Welfen. Doch bereits 1180 fiel Heinrich der Löwe bei Kaiser Barbarossa in Ungnade und München an das Geschlecht der *Wittelsbacher,* das bis 1918 herrschen sollte. München diente in den folgenden Jahrhunderten und über alle bayerischen Landesteilungen hinweg stets als Herzog- und Kurfürstensitz und ab 1806 als Königsresidenz. Dieser besonderen Stellung verdankt die Stadt ihren Reichtum an historischen Bauwerken und kulturellen Gütern. Im 20. Jahrhundert spielte München die unrühmliche Rolle als Hitlers „Hauptstadt der Bewegung", in Dachau nördlich der Stadt wurde das erste Konzentrationslager der Nazis errichtet. In München formierte sich aber auch Widerstand: Der Hitler-Attentäter Georg Elser (1903–1945, Attentat im Bürgerbräukeller am 8.11.1939) und die Geschwister Scholl (Hans Scholl, 1918–1943, und Sophie Scholl, 1921–1943, Flugblattaktion an der Universität am 18.2.1943) bezahlten ihre Aktionen gegen das Regime mit ihrem Leben. Seit 1945 ist die Stadt Sitz der bayerischen Staatsregierung, die traditionell „schwarz" aufgestellt ist, während der OB-Sessel im Münchner Rathaus ebenso traditionell mit einem „Sozi", einem SPD-Bürgermeister, besetzt ist.

Seit 1993 ist Christian Ude Münchner Oberbürgermeister, seine Amtszeit soll 2013 enden.

Eine weitere Münchner Tradition sind die beiden Fußballvereine *Bayern München* und *TSV 1860 München* sowie die innige Feindschaft deren Anhänger. Während der „großkopferte" Verein

Bayern München zu einem florierenden Wirtschaftsunternehmen aufgestiegen ist, spielen die früher führenden „Sechz'ger", mittlerweile von Existenzsorgen geplagt, glücklos in der zweiten Liga. Die neue Fußballarena der bayerischen Clubs, ein von Herzog/de Meuron entworfener, von beleuchtbaren Luftkissen umhüllter Bau, steht in Fröttmaning im Münchner Norden.

Münchner Profile

Altstadt: Der im Mittelalter von einer Stadtmauer umschlossene Innenstadtbereich wird von Karlsplatz, Sendlinger-Tor-Platz, Isartorplatz und im Norden von der Brienner Straße begrenzt. Hier befinden sich die beiden *Haupteinkaufsstraßen* Neuhauser-/Kaufinger- sowie Sendlinger Straße mit Geschäften aller internationalen Filialisten, Münchens älteste Kirchen wie die *Frauenkirche* sowie die alte und die neue *Residenz* der Münchner Herzöge.

Gärtnerplatz-/Glockenbachviertel: Das ehemalige Glasscherbenviertel der kleinen Leute avancierte nach einer Phase als Schwulenviertel zu einem der In-Stadtteile für jung-dynamische Besserverdiener. Geprägt ist es von zahllosen Kneipen, Restaurants und Läden von Mode bis Kunst sowie, am Rande, vom größten technischen Museum der Welt, dem *Deutschen Museum*.

Maxvorstadt/Schwabing: Mit dem in den 1960/70er Jahren erworbenen Ruf als vitales Kneipen- und Szeneviertel kann *Schwabing* heute nicht mehr mithalten; es ist deutlich kommerziell und bürgerlich geworden. Dennoch sind rund um die Uni noch viele nette Lokale und Cafés zu finden sowie das „Kunstareal" mit umfassenden Kunstsammlungen von der Antike bis zur Postmoderne.

Nymphenburg: Der Nobelstadtteil rund ums Nymphenburger Schloss ist geprägt von der vornehmen Zurückhaltung seiner reichen Bewohner.

Rundgang I:
Vom Stachus zum Sendlinger Tor

Vom Wassergraben im Mittelalter zum einstmals verkehrsreichsten Platz Europas hat es der **Karlsplatz [1]** gebracht. 1972 wurde die hier beginnende Neuhauser Straße Fußgängerzone und so auch der Verkehr eingedämmt. Heute ist der nach Kurfürst Karl Theodor benannte Platz dank seines großen, begehbaren Springbrunnens besonders im Sommer ein beliebter Ort zum Ausruhen (und Erfrischen). Dass die Münchner ihn nur **Stachus** nennen, verdankt er einer Traditionswirtschaft, dem 1755 eröffneten Stachusgarten, den es heute aber nicht mehr gibt. Das **Karlstor** ist eines der drei noch erhaltenen Stadttore und wurde um 1300 errichtet.

Die Renaissancekirche **St. Michael [2]** (Fürstengruft Mo–Fr 9.30–16.30 Uhr, Sa bis 14.30 Uhr, Eintritt 2 €), 1597 erbaut, diente ab 1773 als Grablege der bayerischen Kurfürsten und später der Könige. Sie präsentiert sich als licht stuckierter, heller Raum mit einem imposanten Tonnengewölbe. Ziel der meisten Pilger ist die Fürstengruft mit dem Grab des geliebten „Kini" Ludwigs II. (1845–1886),

Rund um den Stachus

dem Oberbayern so viele spektakuläre Schlösser, München aber keinen einzigen Bau zu verdanken hat. Nächstes Gotteshaus auf dem Weg in Richtung Marienplatz ist die **Frauenkirche [3]** (Turmbesichtigung April–Okt. Mo–Sa 10–17 Uhr, Eintritt 3 €), an der Baumeister Jörg von Halsbach 20 Jahre lang angeblich mit Hilfe des Teufels baute, bis sie 1494 geweiht werden konnte. Den 108 Meter langen, 38 Meter breiten und 31 Meter hohen Ziegelbau schmücken zwei 99 und 100 Meter hohe Türme; im Inneren wurde die gotische Ausstattung wiederhergestellt, die im 17. Jahrhundert unter barockem Zierart verschwunden war. Erhalten ist das barocke Prunkgrabmal für Kaiser Ludwig den Bayern, 1622 von Herzog Maximilian I. in Auftrag gegeben. 1821 wurde die Frauenkirche zum Dom geweiht.

Der **Marienplatz [4]** ist dank des Glockenspiels im Rathausturm einer der beliebtesten und bekan-

Teufelstritt

Der „Teufelstritt" bezeichnet jene Stelle, an der der Beelzebub wütend aufstampfte, als er bemerkte, dass er betrogen worden war. Er hatte Baumeister Jörg nur unter der Bedingung geholfen, dass die Kirche keine Fenster bekäme. Jörg von Halsbach ordnete die Fenster so geschickt an, dass sie vom „Teufelstritt" aus tatsächlich nicht zu sehen sind.

ntesten Plätze der Stadt. Täglich um 11 und 12 Uhr, im Sommer auch um 17 Uhr, setzen sich kupferne Ritter und *Schäffler* in Bewegung, um zur von 43 Glocken gespielten Melodie gegeneinander beim Turnier anzutreten bzw. gegen die Pest anzutanzen, beides nach historisch verbrieften Ereignissen: Das Turnier fand 1568 anlässlich der Hochzeit Wilhelms V. statt, und mit dem Schäfflertanz wollte 1517 die Zunft der Fassmacher die Münchner nach einer Pestepidemie dazu ermutigen, sich wieder auf die Straße zu trauen.

Der Schäfflertanz wird traditionell alle sieben Jahre in der Faschingszeit live aufgeführt; nächstes Mal 2012

Vom 100 Meter hohen Turm des im 19. Jahrhundert errichteten, neugotischen **Rathauses** wacht das *Münchner Kindl* über die Stadt, ein Mönch in Kutte, der seit dem 13. Jahrhundert das Stadtwappen ziert und in vielerlei Abwandlungen, z.B. wohlbeleibt und mit Bierkrug und Rettich grüßend,

Rathaus

das Münchner Lebensgefühl verkörpert. Die **Mariensäule,** geschmückt mit einer goldenen Gottesmutter auf Mondsichel, wurde 1638 gestiftet, weil die Schweden im Dreißigjährigen Krieg München verschont hatten.

Der **Fischbrunnen** lässt sich ins 14. Jahrhundert zurückverfolgen, als hier der Fischmarkt stattfand. Sein heutiges Aussehen verdankt er einer Rekonstruktion 1954. Traditionell wäscht hier der Oberbürgermeister am Aschermittwoch das Stadtsäckel, um der Stadt auch künftig gute Einnahmen zu sichern.

Das **Alte Rathaus** an der Ostseite des Marienplatzes stammt aus dem 15. Jahrhundert. Der Turm beherbergt das **Spielzeugmuseum** (Tel. 089-294001, www.spielzeugmuseum-muenchen.de, 10–17.30 Uhr, Eintritt 3 €) mit sehenswerten Spielsachen aus zwei Jahrhunderten; den historischen Festsaal schmückten früher die berühmten gotischen *Moriskentänzer* des Bildhauers Erasmus Grasser, die heute im Stadtmuseum zu sehen sind (s.S. 94).

Hinter dem Alten Rathaus beginnt die Straße Tal, die dem früheren Verlauf der Alten Salzstraße zum **Isartor [5]** folgt. Auch dieses Stadttor stammt aus dem 14. Jahrhundert und beherbergt das **Valentin-Karlstadt-Musäum** (Tel. 089-223266, www.valentin-musaeum.de, Musäum und Café Mo, Di, Do 11.01–17.29, Fr/Sa 11.01–17.59, So 10.01–17.59 Uhr, Eintritt 2,99 €), das dem beliebten Münchner Volksschauspieler *Karl Valentin* und dessen Partnerin *Liesl Karlstadt* gewidmet ist und so exotische Exponate wie den Nagel, an dem Valentin seinen Beruf hängte, präsentiert. Ganz oben bewirtschaftet die Münchner Szene-Größe Petra Perle das **Turmstüberl** mit Weißwürsten, Obazd'n und köstlichen selbstgebackenen Kuchen.

Die Westenriederstraße führt nach Westen zum **Viktualienmarkt [6],** auf den 1807 der ursprünglich auf dem Marienplatz abgehaltene Kräutermarkt umzog. Genießen heißt hier die Devise, vom Sauerkraut vom Fass bis hin zu frischen Austern, vom Met bis zu Champagner reicht das Angebot, und natürlich darf ein Biergarten nicht fehlen. Die Brunnen auf dem Platz sind Münchner Volksschauspielern gewidmet. Was aus der **Schrannenhalle** wird, in der früher Gemüse und Obst verkauft wurden und die 2003 mit einigen in den Bau integrierten original-gusseisernen Streben modern wiederaufgebaut wurde, steht in den Sternen. Der erste Versuch, sie als exklusive Shopping- und Event-Location zu etablieren, ist 2009 mit Insolvenz grandios gescheitert.

Aus der Zeit vor der Stadtgründung stammen die Fundamente der Kirche **St. Peter [7],** die nach einem Brand 1327 Mitte des 14. Jahrhunderts neu erbaut wurde und im Inneren vom Geist des Barock und Rokoko geprägt ist. Sehenswert: der St.-Martins-Altar von 1390 im linken Seitenschiff und die den Hauptaltar schmückende Plastik des hl. Petrus von Erasmus Grasser (1492). Sensationell ist der Blick über Viktualienmarkt und Marienplatz vom 91 Meter hohen Turm, zu erklimmen auf 306 Stufen (Sommer Mo–Fr 9–18.30 Uhr, Sa/So 10–18.30 Uhr, Eintritt 1,50 €).

Über den Rindermarkt, der den Verlauf der ersten Stadtbefestigung markiert und auf dem der Viehmarkt stattfand, geht's zum **St.-Jakobs-Platz [8]** mit dem Stadtmuseum und dem Jüdischen Kulturzentrum. Den Platz beherrscht der mit Travertinplatten verkleidete Kubus der 2006 erbauten **Synagoge Ohel Jakob,** der einen Tempel symbolisieren soll, während die darüber aufragende netzartige Stahlblechstruktur für den Begriff „Zelt" steht. Das angeschlossene **Jüdischen Museum** (Tel. 089-23396096, www.juedisches-museum-muenchen.de, Di–So 10–18 Uhr, Besichtigung der Synagoge nur im Rahmen öffentlicher Führungen, unter Tel. 089-202400100 zu vereinbaren, Eintritt 6 €) widmet sich mit Dauerausstellung und thematischen Sonderschauen dem jüdischen Leben in München.

Bei schönem
Wetter ist das
Stadtcafé im
Innenhof des
Museums ein
ruhiger Ort
für eine kleine
Pause

Das **Stadtmuseum** (St.-Jakobs-Platz 1, Tel. 089-23322370, www.stadtmuseum-online.de, Di–So 10–18 Uhr, Eintritt 4 €) ist teils in aus dem 15. Jahrhundert stammenden Räumen untergebracht und wird seit 2009 einer länger dauernden Renovierung und Umgestaltung unterzogen, so dass in den nächsten Jahren wohl nicht immer alle Abteilungen zugänglich sind. Sehenswert sind die von Erasmus Grasser fürs Alte Rathaus im 15. Jahrhunderts geschnitzten *Moriskentänzer*, die fahrende Tänzer und Schausteller abbilden, das Modell der mittelalterlichen Stadt und die Ausstellung „Typisch München".

Die **Sendlinger Straße** ist Münchens zweite wichtige Einkaufsstraße, hier mit kleineren, individuelleren Geschäften und dem Hochbarock-Ensemble **Asam-Haus** und **Asam-Kirche [9]**. Ägidius Quirin (1692–1750) und Cosmas Damian (1686–1739) Asam waren die prägenden Baumeister des Hochbarock und Rokoko im südlichen Bayern, viel beschäftigt in den Klöstern und Kirchen des Alpenvorlandes und auch in der Hauptstadt. 1746 errichteten sie sich die *Privatkirche St. Johann Nepomuk* neben ihrem 1730 erbauten Wohnhaus. Der kleine, fast intime Innenraum ist ausgefüllt mit Stuck und Fresken, die Fassade zieht mit schwungvollen, übereinander gestaffelten Giebeln den Blick nach oben zum Kreuz. Als drittes der Münchner Stadttore schließt das **Sendlinger Tor [10]** (1318) die Sendlinger Straße zum verkehrsreichen Sendlinger-Tor-Platz hin ab.

Rundgang II: Vom Marienplatz zur Münchner Freiheit

Nicht weit vom **Marienplatz [4]** errichteten die bayerischen Herzöge im 12. Jahrhundert die *Alte Veste,* ihre erste Münchner Residenz, von der aus im 14. Jahrhundert Kaiser Ludwig der Bayer die deutschen Geschicke lenkte. Heute ist der **Alte Hof [11]** nach behutsamer Renovierung und Modernisierung ein exklusiver Wohn- und Bürokomplex, dessen zierlicher Erker, genannt „Affenturm" (15. Jh.), an die Geschichte erinnert. Das tut auch die

Hofbräuhaus

Ausstellung **Münchner Kaiserburg** in den gotischen Gewölben (Tel. 089-21014050, www.muenchner-kaiserburg.de, Mo–Sa 10–18 Uhr).

Ende des 16. Jahrhunderts beschloss Herzog Maximilian I., das Geschäft mit dem Bierausschank nicht mehr nur den Klöstern zu überlassen, die bis dahin alleiniges Schankrecht besaßen, und gründete 1589 ein eigenes Brauhaus, das ab 1607 am Platzl auch die „gemeine" Bevölkerung belieferte. Das **Hofbräuhaus [12]** (Am Platzl 9, Tel. 089-2901360, www.hofbraeu haus.de, 9–23.30 Uhr) ist seither weit über seinen historischen Kern hinausgewachsen und wohl zur wichtigsten Sehenswürdigkeit der Landeshauptstadt avanciert, belagert von Trinkfreudigen jedweder Nation und immer noch beliebt bei den Alteingesessenen, die im Haus ihre Stammtische pflegen und ihre Bierkrüge in persönlichen Schließfächern aufbewahren.

Manufactum in der Dienerstr. 12 verkauft nicht nur „schöne Dinge", sondern dazu köstliches Brot, Wurst und Käse, auch zum gleich essen

Schuhbecks Platzl

Unermüdlich und unerbittlich hat Fernseh- und Starkoch *Alfons Schuhbeck* sich den Platz „Platzl" und dessen Umgebung einverleibt. Da gibt es sein Feinschmeckerrestaurant *Schuhbeck's in den Südtiroler Stuben, Schuhbecks Gewürzladen, Schuhbecks Eissalon, Schuhbecks Chocolaterié*. Was kommt als nächstes?

Das **Nationaltheater [13]** wurde 1811 im klassizistischen Stil durch Carl von Fischer erbaut und nach einem Brand wenige Jahre später unter Leo von Klenze neu errichtet. Sein Stifter, König Max I.,

ziert als Denkmal den Vorplatz. Nordöstlich des
Opernhauses bildet die postmoderne Architektur
der **Maximilianshöfe [14]** einen gelungenen
Kontrast zu den historischen Bauten des Marstalls
und der Allerheiligen-Hofkirche, in der häufig span-
nende Konzerte stattfinden. Die nach Osten aufs
Maximilianeum zuführende **Maximiliansstraße** ist
eine der teuersten Einkaufsmeilen Münchens und
wurde von Hofarchitekt Friedrich Bürklein für
Maximilian II. Mitte des 19. Jahrhunderts geplant.

Die schlichte Renaissance-Fassade der **Residenz
[15]** beherrscht die Nordseite des Max-Joseph-
Platzes und säumt die Residenzstraße bis zum
Hofgarten. Ende des 14. Jahrhunderts wurde der
Bau der Neuen Veste in Angriff genommen, weil
die alte zu beengt schien; 500 Jahre lang fügte jede
Herrschergeneration Neues hinzu, ordnete Altes
um. Die heutige Anlage, im II. Weltkrieg völlig zerstört, aber originalgetreu rekonstruiert, erstreckt
sich über sieben Innenhöfe. Zu besichtigen sind
eine **Ahnengalerie,** das eindrucksvoll freskierte
Antiquarium, diverse kaiserliche und päpstliche
Säle, die **Schatzkammer,** das rekonstruierte
Rokoko-Juwel des **Cuvilliés-Theaters,** die gut
gefüllte **Schatzkammer** und der **Königsbau,** der

Feldherren-
halle und
Theatiner-
kirche

allerdings bis 2012 wegen Renovierung geschlossen bleibt (Residenzstr. 1, Tel. 089-290671, www.residenz-muenchen.de, April–Okt. 9–18, Winter bis 17 Uhr, Cuvilliés-Theater August bis Mitte Sept. 9–18 Uhr, sonst 14–17 Uhr, Eintritt 11 €).

Einkaufs-Tipps nördlich vom Marienplatz

Die **Fünf Höfe** (Theatinerstraße) sind nicht nur Shopping-Erlebnis; schon die schicke Architektur begeistert. In der Passage verkauft der japanische Filialist „Muji" Nützliches und Unnützliches im minimalistischen Design. „Just Pure" in das Pendant in punkto Kosmetik. Bei „Oska" gibt es schöne, nicht von Modetrends diktierte Damenmode und schließlich im „Kaimug" Thai-Fastfood von hoher Qualität. Außerhalb der Passage lohnt sich ein Blick in den Laden von „Kandis" (Residenzstr. 23), ebenfalls trendunabhängige Damen- und Herrenmode, einiges inspiriert von afrikanischen Schnitten und Mustern. Bei „Eduard Meier" (Residenzstr. 22) bekommt man rahmengenähte Schuhe. In der „Nespresso Boutique Bar" (Residenzstr. 19) kann man sich dann vom Einkaufen in braune-beige gehaltenem Ambiente erholen und darauf hoffen, dass Werbeträger George Clooney vorbeischaut. Alternativ lädt die „Confiserie Rottenhöfer" (Residenzstr. 26) mit den besten Pralinés der Stadt in plüschiges Dekor ein.

Im 19. Jahrhundert wurde viel italienisches kopiert: Der Königsbau der Residenz erinnert nicht von ungefähr an das Palazzo Pitti in Florenz, die **Feldherrnhalle [16]** dachte sich Friedrich von Gärtner als Replikat der Loggia dei Lanzi. Adolf Hitler nahm sich den der bayerischen Armee gewidmeten Bau zum Ziel für seinen gescheiterten Putschversuch am 9. November 1923. Später ließ er vor der Halle Wachposten aufstellen, die jeder vorbeigehende Münchner mit Hitlergruß zu ehren hatte. Damals bürgerte es sich als Ablehnung ein, durch die Viscardigasse von der Residenz- in die Theatinerstraße zu wechseln, worauf aus der Viscardigasse das „Drückebergergasserl" wurde.

Honiggelber Barock zeichnet die **Theatinerkirche [17]** am Odeonsplatz aus, die, Ende des 17. Jahrhunderts fertiggestellt, auch als Grablege für verschiedene kurfürstliche und königliche Häupter diente und mit ihrem lichten Stuckgewand unendlich beschwingt wirkt. Ihr gegenüber geht's in den barocken **Hofgarten,** im Zuge einer der vielen Erweiterungen der Residenz angelegt und mit einem Diana-Tempelchen geschmückt, auf dem eine elegante Bronzestatue der Bavaria mit Salzfass, Hirschfell und Kurapfel das Land Bayern symbolisiert. Beliebt ist der Hofgarten im Sommer aus dreierlei Gründen: Wegen seiner Cafés mit Tischen und Stühlen unter Kastanien, als Treffpunkt der frankophilen Boule-Spieler und romantischer Veranstaltungsort von Tango-Tanzabenden.

Die exakt Tausend Meter lange **Ludwigstraße** zwischen Feldherrnhalle und Siegestor ist steingewordener Traum des allem Klassischen zugeneigten Königs Ludwig I. Leo von Klenze und nach ihm Friedrich von Gärtner waren damit befasst, die Neorenaissance in der Bebauung konsequent durchzuhalten und keine Abweichungen von der Norm zu erlauben. Einzige Ausnahme war und ist das Rondell der **Ludwigs-Maximilians-Universität [18].** München kam übrigens erst spät, 1826 unter Ludwig I., zur eigenen Universität. Davor war die Lehranstalt in Ingolstadt bzw. Landshut angesiedelt. Mit dem 1850 errichteten **Siegestor [19]** endet die Ludwigstraße an einem Triumphbogen, den eine füllige Bavaria mit einer Quadriga krönt.

Abstecher Uni-Viertel

Theresien-, Adalbert-, Ludwig- und Barer Straße begrenzen in etwa das Studenten-Carré hinter der Uni. Jeansläden, Buchhandlungen, Antiquariate, Copy Shops und zahllose Cafés sind an den Bedürfnissen der Studenten und Dozenten orientiert. Zu den Dinosauriern dieses Viertels zählen das „Antiquariat Kitzinger" (Schellingstr. 25), der „Atzinger" (trotz Renovierung immer noch die Studentenkneipe schlechthin, Schellingstr. 9), „Bei Mario" (Superpizza, Adalbertstr. 15) und das „Max Emanuel" (Adalbertstr. 33), in dessen Biergarten so mancher Student seine nächste Vorlesung vergessen hat. Die „Basis-Buchhandlung" (Adalbertstr. 41) war früher ein Hort linken, zu Papier gebrachten wie vom Ladenkollektiv gelebten Gedankengutes und versteht sich heute als Antiquariat.

In Verlängerung der Ludwigstraße führt nun die von Pappeln gesäumte **Leopoldstraße** weiter nach Norden. Rechter Hand grüßt die Riesenskulptur des

Walking Man

„Walking Man" (Jonathan Borofsky 1995), dann geht's an Läden und Cafés entlang bis zur **Münchner Freiheit [20].** Seinen Namen erhielt der Platz 1947 in Erinnerung an die „Freiheits-aktion Bayern" (FAB), die im April 1945 zum Widerstand gegen die Nazi-truppen und zur Kapitulation aufrief. Böse Zungen sagen der Leopoldstraße (und der oberbayerischen Landbevöl-kerung) nach, sie tauge heutzutage nur als Paradestraße für aufgemotzte Miesbacher Cabriofahrer.

Von der Münchner Freiheit nach Osten erstreckt sich jenes berühmte **Alt-Schwabing,** das in den 1970er Jahren Schwa-bings Ruf als Künstler- und Kneipenviertel be-gründete. Nach Jahren des Niedergangs ist Alt-Schwabing und besonders die **Feilitzschstraße** nun in der Hip-Hop- und Modeszene angekom-men. Hier findet man die besten Läden für Street- und Clubwear wie den *Mark-Ecko Store* oder *Rag Republic.*

Abstecher Englischer Garten [21]

Die Feilitzschstraße endet an Münchens großer grüner Lunge, dem Englischen Garten. Der Ende des 18. Jahrhundert ange-legte Landschaftspark zählt mit 417 ha Fläche zu den größten innerstädtischen Grünanlagen weltweit. 78 Kilometer misst das Wegenetz, in vier Biergärten kommen an warmen Tagen Zehn-tausende von Gästen zusammen, rund 60 Brutvogelarten wur-den gezählt. Im südlichen Teil, unweit der Münchner Freiheit, prägen mehrere markante Bauten den Park: Der 25 Meter hohe, einer Pagode nachempfundene „Chinesische Turm", Mittelpunkt des gleichnamigen Biergartens, der einen Hügel krönende „Monopteros", früher Hippie-Treff, und das erst 1972 hinzuge-kommene „Japanische Teehaus". Auf dem Kleinhesseloher See kann man im Sommer Boot fahren und im Winter Schlittschuh-laufen. Entlang des Eisbachs wurde in den 1960er/70er Jahren spontan eine FKK-Zone ausgerufen, was zu regelmäßigen Polizeieinsätzen gegen die „Nackerten" führte und den Englischen Garten weltweit bekannt machte. Der nördliche, „wil-dere" Teil, ist wesentlich größer und endet am Restaurant und Biergarten „Zum Aumeister".

Das Kunstareal

www.pinakothek.de,
Kombiticket für
Pinakotheken und
Sammlung Brand-
horst 12 €

Angefangen hatte es mit der **Alten Pina-kothek [22]** (Barerstr. 27, Tel. 089-23805216, Di–So 10–18, Di bis 20 Uhr, Eintritt 7 €), die 1836 im Auftrag König Ludwigs I. von Leo von Klenze erbaut wurde, um die Wittels-bacher Gemäldesammlung aufzunehmen. Unter den Malern vom 14. bis zum 18. Jahrhundert fin-den sich alle klangvollen Namen der Kunstge-schichte, von Albrechts Altdorfer über Sandro Botti-celli bis Rogier van der Weyden.

Dem klassizistischen Bau gegenüber entstand unter Federführung des Architekten Alexander von Branca 1981 die **Neue Pinakothek [23]** (Barerstr. 29, Tel. 089-23805195, Mi–Mo 10–18 Uhr, Mi bis 20 Uhr, Eintritt 7 €), in der die Kunstgeschichte mit Werken von Klassizismus bis Jugendstil fortgesetzt wird. William Turner, Lovis Corinth und Gustav Klimt u.a. sind vertreten. Auch dieses Museum geht auf eine Initiative Ludwigs I. zurück, der entgegen landläufiger Meinung nicht nur Klassiker, sondern auch zeitgenössische Kunst sammelte. Der erste Bau wurde im II. Weltkrieg zerstört.

Die Kunst des 20. und 21. Jahrhunderts hat in der **Pinakothek der Moderne [24]** (Barerstr. 40, Tel. 089-23805360, Di–So 10–18 Uhr, Do bis 20 Uhr, Eintritt 10 €) eine Heimat gefunden. Architekt Stephan Braunfels versammelte vier Museen in seinem spektakulären Bau: Neben Installationen, Gemälden und Skulpturen werden Ausstellungen zu Grafik, Architektur und Design gezeigt.

Neue
Pinakothek

Seit 2009 hat die Präsentation zeitgenössischer Künstler durch das **Museum Brandhorst [25]** (Türkenstr. 19, Tel. 089-238051325, Museum und Café Di–So 10–18 Uhr, Do bis 20 Uhr, Eintritt 7 €, www.museum-brandhorst.de) einen weiteren und in seiner Architektur hochgelobten Ausstellungsraum, dessen aus 36.000 bunten Keramikstäben zusammengesetzte Fassade gegen die graue Pinakothek der Moderne anstrahlt (Architekten Sauerbruch Hutton). Cy Twombly, Andy Warhol und Damien Hirst sind einige der Schwerpunkte der Sammlung von Udo und Annette Brandhorst. Neben Architektur und Kunst empfehlenswert: ein Besuch im Museumscafé Gaeta.

Doch damit nicht genug: Südwestlich schließt der Königsplatz mit der **Glyptothek [26]** (Königsplatz 3, Tel. 089-286100, Di–So 10–17 Uhr, Do bis 20 Uhr, Eintritt 3,50 €) und der gegenüberliegenden **Antikensammlung** (Königsplatz 3, Tel. 089-286100, Di–So 10–17 Uhr, Mi bis 20 Uhr, Eintritt 3,50 €, www.antike-am-koenigsplatz.mwn.de) ans Museumsareal an.

Dass es auf dem Platz aussieht wie auf der Athener Akropolis, ist den hellenistischen Schwärmereien des jungen Ludwig I. zu danken, der nach einer Italienreise beschloss, die Bürger seiner Hauptstadt mit einer Antikensammlung zu erfreuen. Hofarchitekt Leo von Klenze wurde tätig und 1830 die Glyptothek eröffnet, in der antike Skulpturen ausgestellt sind. Ihr gegenüber entstand bis 1848 nach Plänen von Georg Friedrich Ziebland der korinthische Tempelbau für die Staatlichen Antikensammlungen, in denen griechische, etruskische und römische Vasen, Glas und Schmuck gezeigt werden.

Museumstreppe und -café

Die Treppe der Glyptothek ist an schönen Sommertagen beliebt als Treff- und Ruhepunkt der Studenten; im Café können Besucher, umgeben von perfekten Marmorjünglingen, Latte Macchiato schlürfen oder sich von den Sonnenstrahlen im Lichthof wärmen lassen.

Das **Lenbachhaus [27]** (www.len bachhaus.de) hinter dem Monumentaltor der Propyläen ist leider bis Sommer 2012 wegen Renovierung geschlossen.

Die ehemalige, 1887 erbaute Villa des Münchner „Malerfürsten" Franz von Lenbach (1836–1904) beherbergt eine umfangreiche Sammlung von Werken expressionistischer Künstler, darunter als Schwerpunkt zahlreiche Gemälde der Künstlervereinigung „Der Blaue Reiter". In den beiden angegliederten Ausstellungsräumen „Kunstbau" und „Kubus" werden wechselnde Ausstellungen zeitgenössischer Kunst gezeigt (Öffnungszeiten s. Website).

Münchens Osten

1903 bekam Oskar von Miller den Auftrag für den Bau eines Museums auf der Isarinsel; 1925 wurde das Museum für Technik eröffnet. Seither ist das **Deutsche Museum [28]** (Museumsinsel 1, Tel. 089-91791, tgl. 9–17 Uhr, Eintritt 8,50 €, www.deutsches-museum.de) größtes Technikmuseum der Welt. Es wurde viele Male erweitert, ganze Abteilungen, wie die Flugtechnik und das Verkehrsmuseum, mussten aus Platzgründen ausgelagert werden.

Besucher finden hier Ausstellungen zu Telekommunikation und Geodäsie, ein komplett nachgebautes Bergwerk und ein Auswandererschiff, ein Planetarium mit fortschrittlichster Projektions-

Im Deutschen Museum

technik, die ersten Flugapparate, eine Kopie der Altamira-Höhle etc. Kritiker werfen dem Museum eine zu konservative Präsentation vor – aber wie soll ein solches Ungetüm mit über fünf Hektar Ausstellungsfläche und mehr als 100.000 Exponaten modernisiert werden? Der Flugzeugbau ist mittlerweile in die Flugwerft Schleißheim (s.S. 113) umgezogen und Autos und Züge sind im Verkehrszentrum (s.S. 107) an der Theresienwiese ausgestellt.

Müllersches Volksbad [29]

Dieses Hallenbad lohnt alleine aus ästhetischen Gründen einen Besuch. Weite Teile des 1901 im Jugendstil erbauten Bades – so das große Schwimmbecken – sind originalgetreu erhalten. Vor allem ein Besuch des ebenfalls von 1901 stammenden römisch-irischen Dampfbads lohnt sich. Hier kann man wirklich Schwitzen, Lustwandeln und Ruhen wie die Römer (Rosenheimer Str. 1, Schwimmbad tgl. 7.30–23 Uhr, Dampfbad 9–23 Uhr).

Der wuchtige Klotz des **Gasteig-Kulturzentrums [30]** steht dort, wo sich der Bürgerbräukeller befand, in dem 1939 Georg Elsers Attentat auf Hitler scheiterte. Neben mehreren kleineren Veranstaltungsräumen beherbergt es die wegen ihrer Akustik umstrittene Philharmonie.

Von der Isar bergauf und nach Osten erreicht man zwei grundlegend verschiedene Stadtteile: **Haidhausen** und **Bogenhausen.** Haidhausen war das Viertel der armen Leute, bis es in den 1970er Jahren die alternative Szene entdeckte und es mit WGs, Kneipen und Läden vereinnahmte. Heute deutlich aufgeschickt haben die Straßen um die **Weißenburger Straße [31]** und den **Pariser Platz** dennoch etwas vom früheren Flair bewahrt. Münchens ältester Bioladen, das 1973 als „Schwarzmarkt" gegründete „Lebascha" (Breisacher Str. 12) findet sich hier, und auch Münchens ältester (noch überlebender) Jazzclub „Unterfahrt" (Einsteinstr. 42) hat in Haidhausen seit 1978 seine Nische gefunden.

Villen und repräsentative Gründerzeithäuser prägen das nördlich davon gelegene, ebenso elegante wie teure **Bogenhausen,** dessen **Museum Villa**

Stuck [32] (Prinzregentenstr. 60, Tel. 089-4555510, www.villastuck.de, Di–So 11–18 Uhr, Eintritt 9 €) all diejenigen begeistern wird, die Jugendstil lieben. Der Münchner Maler Franz von Stuck (1863–1928) hat sich mit diesem Wohn- und Atelierhaus einen Lebenstraum erfüllt und die Räume so detail- und fantasieverliebt ausgestattet, dass sie ebenso erdrückend wie faszinierend wirken. Kontrastprogramm zur Stuck'schen Üppigkeit bieten die wechselnden Ausstellungen, die sich häufig modernen Kunstthemen widmen.

Wenige Schritte entfernt wacht der güldene, 1899 auf seine 23 Meter hohe Säule gestellte **Friedensengel [33]** über München und erinnert an den gar nicht friedfertigen Sieg 1871 über Frankreich. Ein Idyll ist das Bogenhausener **Kircherl St. Georg [34],** ein auf spätromanischen Fundamenten ruhender Bau der Hochgotik, der im 18. Jahrhundert in ein Rokoko-Kleinod umgewandelt wurde und auf dessen Friedhof zahlreiche prominente Münchner wie der Schauspieler Helmut Fischer, der Schriftsteller Oskar Maria Graf und der Filmemacher Rainer Werner Fassbinder die letzte Ruhe gefunden haben.

Bayerisches Nationalmuseum [35]

Der Museumsbau selbst ist eine Dokumentation der Stile, von Neo-Romanik bis Neo-Barock. Architekt Gabriel von Seidl plante das zwischen 1894–99 erbaute Gebäude so, dass die Räume zum Stil der jeweiligen Epoche passten, deren Exponate darin ausgestellt waren. Versammelt sind Preziosen, wie die aus dem Frühmittelalter stammende „Reidersche Tafel", gotische Flügelaltäre, Rokoko-Skulpturen sowie die volkskundliche Sammlung. Zwischen November und Februar werden wunderbar gearbeitete Krippen gezeigt (Prinzregentenstr. 3, Tel. 089-2112401, www.bayerisches-nationalmuseum.de, Di–So 10–17 Uhr, Do bis 20 Uhr, Eintritt 5 €, So 1 €).

Münchens Westen

München war 1972 Austragungsort der Olympischen Sommerspiele und bekam zu diesem Zweck ein **Olympiagelände [36]** in futuristischer Architektur, deren Zeltdachkonstruktion bis heute

Blick auf das Olympiagelände vom Fernsehturm

als wegweisend gilt. Architekt Frei Otto ersann die sehr organisch wirkenden Dächer über Olympiastadion, Großer und Kleiner Schwimmhalle. Der **Fernsehturm** ist mit 291,28 Meter Höhe Münchens höchster Aussichtspunkt (tgl. 9–24 Uhr, Auf- und Abfahrt 4,50 €). Als Freizeitgelände und Veranstaltungsort für Rockkonzerte ist das Areal, das aus einer Schuttdeponie nach dem II. Weltkrieg entstanden ist, sehr beliebt. Kult ist die **Olympia-Alm** auf dem Olympia-Berg, kaum mehr als ein großer Getränke-Kiosk mit Biergarten, an dessen Tischen im Sommer ein buntes Völkchen den lieben Gott einen guten Mann sein lässt. Selbst im Winter macht der Wirt auf und schenkt Glühwein aus.

An **Schloss Nymphenburg [37]** (Schlossrondell, Tel. 089-179080, April–15. Okt. 9–18, Winter 10–16 Uhr, die Parkburgen sind im Winter geschlossen, Eintritt 10 €, ohne Parkburgen 5 €, www.schlossnymphenburg.de) wurde ab 1664 gebaut, Auftraggeber war der Wittelsbacher Kurfürst Ferdinand Maria. Ende des 18. Jh. war die Anlage fertig, und 1845 wurde hier der *Kini* Ludwig II. geboren. Unter den namhaften Baumeistern und Ausstattern fungieren Henrico Zuccalli und Joseph Effner, Johann Baptist Zimmermann und François Cuvilliés. Im Inneren imponieren der monumentale „Steinerne

Schloss
Nymphenburg

Saal" und die Schönheiten-
galerie, die Ludwig Stieler für
Ludwig I. malte und in der
die schönsten Münchnerin-
nen verewigt sind.

Zu entdecken sind das
Marstallmuseum mit Prunk-
kutschen der Kurfürsten und
Könige, die **Porzellansamm-
lung** und vor allem aber der
weitläufige Park und die da-
rin versteckten, verschwiegenen Schlösschen: Die
Badenburg war das erste beheizbare Hallenbad
Europas (ausgenommen natürlich die Thermen
Roms und die von den Arabern errichteten Ham-
mams); in der **Pagodenburg** ist das Dekor asi-
atisch-orientalisch verspielt, und die **Amalienburg**
ist ein Rokoko-Jagdschloss mit entsprechenden
Motiven. Vorbei an der als Ruine gestalteten **Mag-
dalenenklause** geht's in den angrenzenden **Botanischen Garten [38]** (Menzingerstr. 65, Tel. 089-
17861316, www.botmuc.de, Mai–Aug. 9–19 Uhr,
April/Sept. bis 18 Uhr, Feb./März/Okt. bis 17 Uhr,
Nov.–Jan. bis 16.30 Uhr, Eintritt 5 €). 1915 eröffnet,
präsentiert er in seinen Gewächshäusern die ganze
Vielfalt tropischer und subtropischer Flora. Im
Freigelände kann man durch eine Farnschlucht
wandern, das Alpinum mit Gebirgsflora aus aller
Herren Länder erklimmen oder im April/Mai die
Blüte der Rhododendren bewundern.

Die Bavaria vor
der Ruhmeshalle

Die Wiesn

Die **Theresienwiese [39]** verdankt ihre weltweite Berühmtheit dem **Oktoberfest,** das jedes Jahr in den letzten beiden Septemberwochen München in Ausnahmezustand versetzt. Außerhalb der Wies'nzeit liegt die knapp 30 ha große Fläche brach und dient als Parkplatz; im Winter schlägt das Winter-Tollwood hier seine Zelte auf. Über die Wiese wacht eine von Leo von Klenze 1853 erbaute **Ruhmeshalle** mit Büsten ver-

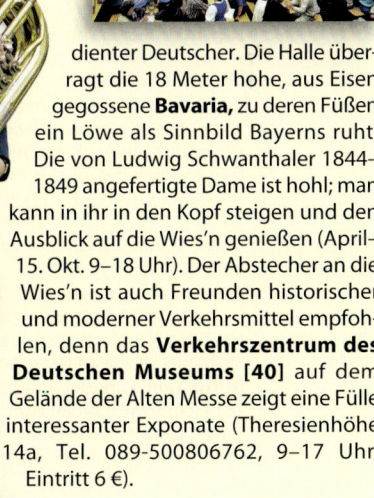

dienter Deutscher. Die Halle überragt die 18 Meter hohe, aus Eisen gegossene **Bavaria,** zu deren Füßen ein Löwe als Sinnbild Bayerns ruht. Die von Ludwig Schwanthaler 1844–1849 angefertigte Dame ist hohl; man kann in ihr in den Kopf steigen und den Ausblick auf die Wies'n genießen (April–15. Okt. 9–18 Uhr). Der Abstecher an die Wies'n ist auch Freunden historischer und moderner Verkehrsmittel empfohlen, denn das **Verkehrszentrum des Deutschen Museums [40]** auf dem Gelände der Alten Messe zeigt eine Fülle interessanter Exponate (Theresienhöhe 14a, Tel. 089-500806762, 9–17 Uhr, Eintritt 6 €).

Service München

Information

- **Tourismusamt München,** Sendlingerstr. 1, 80331 München, Tel. 089-23396500, Fax 23330233, www.muenchen-tourist.de.
- **Touristinfo Hauptbahnhof,** Bahnhofsplatz 2, Mo–Sa 9–20 Uhr, So 10–18 Uhr.
- **Touristinfo Marienplatz,** Neues Rathaus, Mo–Fr 10–20 Uhr, Sa bis 16, So bis 14 Uhr.

Stadtführungen

- **Yellow Cab,** Elisenstr. 3a, www.citysightseeing-muenchen.de. Die Stadtrundfahrten mit Doppeldeckerbussen führen vom Hauptbahnhof auf einer Rundtour an (fast) allen Sehenswürdigkeiten vorbei (Dauer ca. 2 Stunden).
- **Spurwechsel,** Ohlmüllerstr. 5, Tel. 089-6924699, www.spurwechsel-muenchen.de. Stadtführungen mit dem Fahrrad zu verschiedenen Themenschwerpunkten.
- **Weis(s)er Stadtvogel,** Unterer Anger 14, Tel. 089-29169765, www.weisser-stadtvogel.de. Stadtführungen zu Fuß zu verschiedenen Themenschwerpunkten.

Unterkunft

Zu Messen- und Wiesn-Zeit werden die Preise kräftig erhöht

[a] Advokat: Baaderstr. 1, Tel. 089-216310, www.hotel-advokat.de, DZ/F ab 160 €. Das schicke Designer-Hotel liegt zentral in bester Shopping- und Kneipenlage und verwöhnt mit kühler Eleganz.

[b] Ritzi, Maria-Theresia-Str. 2, Tel. 089-414240890, www.hotelritzi.de, DZ/F ab 160 €. 25 moderne, individuell gestaltete Zimmer in fast edler Atmosphäre.

[c] Gärtnerplatz, Klenzestr. 45, Tel. 089-2025170, www.pensiongaertnerplatz.de, DZ/F 110 €. Die sehr persönlich und aufmerksam geführte Stadtpension liegt im Herzen des angesagten Gärtnerplatzviertels.

[d] Mona Lisa Robert-Koch-Str. 4, Tel. 089-21028380, www.hotelmonalisa.de, DZ/F ab 80 €. Klein, komfortabel und fein, mit Geschmack eingerichtet und freundlich geführt.

[e] 4you, Hirtenstr. 18, Tel. 089-5521660, www.the4you.de, DZ ab 50 €, Bett ab 13 €. Das älteste und zentral gelegene Hostel ist stolz auf seine nach ökologischen Richtlinien ausgestatteten Zimmer.

[f] The Tent, Kapuzinerhölzl/In den Kirschen 30, Tel. 089-1414300, www.the-tent.com, nur 10. Juni bis 6. Oktober, Schlafplatz ab 7,50 €. Übernachtung im Riesenzelt, dazu Superstimmung und eine optimale Kontaktbörse.

Essen und Trinken

Essen und
Trinken im
Web auf www.
munichx.de

[g] Landersdorfer & Innerhofer, Hackenstr. 6, Tel. 089-26018637, Di–Sa 10–1 Uhr, 4-Gang-Menü ab 70 €. Ambitionierte Küche mit einem „Überraschungsmenü", das *à la carte* erweitert werden kann; zählt zu Münchens besten Adressen.

[h] Dukatz, Maffeistr. 3a, Tel. 089-710407373, Mo–Sa 12–14.30 u. 18.30–22.30 Uhr, Menü um 35 €. Französische Bistroküche auf höchstem Niveau, wenige Meter vom Marienplatz.

[i] Iwan's, Hans-Sachs-Str. 20, Tel. 089-20009090, Di–Fr ab 18 Uhr, Sa ab 19 Uhr, Menü um 20 €. Das intime Lokal ist ein Geheimtipp im Glockenbachviertel, es gibt eine wöchentlich wechselnde kleine Tageskarte und eine schier unendliche Auswahl an Longdrinks.

[j] Spatenhaus, Residenzstr. 12, Tel. 089-2907060, 9.30–0.30 Uhr, Menü um 25 €. Traditionell *die* Adresse nach dem Opernbesuch, die bayerisch-österreichische Küche schmeckt aber auch ohne klassisches Vorspiel.

[k] Osterwaldgarten, Keferstr. 12, Tel. 089-38405040, 10–1 Uhr, Biergarten bis 23 Uhr, Menü um 20 €. Das kleine Wirtshaus mit übersichtlichem Biergarten liegt idyllisch am Rande des Englischen Gartens, die Küche ist frisch und lecker.

[l] Hofbräuhaus, Platzl 9, Tel. 089-29013610, 9–24 Uhr, Menü um 20 €. Auf den ersten Blick Touristenfalle, auf den zweiten auch Stammtischort alteingesessener Münchner. Offensichtlich nach wie vor bei den Münchnern beliebtes Traditionshaus und natürlich ein Muss für jeden Besucher.

[m] Weißes Bräuhaus, Tal 7, Tel. 089-2901380, 8–1 Uhr, Menü 15–20 €. Traditionsgaststätte mit „Schneider Weiße" im Ausschank, einem der berühmtesten Weißbiere, dazu gibt's deftige bayerische Küche.

Biergarten

Blaues Haus [n]

Ein großer, schmuckloser Raum mit Glasfronten, Holzbänke und -tische, eine Trennwand aus Metall … Gemütlichkeit sieht anders aus! Und dennoch kann das Restaurant, in dem vorrangig Behinderte arbeiten, eine geradezu elektrisierende Atmosphäre haben! Dann nämlich, wenn Publikum und Schauspieler aus den „Kammerspielen" oder dem „Werkraum" hier einkehren und die Luft schwirrt vor Diskussionen über das gesehene Stück. Übrigens: Auch das Essen ist delikat! Hildegardstr. 1, Tel. 089-23336977, Mo–Sa 11–1 Uhr, So ab 17 Uhr, Menü um 20 €.

Cafés/Ausgehen

[o] Baader Café, Baaderstr. 47, Tel. 089-2010638, 9.30–1 Uhr. Bis 16 Uhr Frühstück, abends oft DJs, dazu köstliche Kuchen und einfache, schmackhafte Küche. Sensationell ist der Sonntagsbrunch.

[p] Café Platzhirsch, Rosental 8, Tel. 089-264546, Mo–Fr 13–1 Uhr, Sa 13–2 Uhr, So 13–20 Uhr. 1970er-Nostalgie mit Blick den Viktualienmarkt, dazu köstliche Toasts, Sandwiches und Lounge-Musik.

[q] Muffatwerk, Zellstr. 4, Tel. 089-45875010, www.muffathalle.de. Eine große Halle für Konzerte und Lesungen, der intime Club Ampére, das Café Muffathalle für DJ-Nächte und ein beliebter Biergarten bilden *das* Unterhaltungsensemble neben dem Müller'schen Volksbad.

[u] Atomic Café: Neuturmstr. 5, Tel. 089-2283054, www.atomic.de, Di–So 22–3 Uhr, Fr/Sa bis 4 Uhr. Der Ort für Entdeckungen: neue Bands, coole Szene und ab und an ein Promi zum Privat-Gig.

[v] P1, Prinzregentenstr. 1, Tel. 089-2111140, ab 22 Uhr. Wo sich Münchner Fußballgrößen mit Blondinen treffen. Legendär der unüberwindliche Türsteher, ebenso legendär die Parties, noch legendärer die Promi-Abstürze vor den Augen der Öffentlichkeit … wer's mog!

[w] Unterfahrt, Einsteinstr. 42, Tel. 089-4482794, www.unterfahrt.de, So–Do 19.30–1 Uhr, Fr/Sa 19.30–3 Uhr. Münchens Jazz-Enklave mit anspruchsvollem Live-Programm.

[x] Fraunhofer, Fraunhoferstr. 9, Tel. 089-266460 (Wirtshaus), Tel. 089-267850 (Theater), www.fraunhofer.de, tgl. 16.30–1 Uhr, Theater s. Spielplan. Das Münchner Traditionswirtshaus besucht man nicht unbedingt wegen kulinarischer Höhenflüge, sondern wegen dem gemütlichen Ambiente, dem bayerisch-ambitionierten Theaterprogramm und dem Musikfrühschoppen. Januar/Februar werden hier die Volksmusiktage gefeiert.

Schwule & Lesben

[x] New York, Sonnenstr. 25, Tel. 089-62232152, Fr/Sa 23–5 Uhr. Lounge und Disco für Männer wie Frauen.

Im Trend: Augustenstraße

Die vom Bahnhof nach Norden führende Achse der Dachauer- und Augustenstraße war lange ein Stiefkind der Szene und hat sich nun doch noch gemausert. Gleich am Anfang sorgt das **Café Kosmos [aa]** seit geraumer Zeit für Gesprächsstoff – erstens, weil es die wohl berühmteste (und nur im Einbahnverkehr zu begehende) Wendeltreppe der Stadt besitzt und zweitens, weil hier keiner so recht weiß, warum es so hip ist. Sicherheitshalber gehen alle hin, weshalb abends dichtes Gedränge herrscht und die Leute in langen Schlangen vor der Türe anstehen (Dachauer Str. 7, Tel. 089-55295867). Ein paar Häuser weiter sorgt der **Gesellschaftsraum [ab]** (Augustenstr. 7, Tel. 089-55077793, Mo–Sa 18–24 Uhr, 3-Gänge-Menü um 45 €) für wechselnde Gefühle: Muss man sich vor den tätowierten und mit schweren Ohrringen behängten Kellnern fürchten oder gar vor der Küche aus der Schule der „Jungen Wilden"? Muss man nicht, denn die (fast) Sterne-Küche von Bernd Arold ist fantasievoll und delikat wie die Namen der Gerichte, Palmrosahuhn mit Snickereis und Quitte beispielsweise. Wer's klarer mag: Im **Restaurant Schmock [ac]** (Augustenstr. 52, Tel. 089-52350535, 18–1 Uhr, Menü um 25 €) gibt's jüdische und orientalische Küche mit (auch) koscherem Essen und die legere Atmosphäre eines Wiener Cafés. Café und Atmosphäre finden sich ein paar Straßen weiter auch im **Café Jasmin [ad]** (Steinheilstr. 20, 10–1 Uhr, Tel. 089-45227406) mit großer Rüschenvorhang-Fensterfront auf die Augustenstraße, durch die das Plüschcafé noch plüschiger aussieht als es im Inneren tatsächlich ist, wo die Sekretärin von nebenan mit jungem Szenevolk plauscht. Das **Josefina [af]** (Augustenstr. 113, Tel. 089-60034722, Mo–Sa 7–22 Uhr, So ab 9 Uhr, Menü um 15 €) ist winzig und dabei so charmant, dass man der Gastgeberin die harten Stühle verzeiht. Köstliche Suppen, Pasta und Salate, Kuchen; wechselnde Tageskarte.

Theater & Kino

[ag] Staatsoper, Max-Joseph-Platz 2, Tel. 089-218501, www.bayerische.staatsoper.de. Oper und Ballett auf höchstem Niveau.

[ah] Kammerspiele, Maximilianstr. 26, Tel. 089-2333700, www.muenchner-kammerspiele.de. Die innovativste Bühne unter den großen Sprechtheatern.

[ai] Metropol, Floriansmühlstr. 5, Tel. 089-32195533, www.metropoltheater.com. Das Metropol beweist, dass man auch als Privattheater mit spannendem Programm Erfolg haben kann.

[aj] Kino im Filmmuseum, St.-Jakobs-Pl. 1, Tel. 089-23322348, www.stadtmuseum-online.de. Hier wird Filmkunst zelebriert und gepflegt.

Einkaufsstraßen

Die Münchner Fußgängerzone Neuhauser-/Kaufingerstraße gehört den großen Kaufhäusern und Filialisten; entlang der Sendlinger Straße finden sich auch kleinere Läden. Die Maximiliansstraße beherrschen große Couturiers. Rund um die Münchner Freiheit ist Streetware angesagt, die Läden im Gärtnerplatz- und Glockenbachviertel besetzen originelle Nischen von Schokolade bis Mode.

Viktualinemarkt

Stadtverkehr

Mit U- und S-Bahnen, Straßenbahnen und Bussen ist München hervorragend erschlossen; kompliziert ist allerdings das Tarifsystem, das zwischen der Innenstadtzone und mehreren Außenzonen unterscheidet.

Als Besucher ist man, abgesehen von den Zielen in der Umgebung, meist in der Innenstadtzone unterwegs. Einzel- und Mehrfahrtenkarten sind an Automaten und in mit einem weißen „K" auf grünem Grund gekennzeichneten Verkaufsstellen erhältlich. 2010 kostete ein Einzelfahrschein 2,40 €, eine Streifenkarte (5 Fahrten) 11,50 €. Günstiger ist die *City Tour Card,* die je nach Geltungsdauer (1/3 Tage) mit 9,80/18,80 € zu Buche schlägt (www.city-tour-card.com).

Fahrpläne auf www.mvv-muenchen.de

Fitness

Leo's Sportsclub [ak], Leopoldstraße 11, Tel. 089-3838990, www.leos-sportsclub.de; auf 2800 m^2 bietet einer der besten und größten Sportklubs in München alles, was das zu trainierende Herz (und die Muskulatur) begehrt: feinste Geräte, Kurse und einen angenehmen Entspannungsbereich.

Münchener Umgebung

Schloss Schleißheim und Flugwerft

Der Absolutismus prägte auch die Architektur, und so ließ Kurfürst Max Emanuel zu Beginn des 18. Jahrhunderts den Grundstein für ein standesgemäßes Schloss im Norden Münchens legen, wo seit 1602 mit dem **Alten Schloss Schleißheim** (www. schloesser-schleißheim.de) bereits eine herzögliche Residenz bestand.

Enrico Zuccali wurde als Architekt gewonnen, der Bau durch das erzwungene Exil des Kurfürsten unterbrochen und erst um 1730 unter maßgeblicher Beteiligung von Joseph Effner fertiggestellt. Mit einer Fassadenlänge von 330 Meter, üppig ausgestatteten Innenräumen voller wertvoller Gemälde und dem prächtigen Garten war es eines absolutistischen Herrschers würdig. Nur war der Kurfürst vor der Vollendung des Schlosses gestorben. Heute residiert in den Räumen des Alten Schlosses die Dauerausstellung „Das Gottesjahr und seine Feste" mit Exponaten der christlichen Festkultur aus allen Teilen der Welt. Im Neuen Schloss sind die Gemäldesammlung sowie die barocke Treppenanlage zu bewundern. Das im Park befindliche **Schloss Lustheim** (Max-Emanuel-Platz 1, Oberschleißheim, Tel. 089-3158720, www.schloesser-bayern.de, Di–So April–Sept. 9–18 Uhr, Okt.–März 10–16 Uhr, Eintritt 3 €) zeigt eine Sammlung Meißner Porzellans.

Wo früher die Königlich-Bayerische Fliegertruppe übte, zeigt und restauriert heute das Deutsche Museum in der **Flugwerft Schleißheim** (Effnerstr. 18, Oberschleißheim, Tel. 3157140, 9–17 Uhr, www.deutsches-museum.de, Eintritt 6 €) große und kleine Fluggeräte. Das Museum ist natürlich ein Paradies für alle technisch interessierten Erwachsenen und Kinder, und im Sommer startet ab und zu die „Tante Ju" oder gar ein Zeppelin vom Flugplatz davor zum Rundflug über München.

Im Museumsshop gibt's eine Riesenauswahl von Flugzeug- und Schiffsbausätzen

Schloss Schleißheim

KZ-Gedenkstätte Dachau	Es war das erste Konzentrationslager (Alte Römerstr. 75, Tel. 08131-669970, www.kz-gedenkstaette-dachau.de, Di–So 9–17 Uhr) in Deutschland. Von 1933 an wurden hierher Widerständler, Intellektuelle, Juden und Roma verschleppt, 200.000 Menschen waren im Haupt- und den Nebenlagern eingesperrt, über 50.000 starben. Die erst kürzlich neu gestaltete Dokumentation zeigt auf erschütternde Weise die Realität des Lagers und die Menschenverachtung im Dritten Reich.
Freising	Die seit 739 bezeugte Siedlung ist deutlich älter als München. Der heilige Korbinian persönlich gründete das Bistum, dessen Einflussbereich weit nach Süden bis ins heutige Slowenien und Südtirol reichte. Im 12. Jahrhundert wurde die romanische Basilika erbaut, Kernstück des **Doms Mariä Geburt.** In dessen romanischer Krypta begegnet der Besucher den uralten Wurzeln dieses Gotteshauses in Form einer Bestiensäule, auf der Menschen und Dämonen miteinander kämpfen. Hier befindet sich auch der Reliquienschrein des Korbinian, ein Ort tiefer Verehrung. Das barocke Gotteshaus darüber ist eine Orgie in Weiß und Gold aus den geschickten Händen der Gebrüder Asam. Im angeschlossenen **Diözesanmuseum** (Museum, Domberg 21, Freising, Tel. 08161-48790, www.dioezesanmuseum-freising.de, Di–So 10–17 Uhr, Eintritt 4 €) ist eine der größten Sammlungen christlicher Kunst und liturgischen Geräts Deutschlands ausgestellt.

Brauerei Weihenstephan

Da das Bierbrauen früher den Klöstern vorbehalten war, erstaunt es nicht, in Freising auf die älteste Brauerei der Welt – Weihenstephan – zu treffen. Im **Bräustüberl** (Weihenstephaner Berg 10, Freising, Tel. 08161-13004, www.braeustueberl-weihenstephan.de, 10–24 Uhr, Menü 15–20 €) kann man sich von der Qualität des Gebrauten überzeugen.

Grünwald	Der exklusive Vorort im Süden Münchens war bereits in der Bronzezeit besiedelt, aus keltischer und römischer Zeit sind Spuren wie die „Römerschanze" erhalten. Mit dem Bau der Burg Grünwald Ende des 13. Jahrhunderts bekam die Siedlung am Hochufer der Isar ihren heutigen Namen, mit dem Zuzug von

Prominenten jedweder Couleur ihren Status als eines der teuersten Wohngebiete Deutschlands. In der **Burg Grünwald** (Zeillerstr. 3, Grünwald, Tel. 089-6413218, www.archaeologie-bayern.de, 15. März–30. Nov., Mi–So 10–16.30 Uhr) zeigt die archäologische Staatssammlung in wechselnden Ausstellungen Exponate zur Vor- und Frühgeschichte des Siedlungsgebiets.

Brückenwirt

Eine alte Grünwalder Institution ist das Wirtshaus am gegenüberliegenden Ufer der Isar. Schweinsbraten, Ochsenfleisch und Ente werden bayerisch-deftig zubereitet und serviert. Gelegentlich gibt's Stub'nmusi oder Volkstheater; im Sommer lockt der schöne **Biergarten** (An der Grünwalder Brücke 1, Höllriegelskreuth, Tel. 089-7930167, www.brueckenwirt.de, 10–23 Uhr, Menü um 20 €).

In den Filmstudios am Geiselgasteig, etwas stadteinwärts von Grünwald gelegen, wurden viele berühmte Streifen realisiert – Wolfgang Petersens „Das Boot" und „Die unendliche Geschichte" beispielsweise, und nach wie vor entsteht in den Kulissen so manche Soap. Besucher können bei Führungen die Original-Requisiten bestaunen, selbst Filmchen drehen oder bei Stuntshows zuschauen.

Bavariafilmplatz 7, Geiselgasteig, Tel. 089-64992000, www.bavaria-filmtour.de, 90-minütige Führungen 9–16 Uhr, Winter 10–15 Uhr, Eintritt ab 11 €, Kinder ab 8 €

Starnberger See

Südwestlich von München ist das Alpenvorland geprägt von einer Moränenlandschaft, in die sich zwei große und mehrere kleine Seen als Spuren der letzten Eiszeit schmiegen. Das Naherholungsgebiet Münchens kann sich über mangelnde Aufmerksamkeit nicht beklagen: an den Sommerwochenenden sind Starnberger- und Ammersee sowie die kleineren Wörth-, Pilsen- und Weßlinger Seen meist überlaufen.

Nordic Walking

Die Ferienregion hat einen besonderen Service für Nordic Walker auf ihre Website gestellt. Dort sind 24 Touren aller Schwierigkeitsgrade detailliert und mit GPS-Daten zusammengestellt, auch zum Download auf MP3: www.sta5.de; Nordic Walking Park anklicken!

Starnberger See Ostufer

Der 19,5 Kilometer lange und im Schnitt 4,5 Kilometer schmale See war bereits im 16. Jahrhundert ein Anziehungspunkt für die bessere Gesellschaft. Die Schlösser Starnberg, Berg, Possenhofen und die Roseninsel, auf der sich Ludwig II. mit seiner Cousine Sisi traf, zeugen von der Beliebtheit des Sees beim bayerischen Adel, der auch die Tatsache kein Abbruch tat, dass Ludwig II. am 13. Juni 1886 unter rätselhaften Umständen im See ertrank. Die herzögliche und später königliche „Seeflotte" bestand immerhin aus dem Prunkschiff „Bucentaur" und mehreren Raddampfern. Heute leben viele Prominente hinter diskreten Mauern und Hecken an seinen Ufern.

Das namensgebende Städtchen **Starnberg** hat, abgesehen von seiner hübschen **Seepromenade** und dem **Museum Starnberger See** (Possenhofener Str. 5, Starnberg, Tel. 08151-4477570, www.museum-starnberger-see.de, Di–So 10–17 Uhr, Eintritt 3 €), touristisch kaum Interessantes zu bieten. Das Museum dokumentiert die Entdeckung und Erschließung des Starnberger Sees als Sommerfrische, die durch den Bau einer Eisenbahnlinie ab München und den Betrieb der Dampfschifffahrt Mitte des 19. Jahrhunderts Auftrieb bekam und in der Gründung der Villenkolonie *Niederpöcking* mündete. Ein weiterer Schwerpunkt widmet sich den Wittelsbacher Prunkschiffen auf dem See.

Vor dem Städtchen **Berg,** sechs Kilometer am See entlang nach Süden, fand Ludwig II. den Tod, nachdem er in Neuschwanstein verhaftet und für geisteskrank erklärt worden war. Mit dem Psychiater wurde er in das im 17. Jahrhundert erbaute **Schloss Berg** gebracht, wo man beide tags darauf tot im See treiben fand. Das Schloss ist Privatbesitz und kann nicht besichtigt werden. Ein schlichtes Kreuz im See markiert den Ort, an dem der Kini den Tod fand. Über all der Tragik soll aber nicht vergessen werden, dass der bayerische Schriftsteller Oskar Maria Graf (1894–1967) in Berg aufgewachsen ist. Seine Eltern betrieben hier eine Bäckerei. Im Geburtshaus residiert das „Oskar-Maria-Graf-Stüberl", eine empfehlenswerte Wirtshausadresse (s. S. 120).

Mit prominenten Namen kann auch **Ambach,** 13 km weiter, aufwarten. Der Erfinder der „Biene Maja", Waldemar Bonsels (1880–1952), lebte hier, der Schauspieler Sepp Bierbichler stammt aus dem Ort und betreibt den beliebten Gasthof mit Biergarten „Zum Fischmeister" (s. u.). Der Schriftsteller Patrick Süskind wurde 1949 in Ambach geboren.

Über das sechs Kilometer südlich und fast an der Südspitze des Sees gelegene **St. Heinrich** geht's drei Kilometer in den Traditions-Ferienort **Seeshaupt,** in dem die „Seeresidenz Alte Post" (s. u.) auf eine jahrhundertelange gastronomische Tradition zurückblickt. Auffällig ist der Schilfbewuchs am See – ein Anblick, der weiter nördlich der Kultivierung und Nutzung des Sees zum Opfer gefallen ist. Die ökologisch bedeutsame Schilfzone schützt die Ufer und bietet zahlreichen Vögeln sicheren Brutraum. Der Schilfgürtel zwischen St. Heinrich und Seeshaupt dient, wie das südlich davon liegende Moorgebiet der Osterseen (s. S. 181), auch Zugvögeln als Zufluchtsort.

Kempfenhausen südlich von Berg zählt zu den beliebtesten Stränden am Starnberger See

Idyllischer Badeplatz: Die Liegewiese am Karnifflbach/ St. Heinrich

Dampferfahrt

Bayerische Seenschifffahrt, Starnberg, Tel. 08151-12023, www.bayerische-seenschifffahrt.de, Ostern bis 15. Okt. große Rundfahrt ab Starnberg (8.45 Uhr, Dauer 3,5 Std., 16 €, Kinder 8 €).

**Starnberger
See Westufer**

Bernried, sechs Kilometer nach Norden, ist die wichtigste Station am See, wenn's um Kunst geht. Hier hat der Schriftsteller und Kunstsammler **Lothar Günther Buchheim** (1918–2007) seiner Sammlung expressionistischer Kunst der „Brücke" wie auch den anderen Kuriositäten – angefangen bei Ethnographica über naive Malerei bis hin zu Bildern aus trockenen Blättern und Gräsern – ein Domizil erkämpft, was gar nicht so einfach war. Denn der ursprünglich für das **Museum der Phantasie** (Am Hirschgarten 1, Bernried, Tel. 08158-99700, www.buchheimmuseum.de, April–Okt. Di–So 10–18, Nov.–März 10 bis 17 Uhr, Eintritt 8,50 €) ins Auge gefasste Standort Feldafing brachte Buchheims Projekt per Volksabstimmung zu Fall. In Bernried wurde das Museum nach Plänen des Architekten Günther Benisch dann 2001 endlich eröffnet und gleich zum Publikumsmagneten – nicht nur die Sammlung, auch Lage und Architektur sind einfach faszinierend.

Besonders stilvoll ist die Anreise mit dem Museumsschiff „Phantasie"

Kontrastprogramm zur modernen Architektur bietet der **Ortskern** von Bernried mit seinen gepflegten alten Bauernhäusern, deren Balkone sich im Sommer unter duftenden Kissen von Petunien und Geranien biegen. In der barockisierten **Stiftskirche St. Martin** ist ein gotischer Flügelaltar (1510) erhalten; Kaspar Feichtmayr, ein Stukkateur aus Wessobrunn (s. S. 135), besorgte Umbau und Teile der Innenausstattung, die mit Schwung ins Rokoko tendiert.

Sechs Kilometer nach Norden folgt **Tutzing,** Endstation der S-Bahn, was den Besucherstrom jedes Wochenende deutlich anwachsen lässt. **Feldafing,** fünf Kilometer weiter, ist Ausgangspunkt für den Besuch der **Roseninsel,** zu der man auf „Plätten", kastenförmige Lastkähne, vom Possenhofener Parkgelände übersetzt.

Schloss Possenhofen, heute Privatbesitz und nicht zugänglich, war Sitz des Herzogs Max in Bayern, des Vaters der späteren österreichischen Kaiserin Elisabeth, die als zuckersüße „Sissi" in ewiger Filmerinnerung bleibt. Auf der Roseninsel, so die Legende, traf sie sich mit Cousin Ludwig II., der sie anbetete. Das Inselchen ist mit Rosen aus

Das „Paradies" im Park von Possenhofen gilt als schönster Strand am See

Ausflugsziel
Starnberger See

aller Herren Länder bepflanzt und natürlich zur Blüte in den Sommermonaten sehenswert. Das „Casino" genannte Schlösschen ließ Maximilian II., Ludwigs Vater, erbauen (Fährbetrieb 1. Mai bis 15. Okt., www.faehre-roseninsel.de; zwischen 1. Juni und 15. Sept. 10–18 Uhr, sonst 11–18 Uhr; Casino Mai–Okt. Di–So 12–18 Uhr, Hin- und Rückfahrt 4 €).

Service Starnberger See

Information **Touristinfo,** Wittelsbacherstr. 2c, 82319 Starnberg, Tel. 08151-906 00, www.sta5.de, Mo–Fr 8–18 Uhr, Mai–Okt. auch Sa 9–13 Uhr.

Unterkunft • **Seeresidenz Alte Post,** Alter Postplatz 1, Seeshaupt, Tel 08801-9140, www.seeresidenz-alte-post.de, DZ/F um 150 €. Im Traditionshaus stieg schon König Ludwig ab. Historischer und moderner Trakt, eigenes Strandbad.

• **Fischerrosl,** Beuerbergerstr. 1, St. Heinrich, Tel. 08801-746, www.fischerrosl.de, DZ/F ab 60 €. Das Traditionsgasthaus hat 10 neu renovierte, freundliche Zimmer und ein Restaurant, in dem Fisch von bayerisch bis holsteinisch zubereitet wird.

• **Marina,** Am Yachthafen 1–15, Bernried, Tel. 8158-9320, www.hotelmarina.de, DZ/F ab 170 €. Das supermoderne, geschmackvolle Design und die Lage am See rechtfertigen die gehobenen Preise, eine ungewöhnliche Unterkunft im Alpenidyll.

• **Tutzinger Hof,** Hauptstraße 32, Tutzing, Tel. 08158-9360, www.tutzinger-hof.de, DZ/F ab 70 €. Die zentral und nur zwei Minuten vom See gelegene Pension hat bayerisch eingerichtete Zimmer und einen schattigen Biergarten.

• **Hotel zur Post,** Hauptstr. 19, Pöcking, Tel. 08157-1398, www.posthotel-poecking.de, DZ/F ab 70 €. Rustikal, geschmackvoll eingerichtete Zimmer, gemütlicher Gasthof mit bodenständiger Küche.

Frischer Fisch aus Ammerland

Die Fischrechte von Familie Seebald stammen von 1850. Seit Generationen beliefert sie mit den gefangenen Renken und Saiblingen die bessere Gesellschaft. Damit auch der einfache Ausflügler in den Genuss des Fangs kommt, betreibt der Hoffischer Seebald einen einfachen Biergarten, in dem's Fisch gibt und dazu Brezn und Bier (Nördliche Seestraße 22, Ammerland, Tel. 08177-9132).

Essen und Trinken

- **Dechant's Kleines Fischrestaurant:** Hauptstr. 20, Starnberg, Tel. 08151-12106, www.dechants-fischladen.de, Di–Do 10–19 Uhr, Fr bis 24 Uhr, Menü um 25 €. Beim Dechant gibt's angeblich die frischesten Fische Oberbayerns, und im winzigen Restaurant nebenan werden sie gekonnt zubereitet.

- **Oskar-Maria-Graf-Stüberl,** Grafstr. 9, Berg, Tel. 08151-51688, 10–23 Uhr, Menü um 15 €. Bayerische Küche ohne Schnörkel, handfest zubereitet und reichhaltig.

- **Gasthaus Limm,** Hauptstr. 29, Münsing, Tel. 08177-411, Mo–Sa 10–14.30 u. 17.30–23 Uhr, So 10–14.30 Uhr, Menü um 15 €. Auch in dieser schönen Traditionsgaststätte wird herzhaft bayerisch gekocht und es gibt neben den Standards wie Krustenbraten auch Raritäten wie Rindszunge.

- **Zum Fischmeister,** Seeuferstr. 31, Ambach, Tel. 08177-533, Mi–Fr ab 16 Uhr, Sa/So ab 12 Uhr, Menü um 25 €. Vor allem der schöne Biergarten mit Blick auf den See ist in diesem Gasthof der Hit; die Preise sind es wegen der Beliebtheit bei der Münchner Schickeria auch.

- **Forsthaus Ilkahöhe,** Oberzeismering 2a, Tutzing, Tel. 08158-8242, Mi–So ab 12 Uhr, Menü um 20 €. Die Ausflugsgaststätte oberhalb von Tutzing bietet einen großartigen Blick auf die Alpenkette und tischt dazu feine Küche im Restaurant und bayerische Schmankerl im Biergarten auf.

Mit dem Radl von Starnberg nach Herrsching

Die 18 Kilometer lange Tour beginnt am Bahnhof in Starnberg. Von dort fährt man in Richtung Söcking bis zum Ortsrand, wo der Weg nach Maising abzweigt. Hinter Maising passiert man den gleichnamigen See und das Naturschutzgebiet, erreicht Aschering und schließlich Rothenfeld, wo man ein kurzes Stück auf der Straße bis Andechs radelt und sich auf dem Heiligen Berg für den kleinen Anstieg mit einer erfrischenden Radlermaß belohnt. Denn danach geht's nur noch bergab, durchs malerische Kiental bis Herrsching.

• **Manthal,** Manthalstr. 1, Berg, Tel. 08151-444767, Di–So 11–22 Uhr, Menü 12–15 €. Bei der Prominentenklinik Argirov in Berg führt eine Stichstraße weg vom See zur versteckten kleinen Waldgaststätte mit ihrem charmanten Biergarten, einer bayerischen Karte mit erschwinglichen Preisen und ohne Touristentrubel. Ein Platz, den jeder versucht, geheim zu halten.

Ammersee

Ähnlich schmal und langgezogen wie der Starnberger See liegt westlich der Ammersee zwischen Moränenhügeln. Das Mündungsgebiet der Ammer im Süden sowie der Bereich, in dem die Amper den See nach Norden verlässt, stehen unter Naturschutz. Auch die Schilfgürtel entlang des Westufers sind geschützt. Dadurch wirkt der Ammersee weniger zersiedelt und ursprünglicher als sein Nachbar.

Herrsching und Kloster Andechs

Bereits in der Hallstattzeit war die Region am Ostufer des Sees besiedelt. Ihre „Karriere" als Sommerfrische begann die respektable Kleinstadt im 19. Jahrhundert, als die Münchener Künstlerszene den See entdeckte und sich Villen baute. Heute zählt Herrsching zu den beliebten Ausflugszielen, ist es doch per S-Bahn erreichbar und zugleich Ausgangspunkt für die Erstürmung des „Heiligen Bergs", sprich des Klosters Andechs und seines berühmten Biergartens.

Bis zum 14. Jahrhundert stand an Stelle des 711 Meter hoch gelegenen **Klosters Andechs** (Bergstr. 2, Andechs, Tel. 08152 3760, www.andechs.de, Messfeiern So 10.15, 11.30 u. 18 Uhr, unter der Woche mittwochs Vesper um 18 Uhr, Führungen mittwochs April bis Mitte Okt. um 12 Uhr, So 12.15 Uhr) eine Burg, in der Reliquien aufbewahrt wurden, die im 10. Jahrhundert aus dem Heiligen Land auf den Andechser Hügel verbracht worden waren. Für die bald einsetzende Wallfahrt wurde Ende des 14. Jahrhundert ein Kloster errichtet, und ab 1438 ist ein Gasthof bezeugt. Kirche und Kloster wurden 1755 zum 300-jährigen Jubiläum der Benediktinerabtei im Stil des Rokoko umgestaltet. Baumeister war Johann Baptist Zimmermann. Neben der Betreuung der Wallfahrt übernahm das Kloster vielfältige wirtschaftliche Aufgaben, so die Brauerei, einen landwirtschaftlichen Betrieb und im 20.

Carl-Orff-
Festspiele in
Andechs:
www.andechs
.de/veranstal
tungen

Jahrhundert den Aufbau eines Tagungszentrums.
Die **Kirche St. Nikolaus, Elisabeth und Maria** ist
ein Meisterwerk des Rokoko, das Franz Xaver
Schmädl aus Wessobrunn die Heiligenfiguren und
Johann Baptist Zimmermann den Altar mit dem
Gnadenbild zu verdanken hat. Die spätgotische
Heilige Kapelle birgt die Reliquien – darunter drei
Hostien und ein Partikel der Dornenkrone Christi.
Angeblich besaß Andechs früher auch ein Stück
der „Heiligen Vorhaut". In der *Schmerzhaften
Kapelle* hat der Komponist Carl Orff (1895–1982),
dem das Kloster jedes Jahr Festspiele widmet, seine
letzte Ruhestätte gefunden.

Andechser Gastronomie

Nach der Wallfahrt geht's ins zünftige **Bräustüberl** und den da-
zugehörigen Biergarten, wo man zu deftigen Speisen dem in
Andechs gebrauten Starkbier besser vorsichtig zusprechen sollte.
Etwas gediegener ist der **Klostergasthof Andechs** mit guter
bayerischer Küche und einer schönen Terrasse (Bräustüberl, Tel.
08152-3760, ab 10 Uhr; Gasthof, Tel. 08152-93090, ab 11 Uhr,
Menü ab 15 €). Eine ebenfalls weit über Andechs hinaus bekannte
Traditionsgaststätte ohne Rummel ist **Der Obere Wirt zum
Queri,** wo das Rindfleisch aus Biohaltung stammt und der
Krustenbraten schmeckt, wie's sein soll (Georg-Queri-Ring 9,
Andechs-Frieding, Tel. 08152-91830, Di–So 10–24 Uhr, Mo ab 17
Uhr, Menü um 25 €). Ganz anders präsentiert sich das Team vom
Fingerprint im Hotel Chalet am Kiental. Passend zur modernen
Design-Eleganz des Hotels zelebriert man im Restaurant eher
Ungewöhnliches mit bayerischem Touch, so Weidenochsenfilet
mit Grünkohl-Ravioli (Andechsstr. 4, 82211 Herrsching, Tel. 08152-
982570, 12–14 u. 18–22 Uhr, Winter So geschl., Menü um 30 €).

Kloster
Andechs

**Dießen und
Ammersee
Ostufer**

Töpfereien
in Dießen:
www.toepfer-
markt.com

Keramikkennern ist die Kleinstadt am Westufer des Ammersees ein Begriff, findet hier doch um Christi Himmelfahrt ein international beachteter und besuchter Töpfermarkt statt.

Der hübsche und am Hang gelegene Ort wird von der majestätischen **Kirche Mariä Himmelfahrt** überragt. Das gotische Gotteshaus verwandelte Johann Michael Fischer 1739 in ein luftiges Rokoko-Ensemble. Von Johann Georg Bergmüller stammen die Deckenfresken des „Dießener Himmels". François Cuvilliés entwarf den Hauptaltar, und alles was im oberbayerischen Barock und Rokoko Rang und Namen hatte, steuerte an den Seitenaltären Kunstwerke bei. Im ehemaligen Marstall beweist die moderne und doch wie ein Relikt der Romanik wirkende **Winterkirche St. Stephan,** dass völlige Schlichtheit ebenso faszinierend sein kann wie jauchzendes Dekor.

Unterhalb des Marienmünsters erinnert das **Carl-Orff-Museum** (Hofmark 3, Dießen, Tel. 08807-91981, www.orff-museum.de, Sa/So 14–17 Uhr) an den prominenten Komponisten und Dießener Bürger Carl Orff, der ab 1955 hier lebte. Ausgestellt sind Notenblätter und Fotografien sowie die Instrumente des von ihm ersonnenen Orffschen Schulwerks. In den Straßen Hofmark, Herrenstraße und Prinz-Ludwig-Straße sind noch zahlreiche schöne, historische Stadthäuser erhalten.

Nur nach Voranmeldung ist das private **Keramikmuseum** (Lösche Keramik, Am Kirchsteig 19, Dießen, Tel. 08807-1877, www.loesche-keramik.de) des Künstlers Ernst Löscher zu besichtigen. Er hat historische Töpferwaren aus allen Regionen der Welt zusammengetragen und präsentiert natürlich auch seine eigene, sehr dekorative Keramiklinie. Vor allem im Sommer ist der mit Keramik geschmückte Garten eine Augenweide.

Von Herrsching nach Stegen

Teils direkt am Ammersee, teils in einiger Entfernung durch Wälder, geht's 14 Kilometer auf Kies und Asphalt von Herrsching nach Norden bis Stegen. Die schöne Tour lässt sich zu Fuß wie auch mit dem Fahrrad bewältigen. Von Stegen kehren die Wanderer per Schiff nach Herrsching zurück.

Wörth- und Pilsensee

Die beiden kleineren Brüder im Fünf-Seen-Verbund liegen zwischen Ammer- und Starnberger See. Bereits um 800 ist eine erste Siedlung am **Wörthsee** verbürgt. Wie die beiden großen Seen avancierte auch der Wörthsee Ende des 19. Jahrhunderts zur beliebten Sommerfrische, von der die im Ortsteil Walchstadt errichteten Villen noch heute künden. Die Beliebtheit führt leider auch dazu, dass der größte Teil des Ufers in Privatbesitz ist. Bademöglichkeiten gibt es nur in den fünf ausgewiesenen Strandbädern.

Hauptattraktion am **Pilsensee** ist das **Schloss Seefeld:** Seit dem 13. Jahrhundert bezeugt und im 18. Jahrhundert barockisiert, dient das Schloss, das sich bis heute im Privatbesitz befindet, als Ausstellungsraum für das Staatliche Museum Ägyptischer Kunst und als Veranstaltungsort für Kabarett, Jazz, Literatur und Theater im Rahmen der Reihe „Kultur im Schloss Seefeld" (www.kultur-schloss-seefeld. de). Im **Bräustüberl** (Schlosshof 4c, Seefeld, Tel. 08152-99120, 10–24 Uhr, Menü ab 20 €) kann man sich vor oder nach dem Kulturprogramm an edelbayerische Küche erfreuen.

Service Ammersee

Information

• **Touristinfo Herrsching,** Bahnhofsplatz 3, 82211 Herrsching, Tel. 08152-5227, www.herrsching.de, Mai–Okt. Mo–Fr 9–13 u. 14–18 Uhr, Sa 9–13 Uhr, Nov–Apr Mo–Fr 10–17 Uhr.

• **Touristinfo Dießen,** Herrenstr. 17, 86911 Dießen, Tel. 08807-1048, www.diessen.de, April/Okt. Mo–Fr 10–12 Uhr, Mai–Sept. Mo–Fr 9.30–12.30 u. 16–18.30 Uhr, Sa 9.30–12.30 Uhr.

Weßlinger See

Der fünfte und kleinste See des Fünfseenlandes, der **Weßlinger See,** liegt östlich vom Wörthsee und besitzt keine natürlichen Zu- und Abflüsse, was die Wasserqualität, nicht zuletzt dank der intensiven Düngung der umliegenden Felder, ziemlich belastet. Mit verschiedenen Maßnahmen versucht die Gemeinde Weßling, den Sauerstoffgehalt des Sees zu erhöhen. Als Badesee ist der sehr idyllisch wirkende See mit seinen Schilfgürteln dennoch beliebt und im Sommer oft überlaufen.

Dampferfahrt

Bayerische Seenschifffahrt, Stegen, Tel. 08143-94021, www.
bayerische-seenschifffahrt.de, Ostern–15. Okt., große Rundfahrt
ab Stegen 8.15 Uhr (Dauer 3,5 Std., 16 €, Kinder 8 €).

Hochseilgarten Ammersee

In Utting kann man sich im Hochseilgarten (Fahrmannsbachstraße
2, Tel. 08806-9234920, www.hochseilgarten-ammersee.de, Eintritt
27 €) auf Parcours unterschiedlicher Schwierigkeitsgrade auf dem
„Piratenschiff" austoben.

Unterkunft

- **Promenade,** Summerstraße 6, Herrsching, Tel. 08152
91850, www.hotel-promena.de, DZ/F ab 120 €. Dank der
schönen Lage an der Seepromenade haben die Zimmer
zum See einen fantastischen Ausblick.
- **Hotel zur Post,** Andechsstr. 1, Herrsching, Tel. 08152-
396270, DZ/F ab 110 €, Menü um 20 €. Im historischen
Gasthof lädt ein schmuckes Hotel mit bayerischem
Restaurant ein, dessen Küche traditionelle und modische
Speisen kombiniert.
- **Gasthof Unterbräu,** Mühlstraße 36, Dießen, Tel. 08807-
8437, www.unterbraeu-diessen.de, DZ/F ab 70 €, Menü
um 15 €. Der gemütliche Gasthof überzeugt mit gerad-
liniger bayerischer Küche und schlichten Zimmern ohne
Landhaus-Schnickschnack.

Essen und Trinken

- **Pier 48,** Seestr. 48, Herrsching, Tel. 08152-989464, 9–23
Uhr, Menü um 15 €. Dolce Vita am Ammersee, im Restaurant und auf der Sonnenterrasse wird Mediterranes,
Asiatisches, Bayerisches serviert – ein origineller Stilmix
für schicke Leute.
- **Wirtshaus am Kirchsteig,** Am Kirchsteig 30, Dießen, Tel.
08807-7286, Do–Mo ab 18 Uhr, So ab 11 Uhr, Menü um
15 €. Hier treffen sich Bayern, Italien und einige andere
Weltregionen harmonisch in der Küche, es schmeckt,
und der lauschige Biergarten tut das Seine zum Wohl-
befinden.

Bootshäuser
am Ufer des
Ammersees

Landsberg am Lech

Von der Bronzezeit an war der heutige Burgberg in der Lechschleife besiedelt. Kelten, Römer und Bajuwaren nutzten die strategisch günstige Lage am Lech-Hochufer, die Römerstraße *Via Claudia Augusta* führte hier entlang bis Augsburg. Heinrich der Löwe, der kurz zuvor München gegründet hatte, errichtete 1160 eine erste Burg zum Schutz der Grenze Bayerns nach Schwaben hin und zur Kontrolle der Salz-Handelsstraße, die hier auf einer Brücke den Lech überquerte und nach Augsburg weiterführte. Bald wurde nicht nur Salz umgeschlagen,

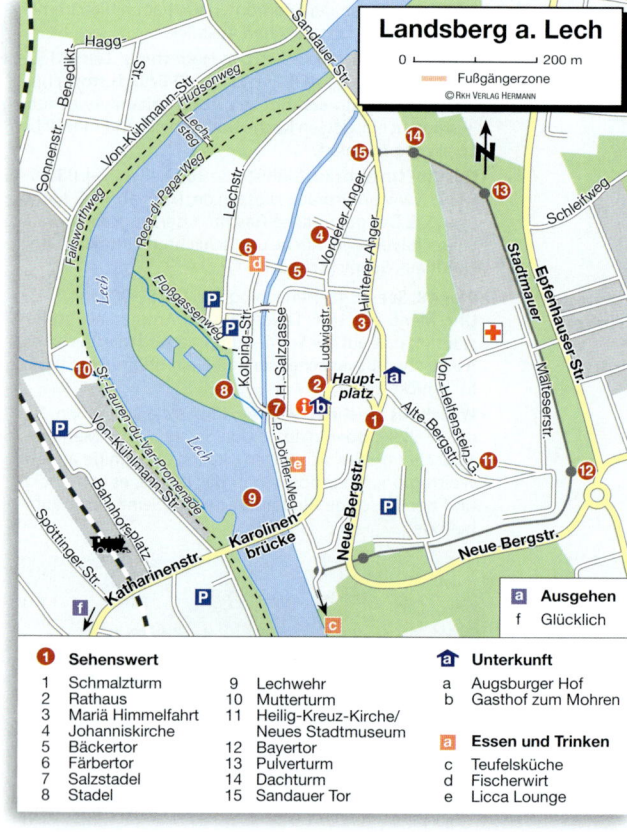

Landsberg a. Lech

0 ⊢————————⊣ 200 m

Fußgängerzone

© RKH VERLAG HERMANN

1 Sehenswert

1 Schmalzturm
2 Rathaus
3 Mariä Himmelfahrt
4 Johanniskirche
5 Bäckertor
6 Färbertor
7 Salzstadel
8 Stadel
9 Lechwehr
10 Mutterturm
11 Heilig-Kreuz-Kirche/ Neues Stadtmuseum
12 Bayertor
13 Pulverturm
14 Dachturm
15 Sandauer Tor

a Unterkunft

a Augsburger Hof
b Gasthof zum Mohren

a Essen und Trinken

c Teufelsküche
d Fischerwirt
e Licca Lounge

a Ausgehen

f Glücklich

Flößer brachten Holz und andere Waren auf dem Lech heran, und im 15. Jahrhundert war Landsberg eine ansehnliche Stadt mit wehrhafter Stadtmauer. Von der wirtschaftlichen Blütezeit zeugen in der historischen Altstadt viele repräsentative, giebelständige Häuser. Anfang des 18. Jahrhunderts lebte der Barockbaumeister Dominikus Zimmermann in Landsberg, Anfang des 20. Jahrhunderts hatte man einen unfreiwilligen Mitbürger: Adolf Hitler, der nach seinem gescheiterten Putschversuch 1923 ein Jahr eine Zelle in der zum Gefängnis umgebauten Burg bewohnte. Heute ist Landsberg eine lebhafte und wirtschaftlich dynamische Stadt mit 28.000 Einwohnern.

Sehenswert

Die Altstadt begrenzt nach Westen hin der Lech, nach Osten ist die Stadtmauer aus dem 15. Jahrhundert noch fast vollständig erhalten.

Hauptplatz Durch den **Schmalzturm [1],** der noch zum ersten, im 13. Jahrhundert errichteten Mauerring gehört, erreicht man den Hauptplatz mit dem historischen **Rathaus [2],** das Dominikus Zimmermann 1719 mit einer verspielten Stuckfassade verschönerte. Rund um den Platz stehen Bürgerhäuser mit steilen Satteldächern, einige mit Vorschussmauern (Brandschutzmauern). Die Ludwigstraße nach Norden erhebt sich die im 15. Jahrhundert erbaute Stadtpfarrkirche **Mariä Himmelfahrt [3]** über die Altstadthäuser. Ihr Bau war eine selbstbewusste Herausforderung der florierenden Stadt an das Kloster Wessobrunn, das die Kirchenhoheit über Landsberg besaß. Trotz dieser Provokation war ein Wessobrunner Künstler dann im 17. Jahrhundert an der Barockisierung beteiligt: Matthias Stiller formte den Akanthus-Stuck. Dominikus Zimmermann bekam in Landsberg neben dem Rathaus einen weiteren Auftrag: Er baute und stuckierte die **Johanniskirche [4],** die 1752 fertiggestellt wurde und als eines der Meisterwerke des Rokoko gilt. Der ovale Kirchenraum gipfelt künstlerisch im durch Seitenfenster beleuchteten und von Säulen eingerahmten Altar, der sich aus einer Vielzahl aus Rocaillen aufbaut und Christi Taufe im Jordan zum Thema hat.

Tore und Stadel

Ein Stück zurück geht's dann durch die Hintere Mühlgasse zum **Bäckertor [5]** aus dem 15. Jahrhundert und wenige Schritte weiter zum **Färbertor [6]** aus etwa der gleichen Zeit. Wie der Name besagt, befand sich hier im Mittelalter die Färberei, in der ein besonders wertvoller Stoff, das *Barchent* im charakteristischen Blau eingefärbt und mit Landsberger Siegel vor Fälschungen geschützt wurde. An der Lechstraße steht einer der drei **Salzstadel [7]**, in denen Salz gelagert und verkauft wurde. Er dient heute als städtische Bücherei. Der zweite **Stadel [8],** heute Wohn- und Geschäftshaus, befindet sich weiter südlich am Flößerplatz. Der dritte wurde in den 1970er Jahren abgerissen.

Am Lech

Hier ist man nun am **Lechwehr [9]** angelangt, dessen Anlage vermutlich aufs 14. Jahrhundert zurückgeht. Parallel dazu führt die Karolinenbrücke über den Lech, der auf der gegenüberliegenden Seite von einem schattigen Grünstreifen gesäumt ist. Mittendrin der **Mutterturm [10],** ein neugotisches Monstrum des Landsberger Malers Hubert von Herkomer (1843–1914), der sich u.a. auch als Begründer der ersten Tourenwagen-Rallye der Welt einen Namen machte. Die „Herkomer-Konkurrenz" startet heute als Oldtimer-Rallye alle zwei Jahre in Landsberg. Das **Museum** (Von-Kühlmann-Str. 42, Tel. 08191-128360, www.museum-landsberg.de, Di–So 14–17 Uhr, Eintritt 3 €) neben dem Mutterturm widmet sich Herkomers Leben und Wirken.

Ralley-Termine: www.herkomer -konkurrenz.de

Der Hauptplatz in Landsberg

Hexenviertel	Zurück am Hauptplatz führt der Rundgang durchs romantische „Hexenviertel", in dem im Mittelalter die Gerber ihrem Gewerbe nachgingen, und über die „Malteserstiege" zum Ensemble **Heilig-Kreuz-Kirche** und **Neues Stadtmuseum [11]** im ehemaligen barocken Jesuitengymnasium. Die Rokoko-Kirche ist weithin an ihren beiden Turmhauben zu erkennen. Im Inneren haben die Augsburger Brüder Christoph Thomas und Felix Anton Schäffler, die bei Cosmas Damian Asam ausgebildet wurden, jede freie Fläche mit Freskenbildern gefüllt, während Mitarbeiter von Franz-Xaver Schmädl aus Weilheim den Altar in ein pompöses *Theatrum Sacrum* verwandelten.

Im **Stadtmuseum** (Von-Helfenstein-Gasse 426, 86899 Landsberg am Lech, Tel. 08191 128360, Di–Fr 14–17 Uhr, Sa/So 10–17 Uhr, Eintritt 3,50 €) sind einige Altarbilder aus der Kirche zu sehen, außerdem eine Ausstellung zu den Landsberger Zünften und zur Vor- und Frühgeschichte der Region. Auch dem **Rüthenfest** (s.u) ist eine Abteilung gewidmet.

Entlang der Malteserstraße verläuft der äußere Mauerring mit dem gotischen **Bayertor [12]** von 1425, das zu den schönsten Toranlagen Bayerns zählt, dem ebenfalls im 15. Jahrhundert erbauten **Pulverturm [13]**, dem **Dachturm [14]** und dem 1630 errichteten **Sandauer Tor [15].**

Rüthenfest

Alle vier Jahre (2011, 2015) feiern die Landsberger an zwei Juli-Wochenenden ein Fest, mit dem an die lange Geschichte der Stadt erinnert wird. Mädchen und Jungen in historischen Kostümen tragen bei den Umzügen frisch geschnittene Weidenzweige, *Ruethen,* in den Händen. In der Altstadt wird getanzt, Artisten und Feuerschlucker zeigen ihr Können, und an unzähligen Fressständen gibt's Originalgerichte aus dem Mittelalter. Die genauen Termine finden sich auf www.ruethenfest.de

In der Umgebung von Landsberg

Schloss Kaltenberg	Die 1292 errichtete Schlossanlage von Kaltenberg in der Nähe von Geltendorf, 15 km nordöstlich von Landsberg, hat zahlreiche Zerstörungen und Umbauten erlebt und präsentiert sich heute im neugo-

www.
ritterspiele-
kaltenberg.de

tischen Gewand des ausgehenden 19. Jahrhunderts. Das Anwesen ist Wohnsitz von Luitpold Prinz von Bayern und Veranstaltungsort der **Kaltenberger Ritterspiele,** die mit Turnier und Mittelaltermarkt jeden Sommer Zehntausende anziehen.

Service
Landsberg am Lech

Information

Kultur- und Fremdenverkehrsamt, Rathaus, Hauptplatz 152, 86899 Landsberg, Tel. 08191-128246, www.landsde.

Unterkunft

· **Augsburger Hof [a],** Schlossergasse 378, Tel. 08191-969596, www.stadthotel-landsberg.de, DZ/F ab 70 €. Das Hotel Garni in der Altstadt hat ansprechende, freundlich eingerichtete Gästezimmer.

· **Gasthof zum Mohren [b],** Hauptplatz 148, Tel. 08191-42210, www.zum-mohren.de, DZ/F ab 55 €. Die Gästezimmer in diesem ältesten Gasthof von Landberg sind einfach, aber komfortabel. Zum Haus gehört auch eine beliebte Wirtschaft.

Essen und Trinken

· **Teufelsküche [c],** Wildparkweg 2, Tel. 08191-9859696, Di–So 11–20 Uhr, Menü um 20 €. Im Naherholungsgebiet am Lechufer fällt das Ausflugslokal schon durch sein modernes Styling auf. Passend dazu ist die frische, ambitionierte Küche mit bayerischen und mediterranen Spezialitäten. Am Wochenende besser meiden!

· **Fischerwirt [d],** Roßmarkt 197, Tel. 08191-50728, Di–Sa 10.30–14 u. 18–24 Uhr, Mo 18–24 Uhr, Menü um 15 €. Das gemütliche Gasthaus mit Kachelofen und Biergarten hat vielerlei Spätzle und andere Spezialitäten der schwäbischen Küche auf der Karte.

· **Licca Lounge [e],** Hubert-von-Herkomer-Str. 111, Tel. 08191-9707986, 10–22 Uhr, Fr/Sa bis 1 Uhr, So bis 17 Uhr, Menü um 15 €. Hübsch ist der Freisitz am Lech. Innen modern eingerichtet, entsprechend gibt's die ganze Bandbreite internationaler Snacks, Suppen und Pasta. Das Frühstück am Wochenende geht bis 16 Uhr, abends legen ab und zu DJs auf.

Ausgehen

Gücklich [f], Katharinenstraße 59, Tel. 0151-2355050, www.gluecklich-club.de. Der Club gehört zum Restaurant LIBRE und bietet ein abwechslungsreiches Programm zwischen Salsa und Indie.

2

Pfaffenwinkel und Werdenfelser Land

Die Hügellandschaft südlich von Starnberger See und Ammersee mit ihren Mooren, Flüssen und Wäldern ist eine der idyllischsten Ecken des Alpenvorlandes. So schön, dass die „Pfaffen" es für zahlreiche Klöster und Kirchen geeignet hielten. Kleine Seen laden zum Baden ein, Wallfahrtsorte wie *Wies, Wessobrunn* und *Ettal* zu höchstem Kunstgenuss. Und am Horizont kündigen sich schon die Alpen an. Wer ein Stückchen weiterfährt, gelangt zu den Schlössern Ludwigs II., in die Berge des Ammergaus mit den Herrgottsschnitzern und schließlich ins Werdenfelser Land zwischen Garmisch-Partenkirchen und Mittenwald – von dort ist es ein Katzensprung in die hochalpine Welt des felsigen Sperrriegels.

Tour-Tipp

Dauer: drei Tage. Strecke: etwa 225 km. Start ist **Weilheim** (s.S. 132) zwischen den südlichen Enden von Ammer- und Starnberger See. Zu lange sollte man hier nicht verweilen und sich bald nach **Wessobrunn** (Kloster, s.S. 135) aufmachen. Von dort fährt man nach **Schongau** (hist. Altstadt, s.S. 139), weiter nach **Steingaden** (Welfenmünster, s.S. 143), nimmt die **Wallfahrtskirche Wies** (s.S. 145) mit und gelangt über **Wildsteig** und das **Rottenbucher Kloster** (s.S. 147) nach **Oberammergau** (Lüftlmalerei, Passionsspiele, s.S. 150). Spätestens hier sollte man übernachten und noch einmal den blendend weißen Stuck der Kirchen rekapitulieren. Am nächsten Tag steht die Tour unter dem Thema König Ludwig II., nach **Kloster Ettal** (s.S. 154) die Schlösser **Linderhof** (s.S. 158) und **Neuschwanstein** (s.S. 160). Der dritte Tag findet im Gebirge statt: **Garmisch-Partenkirchen** (s.S. 163 und **Mittenwald** (s.S. 172), die Fahrt (oder Wanderung) auf die **Zugspitze** ist ein Muss.

St.Andrae im Pfaffenwinkel

_____ ## Weilheim

Das 1010 namenskundig gewordene Weilheim an
der Ammer ist das Zentrum des Pfaffenwinkels und
zeigt sich im Kern mit Wehrmauer und Marktplatz
noch in mittelalterlichem Gewand. Zur Stadt erk-
lärten es die Wittelsbacher 1238, in den folgenden
Jahrhunderten zerstörten mehrere Brände immer
wieder die Häuser, doch als herzoglicher Amtssitz
baute man es unerschrocken wieder auf. Mit der
Ammer war man am Holzhandel beteiligt, auf ihr
schwammen die Flöße aus den Stämmen der

● Sehenswert	⌂ Unterkunft	Essen und Trinken
1 Stadtmuseum	a Allgäuer Hof	d Oberbräu
2 Kirche Mariä	b Kloster Wessobrunn	e Zur Post
Himmelfahrt	c Zum Löwen	
3 Friedhofskirche		
St. Salvator und		
St. Sebastian		

Wer sich wundert, dass in einer mittelalterlichen Stadt eine Straße nach dem letzten Großadmiral der Kaiserlichen Marine benannt ist, muss wissen: der 1863 geborene *Franz Ritter von Hipper* war ein Sohn Weilheims (weshalb die Stadt auch Schiffspate eines Minenjagdbootes der Bundesmarine ist).

Bergwälder bis nach Dachau. 1538 entstand das Rathaus am Marienplatz. 100 Jahre später – Dreißigjähriger Krieg –, stürmten am 8. November 1646 4000 Schweden und Franzosen nach heftiger Gegenwehr die Stadt, mordeten, plünderten, erzwangen schließlich ein Lösegeld und zogen mit sieben Geiseln wieder ab. Als eine der wenigen Städte des Oberlandes musste Weilheim kurz vor Ende des II. Weltkrieges am 19. April 1945 einen Bombenangriff überstehen. Zehn Tage später marschierten amerikanische Truppen ein. Doch weder Brände noch Kriege haben das Stadtarchiv groß in Mitleidenschaft gezogen, so dass das Mittelalter gut dokumentiert ist.

Sehenswert

Der 1236 angelegte **Marienplatz** ist das Herz Weilheims und wie weitere Teile der Altstadt für den Fahrverkehr gesperrt. Rundherum steht ausreichend Parkraum zur Verfügung. Umschlossen wird das Zentrum von einem Straßen- und Grünflächenring, der an die Stadtbefestigung erinnert: Mittlerer, Oberer und Unterer Graben, wo noch ein Drittel des ursprünglichen Mauerringes stehen. Die hübsch von Bäumchen gerahmte *Mariensäule* auf dem als Viereck angelegten Marienplatz entwarf Ignaz Degler 1698 zur Ehrung der städtischen Schutzpatronin. In den vorzüglich restaurierten Bürgerhäusern rundherum kann man sich in den Cafés ausruhen oder einen Einkaufsbummel unter-

Erste Lüftlmalereien geben einen Vorgeschmack auf den Kunstsinn von Kirche und Fürst

Stadtmuseum [1]

Das ehemalige Rathaus am Marienplatz beherbergt das **Museum** (Tel. 0881-682600, Di–Fr, So 10–12 u. 14–17 Uhr, Sa 10–13 Uhr), das bereits 1882 auf Privatinitiative gegründet und als „Wunderkammer" eröffnet wurde. Deren Exponate sind heute in der 2. Etage zu sehen. Das Museum ist ein „Rundumschlag" in Skulpturenkunst, Malerei, Gerätschaften der Religion, des Handwerks und Haushaltes über die Jahrhunderte und zurück bis in die Jungsteinzeit. Ein Schwergewicht liegt allerdings auf dem bayerischen Frühbarock der „Weilheimer Schule". Besonders beachtenswert ist auch die Jahreskrippe (1721), die entsprechend der kirchlichen Jahreszeit biblische Szenen vermittelt. Arrangierte Bauernmöbel geben einen Einblick in das tägliche Leben.

nehmen. Am Samstag herrscht sogar dichtes Gedränge, wenn die Menschen aus dem Umland kommen, um sich für die Woche zu versorgen.

Kirche Mariä Himmelfahrt [2]

Die Pfarrkirche neben dem Rathaus am Kirchplatz entstand 1624–28 unter dem Baumeister und Bildhauer Hans Krumpper (1570–1634) und gilt als glänzendes Beispiel des Übergangs von Spätgotik zu Frühbarock. Die Kirche erhielt im ausgehenden 17. und im 18. Jahrhundert wesentliche Elemente ihrer heutigen Innenausstattung. Die Stukkateure kamen aus Wessobrunn, bedeutende Künstler waren an der Erstellung der Seitenaltäre beteiligt. Die bei Errichtung entstandenen Deckenfresken gehen auf die Brüder Elias und Johann Greither zurück, Vertreter der „Weilheimer Schule".

Friedhofskirche St. Salvator und St. Sebastian [3]

Das Gotteshaus liegt außerhalb der Stadtmauern im Nordosten und ist in zehn Minuten zu Fuß zu erreichen. 1449 gestiftet, wurde es ständig erweitert und ausgestattet, u.a. von Elias Greither (1570–1646), der 1591 in der Kirche erstmals einen Pinsel führte.

Weilheim Umgebung

Raisting

Die 1963 gebaute Erdfunkstelle Raisting, 15 km nördlich von Weilheim Richtung Dießen, war zu seiner Zeit eines der Vorzeigeprojekte für den

Der Aufbruch ins
Kommunikations-
zeitalter

Aufbruch in das Zeitalter der weltweiten Kommunikation. Heute haben sich die Menschen an die bis zu über 30 Meter messenden Schüsseln gewöhnt, die nicht nur Bayern über Satellit mit anderen Kontinenten verbinden. Wer sich für eine Führung (nur nach Voranmeldung) durch den Kosmos der Hochtechnologie interessiert, wende sich an Gerd Knauth, Zimmermannstr. 11, Weilheim, Tel. 0881–2691, www.raisting.de (ab 2 €/Person, je nach Größe der Gruppe).

Wessobrunn   Zwölf Kilometer nordwestlich von Weilheim Richtung Landsberg/Lech wartet das Dorf Wessobrunn auf Besucher. Angelockt werden sie vom 753 unter Herzog Tassilo III. gestifteten **Kloster** der Benediktiner, heute Standort einer Bendiktinerinnen-Mission. Von Wessobrunn aus machten sich die Stukkateure, vorzüglich im Dorf ausgebildet, auf den Weg und verbreiteten ab Mitte des 17. Jahrhundert die Rokoko-Gipskunst in ganze Bayern und Europa. Ganze Familien galten über Generationen hinweg als das Nonplusultra in der Bildhauerei sakraler und weltlicher Kunst.

Wessobrunner
Schule – eine
Stukkateur-
zunft, die höch-
ste Anerken-
nung genoss

Das Kloster wurde bei der Säkularisation weitgehend abgerissen, nur noch wenige Werke der Meister sind erhalten – im Gästetrakt der Fürstengang und der **Tassilosaal** (Klosterhof 4, Wessobrunn, Tel. 08809-92110, www.kloster-wesso brunn.de, März–Okt. Di–Sa um 10, 15 und 16 Uhr, So 15 und 16 Uhr, Nov.–Feb. Di–Sa 15 Uhr, So 15 und 16 Uhr, Eintritt 1,50 €), geplant und geschmückt von der Familie Schmuzer im ausgehenden 17. Jahrhundert. Der Stuck ist feinst gearbeitet mit typischen, gleichmäßig-ornamentalen Verästelungen, die man anschließend polychrom beschichtete. In Erinnerung an den Klosterstifter wurde vor 700 Jahren die **Tassilo-Linde** gepflanzt (man folgt der Klostermauer außen und nach unten Richtung Dorf und gelangt am feuchten Talgrund zu dem knorrigen Baum). Oberhalb des Klosters befindet sich das **Brunnenhaus** mit einer Quelle, an der Herzog Tassilo der Legende nach ein Engel erschien und ihn zur Stiftung bewegte.

Service Weilheim

Information

Weilheim Info, Admiral-Hipper-Str. 20, 82362 Weilheim, Tel. 0881-682532, www.weilheim.de, Mo–Fr 8–12.30 u. 14–16 Uhr, Do bis 18 Uhr.

Unterkunft

- **Allgäuer Hof [a],** Marienplatz 17, Weilheim, Tel. 0881-2086, www.allgaeuerhof-wm.de, DZ/F 50 €. Einfacher Gasthof im Zentrum mit nur sieben Gästezimmern (Waschbecken, Etagendusche und -WC), angeschlossene Wirtschaft mit bayerischer und schwäbischer Küche.
- **Kloster Wessobrunn [b],** Klosterhof 4, Wessobrunn, Tel. 08809-92110, www.kloster-wessobrunn.de, Wohnung für 2 Personen 25 €. Vier Ferienwohnungen zur Selbstversorgung (eingerichtete Küche) in einem Nebengebäude des an einer Hügelflanke liegenden Klosters. Man verbringt seine Ferien in absoluter Ruhe und mit Blick auf den Klostergarten.
- **Zum Löwen [c],** Üblhörstr. 2, Wessobrunn, Tel. 08809-352, DZ/F 45 €. Historischer Gasthof am König-Ludwig-Weg mit Biergarten an der Straße; renovierte, in modern-bayerischem Landhausstil mit hellem Holz eingerichtete Komfortzimmer.

Kloster
Wessobrunn

Essen und Trinken

- **Oberbräu [d],** Obere Stadt 31, Weilheim, Tel. 0881-2316, Mi–So ab 16.30 Uhr, So auch mittags, Menü um 40 €. Im Münchener Edelrestaurant Tantris gekocht, auf Mallorca gelebt und der Tradition verpflichtet – heraus kommt bayerisch-spanisches cross-over oder auch nur Ochsenfetzen mit Schwammerl und Kalbskopf.
- **Zur Post [e],** Zöpfstr. 2, Wessobrunn, Tel. 08809-208, Do–Di ab 10.30 Uhr, Menü um 20 €. Klostertaverne, die aufs Jahr 1460 zurückgeht, ab 1885 war man Poststation, neben dem Kloster. Kleine Terrasse und ein beeindruckender, holzgetäfelter Speisesaal im ersten Stock; besonders die Wildgerichte sollte man probieren, beispielsweise Rehterrine.

Hohenpeißenberg

Wer im Pfaffenwinkel einen noch besseren Blick auf die Gebirgswand der Alpen genießen will, fährt auf den 988 Meter hohen **Peißenberg** – ein beliebtes Ausflugsziel für Sonntagsspaziergänger. Doch nicht nur das Panorama lockt, der nach allen Seiten wuchtig wirkende Berg war das „Ruhrgebiet Bayerns", durch ihn wühlten sich früher die Hauer und holten bis 1971 Kohle aus dem Inneren. Die Gesamtfördermenge betrug 40 Milionen Tonnen. Allerorten sind Überbleibsel des Bergbaus zu finden.

Bergbaumuseum

Das Museum im Ort Peißenberg (Am Tiefstollen 2, Tel. 08803-5102, www.peissenberg.de, Führungen jeden 1. und 3. So im Monat 14–16 Uhr, 15. Mai bis 15. Sept. auch Mi 14–16 Uhr, Eintritt 4 €) beleuchtet die Geschichte des Bergbaus in der Region. Erklärt werden die Entwicklung des bayerischen Bergbaus mit allen Einzelheiten und die Technik. Abschließend geht es 200 Meter in den Tiefstollen hinein, aus dem 1,5 Mio. Tonnen Kohle gefördert wurden. Im Stollen sieht man u.a. ein Bergmannsklo.

262 Bergleute kamen im Lauf der Zeit in den Stollen um

Die dem Museum angeschlossene und 370 Meter lange Schmalspurbahn wird bei den Öffnungszeiten und gutem Wetter betrieben (www.diebockerl bahner.de).

Maria Eich

Die Wallfahrtskirche Maria Eich in Peißenberg entstand 1631, als im Dreißigjährigen Krieg die Dorfbewohner von allen Seiten gequält und gepeinigt wurden. Kurz zuvor hatte auch noch die Pest gewütet. Zwei Bauersleut' bauten zu Ehren einer Marienfigur und in der Hoffnung, den Plagen ein Ende zu setzen, eine kleine Kapelle, und bald wallfahrtete die ganze Umgebung zu der gotischen Figur. 100 Jahre später war die Kapelle endgültig zu klein, wurde abgerissen und durch eine Kirche ersetzt. Wessobrunn war nah und für den Bau und den Stuck holte man einen aus der Künstlerfamilie Schmuzer, den Joseph. Die Fresken-Gemälde führte der Peißenberger Matthäus Günther aus (1705–1788).

Mariä Himmelfahrt

Hoch oben auf dem Berg steht der Komplex der *Wallfahrtskirche Mariä Himmelfahrt* und der Gnadenkapelle *St. Maria* (bis 2011 wird renoviert, die Kapelle ist geschlossen). Wie bei Maria Eich war auch die 1514 entstandene Kapelle für den Ansturm in schwerer Zeit (Bauernkrieg!) zu klein geworden und musste vergrößert werden. Man entschloss sich zu einer Erweiterung, deshalb wirkt das Innere etwas verwirrend. 1619 war der Neubau fertig und zutiefst barock. Die Gnadenkapelle erfuhr 1747 eine Stilanpassung, die Stuckarbeiten übernahm Franz Xaver Schmuzer, er schuf ein Kleinod Wessobrunnscher Stilsicherheit. Beachtenswert ist aber auch die filigrane Altarkonstruktion mit der Gnadenmaria.

Observatorium

Die weltälteste Bergwetterstation nahm 1781 ihre Arbeit auf. Nach und nach kamen unter Kurfürst Karl Theodor weitere Stationen hinzu und wurden in ein Netz aus 39 Stationen der „Societas Meteorologica Palatina" eingebunden, das von Russland bis Amerika, vom Mittelmeer bis nach Grönland reichte und noch für heute wichtige Daten erfasste. Als die Societas aufgelöst wurde, übernahmen Mönche die Aufgaben, als die Säkularisation kam, Stadtpfarrer und Dorflehrer.

Ein Pavillon des Observatoriums informiert über die Anlage (8–18 Uhr)

Stollenweg

Nach dem Besuch des Bergbaumuseums kann man in Eigenregie den beim Museum beginnenden und endenden, zehn Kilometer langen Stollenweg bewandern (Dauer etwa drei Stunden). Er führt an Einrichtungen des Bergbaus mit Informationstafeln vorbei. Mehrfach, wenn die Flöze erschöpft waren, wurden die Stollen verlegt. Eine Beschreibung des Weges findet sich unter www.knappenverein-peißenberg.de.

_____ **Service Hohenpeißenberg**

Unterkunft,
Essen und
Trinken

• **Zur Post,** Ludwigstr. 1, Peißenberg, Tel. 08803-842, www.gasthofpost-peissenberg.de, DZ/F 60–70 €. 24 Zimmer mit Bad in einem Dorfgasthof, in dem schon Ludwig II. einkehrte, gutbürgerlich-bayerische Küche mit z.B. Kalbsrahmbraten und viel Wildgerichten. Die Metzgerei gehört zum Lokal und bürgt für gute Qualität – und dann stehen auch noch Garnelen-Spieße auf der Karte.

• **Bayerischer Rigi,** Auf dem Berg, Hohenpeißenberg, Tel. 08805-330, 10–22 Uhr, Menü ab 20 €. Direkt neben der Wallfahrtskirche auf dem Berg, große Gaststätte mit anerkannt guter Küche und Panoramafenstern für den Blick auf die Alpenkette. Bayerische Gerichte, wie Krustenschweinbraten, Schweinshax'n oder Tellerfleisch; als Brotzeit schwarzer und weißer Presssack oder Bratensülze.

_____ # Schongau

Am südl. Ende des Marienplatzes vor dem Polizeidienerturm gibt es einen Parkplatz

Das Städtchen am Lech besticht mit einer intakten Wehrmauer, die die mittelalterliche Altstadt umgürtet. Um Schongau zu entdecken, sollte man zuerst ins unmittelbar benachbarte **Altenstadt** fahren, den Vorgängerort, der auf eine römische Siedlung an der Via Claudia Augusta zurückgeht, und dort die romanische Kirche aus dem 12. Jahrhundert. bestaunen. Im 13. Jahrhundert zogen die Bürger dann unter den Staufern auf den nahen Hügel, ihr neuer Ort wurde befestigt, und die Erstsiedlung erhielt ihren heutigen Namen „alte Stadt". Großzügig hatte man geplant, keine engen Gassen, sondern breite Wege, gerahmt von Bürgerhäusern, ein großer Marktplatz war entstanden und die berühmte Stadtmauer mit ihrem hölzernen Wehrgang.

Im Jahr 1589 kam aus Schongau unrühmliche Kunde: Es kam hier zum ersten Hexenprozess Bayerns – er war und blieb über die Jahrhunderte auch der größte des Landes. 63 Frauen wurden enthauptet und verbrannt. Die erfolterten Geständnisse: Teufelspakt und -buhlschaft, Gottesverleugnung, Zerstörung der Ernte durch Hagelzauber und „Kellerfahrt als Katze beim Maierwirt in Bernbeuren" …

Die Einfahrt in die Altstadt ist am schönsten durch das westlich gelegene Maxtor, Teil des ehemaligen herzoglichen Schosses, heute das Landratsamt.

_____   **Sehenswert**

Schongaus langgestreckter Marienplatz wirkt eher wie eine Straße, die sich von Nord nach Süd durch die Altstadt zieht. Tatsächlich war im 14. Jahrhundert noch kein Platz vorhanden, als man beschloss, die Münzstraße im südlichen Bereich zum Marktplatz zu vergrößern, um den Warenumschlag an der Salzstraße zwischen Reichenhall und Kempten zu erleichtern. In der Mitte des so geschaffenen Marienplatzes steht noch heute als Symbol des mittelalterlichen Handels das *Ballenhaus,* das städtische Warenlager.

Ballenhaus

Im 1. Stock ist noch der Ratssaal mit einer spätgotischen Balkendecke erhalten

1419 errichtet und zu Beginn des 16. Jahrhundert abgebrannt, wurde 1515 das neue, langgestreckte Ballenhaus gebaut. 1856 wurde das Gebäude allerdings um ein Drittel verkürzt. In ihm wog man die Handelsware, verzollte sie, und die Stadtherren hielten ihren Rat ab. Heute findet man in ihm ein gutes Restaurant.

**Polizei-
dienerturm**

Am südlichen Ende des Marienplatzes ragt seit dem 17. Jahrhundert der Polizeidienerturm als Teil der Wehranlage in den Himmel. Durch ihn hindurch gelangt man über eine Treppe hinunter zum Fluss. Fünf Stockwerke misst der Turm, glatt und schnörkellos in Stein, aufgelockert durch die farbigen Holzläden, die die kleinen Fenster verschließen.

**Kirche Mariä
Himmelfahrt**

Am nördlichen Ende des Marienplatzes prunkt die Stadtpfarrkirche mit ihrem Zwiebelturm, geweiht wurde sie 1754. Mehrfach waren die Vorgängerbauten abgebrannt, die heutige Kirche entwarf Dominikus Zimmermann, dessen Pläne Franz

Schmuzer aus Wessobrunn abwandelte. Das Innere der Wandpfeilerkirche ziert verspielter weißer Stuck und Fresken. Der Volksaltar vor dem Chor stammt aus der ersten Kirche Schongaus und der Zeit des Übergangs von Romanik zur Gotik. Wer das Deckenfresko des Langhauses genau betrachtet, entdeckt unterhalb der Krönung Mariens die alttestamentarische Esther, deren Herzen ein Lichtstrahl entwächst – er endet bei einer Frau mit flammendem Herzen, Symbol der Stadt Schongau. Bemerkenswert sind auch die schön gearbeiteten Zunftzeichen an den Bänken.

Münz-gebäude Das Ende der Nord-Süd-Achse bildet im Norden das 1771 umgebaute Münzgebäude, in dem von 1331 bis ins 16. Jahrhundert Münzen geprägt wurden. Heute residiert dort die Polizei.

Stadtmuseum Das **Museum** (Christophstr. 55–57, Tel. 08861-20602, Mi, Sa, So 14–17 Uhr, Eintritt 2 €) befindet sich in der säkularisierten Spitalkirche St. Erasmus westlich des Marienplatzes. Von ihr sind noch einige Ausstattungsmerkmale zu sehen, u.a. ein Passionszklus von 1491. Die Ausstellung zeigt die Stadtgeschichte und zahlreiche sakrale Gegenstände. Besonders beachtenswert sind der „Häringer Altar" aus der Werkstatt Ignaz Günthers und die Münzsammlung.

Im Boden sind Teile einer mittelalterlichen Warmluftheizung zu sehen – für eine Kirche ungewöhnlich

Auf dem Wehrgang

Vom Klosterhof bei der ehemaligen Spitalkirche Hl. Geist im Osten des Marienplatzes führt eine Treppe hoch zum begehbaren Wehrgang. Die Stadtmauer ist die einzige so gut erhaltene Ringmauer Bayerns (1626 Meter Länge). Im 13. Jahrhundert entstanden, sind von den einstmals 15 Türmen noch fünf, von den drei Toranlagen noch zwei zu sehen.

2

Schongau Umgebung

Kirche St. Michael Die Pfarrkirche in Altenstadt, drei Kilometer westlich des Ortskerns von Schongau, entging der Barockisierung und ist nun die einzige romanische Gewölbebasilika Oberbayerns im ursprünglichem Gewand des 13. Jahrhunderts. Wuchtig erheben sich die Doppeltürme über die roh behauenen, dunklen Steine des Langhauses, enge Durchgänge führen hoch zum um die Kirche angelegten Friedhof. Zeigen sich die Kirchen der Region in jauchzender, fast greller Helle, herrscht hier die Ruhe und das Halbdunkel der strengen Andacht und der Besinnung. Ausgeklügelt und wohldurchdacht und mathematisch vollendet sind die Maße des Gotteshauses: Das Hauptschiff doppelt so hoch wie die Seitenschiffe, die Türme doppelt so hoch wie das Hauptschiff, das Portal doppelt so hoch wie breit, die Pfeiler doppelt so breit wie die Seitenschiffe … Und hoch oben vor dem Altarraum schwebt das Prunkstück der Kirche, das Kruzifix aus dem beginnenden 13. Jahrhundert – der „Große Gott von Altenstadt". 3,20 Meter misst er und ist hier nicht Sinnbild für das dornenvolle Leiden, denn sein Haupt trägt einen Goldreif, als König am Kreuz erwartet Christus die Beladenen und Mühseligen. An der Westempore erinnert ein 8,5 Meter hohes Fresko mit dem Bild des hl. Christophorus an die Bauzeit.

Service Schongau

Information

Tourist Information, Münzstr. 1–3, 86953 Schongau, Tel. 08861-214181, www.schongau.de, Mo–Fr 8–12.30 u. 14–18 Uhr, Winter Mo–Do 8–12.30 u. 14–16 Uhr, Fr 8–12.30 Uhr.

Unterkunft, Essen und Trinken

• **Blaue Traube,** Münzstr. 10, Tel. 08861-90329, www.hotel-blaue-traube.de, DZ/F 80 €. Mitten in der Altstadt werden in dem historischen Giebelhaus modern eingerichtete Zimmer vermietet, in der hell-gemütlich eingerichteten Gaststätte gibt's gehobene bayerische Küche wie Wildgerichte aus dem heimischen Wald, aber auch Brotzeit.

• **Brauhaus,** Altenstadter Str. 13, Tel. 08861-9336222, Mo–Sa 11–24 Uhr, So ab 10 Uhr, Menü 15–20 €. Modern eingerichtetes Restaurant, das selbstgebraute Bier ist aber ganz traditionell und direkt aus dem Sudhaus; zu Hellem, Dunklem, Weißbier oder Bock gibt's bayerische Schmankerl und Kaltes, wie Tellersulz, Schmalzbrot oder Wurstsalat. Zum Mitnehmen nach Hause: Bieressig, Biersenf, Bierlikör und natürlich auch einfach nur Bier.

• **Lagerhaus,** Karmeliterstr. 5, Tel. 08861-2562460, Mo–Fr 11.30–14 Uhr, Di–So 18–1 Uhr, Menü um 20 €. Wem der Sinn auch nach Außerbayerischem steht, ist in dem ehemaligen Fuhrwerkgebäude richtig: in dem kleinen Gastraum bestellt man Nachos, Sushi, Pasta oder Kässpatzn, je nach Tag und Thema, später dann zum Chillen Cocktails.

Feste

Historischer Markt, Mitte August. Eine Woche lang tanzen Gaukler durch die Straßen, spielen Bänkelsänger am Handwerksleut' zeigen ihre alten Techniken und die Händler in den Marktbuden bringen das Ganze an den Mann. Höhepunkt ist das Musizieren der Drehorgelspieler aus den Ländern des Alpenraumes.

Steingaden

Der kleine Ort Steingaden besitzt mit dem Welfenkloster und seiner Kirche St. Johannes ein weiteres Kleinod, diesmal nicht nur Wessobrunnscher Handwerkskunst. Gegründet wurde das Münster im 12. Jahrhundert, und trotz des weißen Putzes kann die Kirche ihren romanischen Ursprung nicht verleugnen – die 35 Meter hohen, massigen Doppeltürme mit ihren Satteldächern überragen das Dorf und sind weithin sichtbar.

Welfenmünster

1147 stiftete Herzog Welf VI. das heute mitten im Dorf gelegene Kloster für den Prämonstratenserorden und blieb ihm bis in den Tod verbunden – in ihm fand er sein Grab.

Unterschiedlic hste Baustile verbinden sich zu einem wirkungsvoll-ästhetischen Ganzen

Betritt man die Anlage, gelangt man gleich rechts noch im Torwärterhaus zur romanischen Johanniskapelle. Durch das mit einem kleinen Steinmedaillon aus der Bauzeit geschmückten Portal betritt man die 1176 geweihte dreischiffige Basilika. Im 15. Jahrhundert wurde die Kirche spätgotisch umgestaltet (Vorhalle und Netzgewölbe des Kreuzganges), im 16. Jahrhundert schuf man das Chorgestühl im Stil der Renaissance, im 17. Jahrhundert entstand der barocke Stuck im Chorgestühl und in den Seitenschiffen und hundert Jahre später bekam das Hauptschiff farbenfrohen Rokokoschmuck. Aus dieser Zeit stammt auch die

Kanzel, die so reichhaltig gearbeitet wurde, dass die Details fast schon nicht mehr wirken können und man sie als Gesamtheit aus der Ferne zu betrachten sucht. Dass die Klosterkirche die Säkularisation überdauert hat, lag daran, dass man sie einfach zur Pfarrkirche umwidmete. Die Fresken an der Nordwand der Eingangshalle mit der Genealogie der Welfen stammt von 1600. Vom Kreuzgang des Klosters aus dem 13. Jahrhundert ist nur noch der Westflügel und die dazugehörige Brunnenkapelle erhalten. Dennoch lohnt ein Blick.

Steingaden Umgebung

Kirche Mariä Heimsuchung
Die Wallfahrtskirche von Ilgen, erbaut 1676, befindet sich drei Kilometer nordöstlich von Steingaden in Richtung Peiting, einsam auf weiter Flur, bis auf einen Gasthof. Es war ein Neubau des Wessobrunner Baumeisters Johann Schmuzer. Ihr Turm hatte schon keine Funktion mehr und geriet zur abstrakter Erinnerung, nur minimal das sonst durchaus massige Gebäude überragend. Wie üblich sind die glatten Fassadenflächen der Kirche außen nur durch die Fensterdurchbrüche strukturiert, das Innere hingegen ist dafür umso reicher geschmückt. Der Stuck wird der Spätrenaissance zugeordnet, als der italienische Barock noch nicht seinen Siegeszug durch Bayern angetreten hatte. Die spätgotische Holzplastik der wundertätigen „Lieben Frau von Ilgen", auf einem Thron sitzend, steht auf dem Hochaltar und stammt von 1430. Weitere Kostbarkeiten: die Kanzel und die Orgel von 1723.

Service Steingaden

Information
• **Tourist Information,** Krankenhausstr. 1, 86989 Steingaden, Tel. 08862-200, www.steingaden.de; Mo–Do 8–12 u. 14–17 Uhr, Fr 8–12 Uhr, in den Sommerferien auch Fr 15–17 und Sa 10–12 Uhr.

Unterkunft, Essen und Trinken
• **Zur Post,** Marktplatz 1, Tel. 08862-203, DZ/F 43 €. Schon 1261 wurde die „Würthschaft zu Steingaden" aktenkundig. 1525 von den Schwaben und im Dreißigjährigen Krieg von den Schweden zerstört, steht sie nun seit 1660 am Markplatz und bietet 18 Zimmer mit Etagendusche und -WC sowie eine Gaststätte, in der das Feine aus der eigenen Metzgerei auf den Tisch kommt (z.B. Münchener Tellerfleisch mit Rahmwirsing).

• **Ilgen,** Ilgen 2, Tel. 08862-332, www.gasthof-ilgen.de, DZ/F 54 €. Direkt gegenüber der Wallfahrtskirche an der „Romantischen Straße" mit unspektakulärer, gemütlicher Einrichtung und Zimmern mit Bad. Bayerische Küche, u.a. Leberspätzlesuppe und Schweinebraten für unter 10 €.

Feste
St. Ulrichsritt, Sonntag nach dem 4. Juli. Die prächtige Prozession beginnt auf dem Markplatz, auf dem sich die Reiter des Dorfes einfinden, und endet drei Kilometer entfernt am südlich gelegenen Kreuzberg mit seiner kleinen Wallfahrtskirche. Auf dem Weg dorthin schließen sich weitere Wallfahrer an, so dass sich über 100 Reiter unterhalb der Kirche versammeln, wo die Pferde gesegnet werden und abschließend die Kirche umrunden.

Brettlesweg Steingaden – Wieskirche

Vom Marktplatz in Steingaden gelangt man zu Fuß durch den Torbogen am Sägewerk vorbei und am Mühlbach entlang auf den zehn Kilometer langen Brettlesweg zur Wies und zurück (drei Stunden). Eine einfache, familiengerechte Rundwanderung, die bei Regen aber recht rutschig werden kann, da der Weg über einen hochgelegten Holzsteig durch das Hochmoor von Wiesfilz führt.

Wies

Der Weiler vor den Ammergauer Alpen lebt von der Landwirtschaft und von den vielen Besuchern, die seine Kirche zum „Gegeißelten Heiland" bestaunen. „Als ein Meisterwerk menschlicher Schöpferkraft und ein außergewöhnliches Zeugnis einer untergegangenen Kultur", wurde sie 1983 in die Liste des Welterbes der Unesco aufgenommen und sorgt seit jeher für einen steten Strom an Touristen und Gläubigen.

Wieskirche

Auf einem kleinen Hügel prunkt seit Mitte des 18. Jahrhunderts die Kirche an jenem Platz, an dem einst ein von der Bäuerin Maria Lori aufgestellter Bildstock – ein Marterl – stand.

Schönster Rokoko-Bau Bayerns

1738, so die Legende, begann der darauf abgebildete Heiland Tränen zu vergießen und das Kloster von Steingaden, zu dem das Dorf gehörte, ließ eine kleine Kapelle errichten und das Marterl in ihr aufstellen. Schnell wurde sie zu klein und schließlich holte man Dominikus Zimmermann aus Wessobrunn, um eine größere Wallfahrtskirche zu

Bayerns barockes Kirchenjuwel

errichten. 1745 begann der Bau, 1754 konnte das Gotteshaus geweiht werden. Zimmermann konzipierte einen ovalen Kuppelraum und einen angeschlossenen, rechteckigen Altarbereich, umschlossen von einem Umgang mit geschickt und paarweise angeordneten Säulen, die die Kuppel tragen und die Wirkung eines offenen und luftigen Gesamtraumes ermöglichen. Das ist das Eine. Das Andere ist die Innenausstattung. Vom weißesten Weiß der architektonischen Elemente heben sich die in zarten Farben beschichteten Stuckornamente ab, die im Rocaillestil dem Auge ein Feuerwerk an Schnörkeln und muschelförmigen Details darbietet. Durch zahlreiche Fenster scheint die Sonne in die Kirche, und während der Messen lassen ihre Strahlen die Schleier des Weihrauches leben, die Stuck- und Bildelemente noch zarter wirken. Während Dominikus für Konzept und Stuck verantwortlich war, übernahm sein Bruder Johann Baptist die Gemäldearbeiten.

Das Gnadenbild von Wies

Der Prämonstratenserorden von Steingaden wollte 1730 eine Karfreitagsprozession einrichten und suchte dafür eine Figur. Gefunden wurden in einem Schuppen des Klosters ein Kopf, auf dem Dachboden ein Leib und im Keller Arme und Füße. Es passte alles nicht so recht zusammen, und so verhüllte man die Übergangsstellen mit Tüchern, brachte am Haupt Haar an und beauftragte einen Laienbruder, den so geschaffenen Heiland zu bemalen. Ein paar Mal wurde er am Karfreitag herumgetragen, die Bevölkerung aber fand ihn ziemlich hässlich und deshalb verschwand er erst in der Kleiderkammer, wurde dann dem Dorfwirt übergeben, dessen Kinder beim Spielen nicht besonders rücksichtsvoll verfuhren. Schließlich übernahm die Bäuerin Maria Lori die Figur, in deren Besitz sie die berühmten Tränen vergoss. Heute findet sich der „Gegeißelte Heiland" auf dem Hochaltar an zentraler Stelle.

	Service Wies
Information	**Pfarramt Wieskirche,** Wies 12, 86989 Steingaden, Tel. 08862-932930, www.wieskirche.de.
Essen und Trinken	• **Moser,** Wies 1, Tel. 08862-503, Mo–Sa 9–19 Uhr, So 9–23.30 Uhr, Menü um 15 €. Landgasthof, nur wenige Schritte unterhalb der Wieskirche am Parkplatz, Terrasse

und Biergarten. Internationale Küche, aber auch Bayerisches wie die Wildererpfanne mit in der Region ge-
schossenem Wild. Als Brotzeit Leberkäse mit Spiegelei.

• **Schweiger,** Wies 9, Tel. 08862-500, tgl. 9–18 Uhr (im Winter Fr geschl.), Menü 15–20 €. Direkt neben der Wieskirche, in dem Haus des Kirchenbaumeisters Dominikus
Zimmermann. Standards der bayerischen und schwäbischen Küche in anheimelnder Atmosphäre, besonders
gerne bestellt wird die Bauernhofente mit Blaukraut und
Kartoffelknödel.

Wildsteig

Wildsteig
ist Nordic-
Walking-
Stützpunkt
des DSV

Wildsteig liegt pittoresk auf einer Anhöhe und ist
für seinen Panoramablick auf die Ammergauer
Alpen bekannt. Die hügelige Landschaft drumhe-
rum zieht besonders auch Wanderer an und diejenigen, die die moderne Form vorziehen, das
„Nordic Walking". Drei Strecken sind extra dafür
ausgewiesen, eine einfache mit 5 km, eine mittelschwere mit 9 km und eine anspruchsvolle mit 14
km. Im Winter locken Loipen von insgesamt 22 km
Länge Gäste an. 2010 feiert der Ort sein 900-jähri-
ges Bestehen.

**Pfarrkirche
St. Jakob**

Ende des 18. Jahrhunderts entstand die Kirche als
Teil des Rottenbucher Klosters in ihrer heutigen
Form, doch Bauteile sind älteren Datums und reichen wohl ins Spätmittelalter zurück. Der Altar
stammt von 1712. Die Kirche liegt prominent am
nördlichen Ortsrand, und wer den Pfad um sie herum hügelabwärts nimmt, gelangt zu einer hübschen, 1907 errichteten Gartenterrassenanlage mit
künstlichen Felsdurchgängen, Bächlein, Beeten,
Treppchen und einer Lourdes-Grotte mit einer geschnitzten Madonna.

Wildsteig Umgebung

Rottenbuch

Nicht ganz so prächtig wie die Wieskirche ist das
Gotteshaus des ehemaligen Augustiner-Chorherren-
stifts, aber immer noch genug, um das Auge zu ban-
nen. Rottenbuch liegt sechs Kilometer nordöstlich
von Wildsteig, und wer mit dem Wagen hinfährt,
muss die Ammer auf der Echelsbacher Brücke que-
ren. Ein Blick hinunter lohnt, 130 Meter weit überspannt der Einzelbogen des 1929 entstandenen

Echelsbacher
Brücke – die welt-
weit längste, nach
ihrem Entwickler
genannter Melan-
Bogenbauweise

Bauwerks das 80 Meter tiefer fließende und schmal eingegrabene Flüsschen – eine enge Schlucht mit grünem, kühlem Talgrund.

1073 wurde das Stift von Herzog Welf IV. gegründet, 1085 war die dazugehörige Basilika fertig. 1477 war der erste Umbau im Wesentlichen beendet, und man machte sich bis 1500 an die Innenausstattung. Im 18. Jahrhundert wurde erneut ungebaut, die Arbeiten übernahmen Johann und sein Sohn Franz Xaver Schmuzer aus Wessobrunn. 1770 war man fertig und hatte das heutige Erscheinungsbild geschaffen, eine langgestreckte, dreischiffige Kreuzbasilika mit einem 67 Meter hohen, weithin grüßenden und freistehenden Glockenturm sowie einer reichen Innenausstattung. Die heutige **Pfarrkirche Mariä Geburt** zeigt ein Rokoko-Stuckprogramm, das alle spätgotischen Baustrukturen überdeckt und den Freskenmaler Matthäus Günther aus Hohenpeißenberg klagen machte, dass für seine Arbeiten ja nun gar kein Platz mehr sei. Er fand aber u.a. für den Zyklus aus 20 Bildern zum Leben des hl. Augustinus dennoch ausreichend Platz. Den Hochaltar entwarf 1751 Franz Xaver Schmädl aus Weilheim.

Aus der Spätgotik:
die holzgeschnitzte
Madonna von
Erasmus Grasser am
linken Seitenaltar

Service Wildsteig

Information
- **Verkehrsverein Wildsteig,** Kirchbergstr. 20a, 82409 Wildsteig, Tel. 08867-409, www.wildsteig.de, Mo–Fr 7.30–12 Uhr, Di auch 13–17 Uhr, Do auch 13–18.30 Uhr.
- **Touristinfo Rottenbuch,** Klosterhof 42, 82401 Rottenbuch, Tel. 08867-911018, www.rottenbuch.de, Mo–Fr 9–12 Uhr.

Unterkunft
- **Zur Post,** Kirchbergstr. 43, Wildsteig, Tel. 08867-221, www.gasthof-post-wildsteig.de, DZ/F 60 €, Menü 20 €. Familienbetrieb mit sehr schönen und neuen Gästezimmern mit Bad und einer Gaststätte, die man auch aus größerer Entfernung anfahren sollte: traditionell bayerische Küche vom Besten mit Fleisch aus der eigenen Metzgerei und Wildgerichten. Zum Schluss eine Bayerische Crème. Terrassenbiergarten.
- **Café am Tor,** Klosterhof 1, Rottenbuch, Tel. 08867-921040, DZ/F 62 €. Kleine Pension garni mit sechs freundlich eingerichteten Gästezimmern mit Bad beim Kloster; gutes Frühstück, nachmittags hausgemachte Torten.

Wanderung durch die Ammerschlucht

Bei Saulgrub zwischen Rottenbuch und Oberammergau gelangt man auf einer Rundwanderung (2,5 Std.) vom Parkplatz Hargenwies zu den reizvollen Schleierfällen, in die idyllische Ammerschlucht und schließlich über die Soyermühle mit einem weiteren Wasserfall und über das Dorf Kreut zurück.

Essen und Trinken

- **Forsthaus Unternogg,** Unternogg 1, 82442 Altenau, Tel. 08845-8772, 10.30–22 Uhr, Mo geschl. (außer in der Saison), Menü um 25 €. Dort im stillen Wald, wo einst Ludwig II. einkehrte, wird in elegant bayerischer Holztäfelungsatmosphäre Küche auf höchstem Niveau serviert, z.B. Flusszander in Bärlauch-Kartoffelkruste und Gamsmedaillons mit Rahmwirsing. Schweinekrusten braten gibt's natürlich auch.
- **Zum Koch,** Klosterhof 26, Rottenbuch, Tel. 08867-921195, Di–So 10–24 Uhr, im Winter Di–Do 11–24 Uhr, Fr–So 9.30–24 Uhr, Menü 15 €. Gemütliche Traditionsgaststätte beim Kloster mit Terrasse. Es gibt z.B. gesottenes Ochsenfleisch in Schnittlauchrahm oder für die Brotzeit den „Rottenbucher Burger" mit Schweinschnitzel in Speck-Zwiebel-Kruste.

Feste

Fohlenmarkt Rottenbuch, ein Tag im September. Deutschlands größter Kaltblutfohlenmarkt mit Tieren aus der Hochzucht der Oberländerpferde und Ursprung im 16. Jahrhundert. Kirmes mit Marktständen und Festzelten, Blasmusik und Bier, wie es sich gehört – *die* Touristenattraktion in Rottenbuch!

Oberammergau

Alle 10 Jahre sind Passionsspiele: 2010, 2020, ...

Herrgottsschnitzer, Lüftlmalerei und Passionsspiele – so heißen die drei Standbeine des Städtchens, die eine magnetische Wirkung auf Besucher aus aller Welt haben. Die Natur mit dem Ammergebirge, das Flüsschen Ammer, die Wälder und Wiesen sind aber ebenso ein Schauspiel, und das Städtchen eignet sich deshalb hervorragend als Basislager für Wanderer und Naturfreunde. Manchem mag der Rummel am Wochenende zuviel sein, wenn die Busse anfahren, Touristen ausspucken und in den Sträßchen drangvolle Enge herrscht – und wenn dann erst Passionsjahr ist, geht richtig was ab.

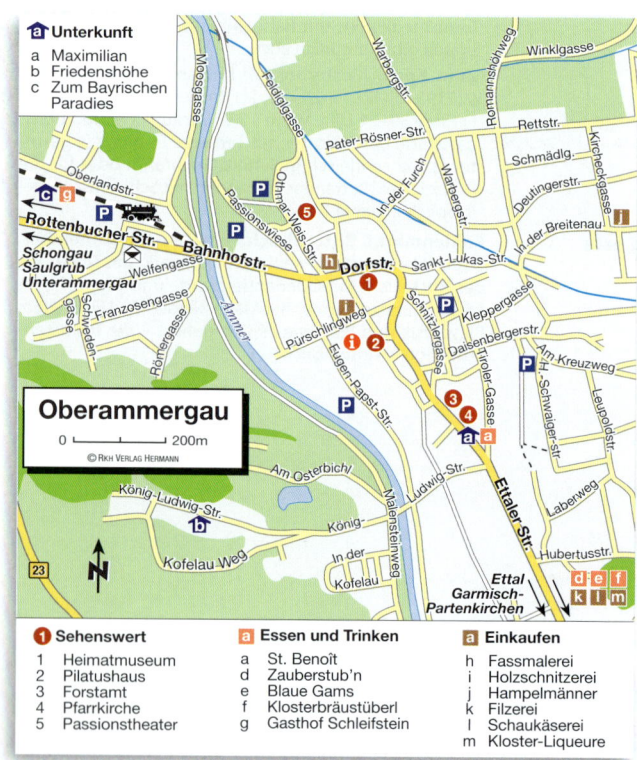

a Unterkunft

a Maximilian
b Friedenshöhe
c Zum Bayrischen Paradies

Oberammergau

0 _____ 200m
© RKH VERLAG HERRMANN

1 Sehenswert

1 Heimatmuseum
2 Pilatushaus
3 Forstamt
4 Pfarrkirche
5 Passionstheater

a Essen und Trinken

a St. Benoît
d Zauberstub'n
e Blaue Gams
f Klosterbräustüberl
g Gasthof Schleifstein

a Einkaufen

h Fassmalerei
i Holzschnitzerei
j Hampelmänner
k Filzerei
l Schaukäserei
m Kloster-Liqueure

Szenerie in
Oberammergau

Oberammergau besticht nicht durch Sehenswürdigkeiten allerersten Ranges, es ist die Gesamt-
wirkung des Alpenstädtchens mit seinen typischen
Häusern, vielen kleinen Läden und Schnitzwerk-
stätten, Malereien an den Fassaden und Menschen,
die nicht nur an Feiertagen sich auf die ursprüng-
liche Kleidung besinnen, die dem Ganzen das
Gepräge eines heilen und unschuldigen Oberbayern geben und den Begriff „Heimat" mit neuem
Leben erfüllen.

Sehenswert

Heimat-
museum [1]

Das Oberammergau-Museum (Dorfstr. 8, Tel. 08822-
94136, www.oberammergaumuseum.de, Di–So
10–17 Uhr, 29.11.–11.01. geschl., Eintritt 4 €) geht
auf einen „Schnitzwarenverleger" zurück, der es
1910 eröffnete und – wohl nicht ohne Eigennutz –
die Arbeiten seiner Schnitzer und seine Sammlung
ausstellte, die bis ins 18. Jahrhundert zurückreicht.
Über die Jahre wurde die Sammlung ständig erweitert, eine Krippenausstellung kam hinzu, und
heute finden zudem sehr gut konzipierte Sonderausstellungen (auch in weiteren Gebäuden im Ort)
mit Werken von Künstlern aus der Region statt.

Herrgotts-
schnitzer

Die Geschäfte im Ort, die Holzskulpturen und ganze
Krippen verkaufen, sind ungezählt. Die Bauern und
Taglöhner verdienten im 15. Jahrhundert nur wenig, Holz aber gab es reichlich und Zeit, vornehmlich im Winter, auch. Man sorgte für einen Neben-
erwerb, aktenkundig wurde das Handwerk um
1520. Erst als Heimindustrie geführt und mit

Hausierern als Vertreiber, betraten im 18. Jahrhundert „Verleger" die Bühne – eine zweischneidige Sache: einerseits sorgten sie für einen Absatzboom, andererseits schlossen sie Knebelverträge und „industrialisierten" die Produktion. Heute gibt es etwa 150 Schnitzer, die großteils dem international geprägtem touristischen Zeitgeist folgend produzieren – sprich jenes, was sich Italiener, Japaner und US-Amerikaner unter Authentischem vorstellen. Doch gibt es auch Künstler, die ihre eigenen Wege gehen und Arbeiten herstellen, die durchaus Beachtung verdienen, seien es moderne oder traditionelle Sujets.

> Dass sich das Schnitzhandwerk in Oberammergau entwickelte, lag nicht, wie die Legende besagt, daran, dass das Rottenbucher Kloster im Jahr 1111 die Oberammergauer aufforderte, religiöse Gegenstände zu schnitzen – es hatte ganz profane, wirtschaftliche Gründe.

Lüftlmalerei   Wie auch bei der Schnitzerei reklamiert Oberammergau die „Lufthoheit" bei der aus dem barocken Italien importierten Lüftlmalerei für sich. Beides kommt aber im gesamten Alpenraum vor, und nicht wenige Nachbarorte Oberammergaus „stinken" gegen die Herrgottsschnitzer an und zeigen auch nicht weniger schöne Fassadenmalerei – die ältesten Oberbayerns übrigens in Mittenwald. Eines aber ist unbestreitbar: der Begriff „Lüftlmalerei" stammt von hier. Zurück geht er auf den Maler Franz Seraph Zwinck (1748–1792), der in einem Haus mit dem Namen „Zum Lüftl" wohnte. Das **Pilatushaus [2]** (Ludwig-Thoma-Str. 10) ist eines der Hauptwerke Zwincks und brilliert mit einer Trompe l'œil-Fassade (augentäuschendes Gemälde) in zarten Farben, die auf den glatten Flächen des einfachen Bauernhauses eine Scheinarchitektur entstehen lassen, es zum

Palast mit Säulen und Balkon machen und – namensgebend – das Verhör Christi durch Pilatus zeigen. Auch das **Forstamt [3]** (Ettalerstr. 3) wurde von Zwinck außen gestaltet und transzendiert die simple Fassade des Spitzgiebelhauses.

Pfarrkirche [4]

Die bis 1749 erbaute Kirche St. Peter und Paul gleich neben dem Forstamt gehörte ursprünglich zum Rottenbucher Kloster, und dessen Geld konnte sich den teuren Künstler Joseph Schmuzer als Baumeister und Stukkateur leisten. Ihm zur Seite standen Matthäus Günther für die Fresken und Franz Xaver für die Schnitzarbeiten. Entstanden ist eines der ausgeglichensten Werke des Rokoko.

> **Kartenbestellung Passionsspiele**
> Die Passionsspiele sind kein billiges Vergnügen, da die meisten Karten nur mit Unterkunftsarrangements vergeben werden (Oberammergau und DER Reisebüro oHG, Eugen-Papst-Str. 9a, Oberammergau, Tel. 08822-92310, www.passionsspiele2010.de). Eine Vorführung mit einer Übernachtung im einfachsten Privatzimmer kostet inkl. je einem Frühstück, Mittag- und Abendessen 200 €, im Luxushotel um 600 €.

Passionsspiele

Über 2000 Oberammergauer spielen mit

Am nördlichen Ortsrand steht das moderne **Passionstheater [5],** in dem im Passionsspieljahr über 100 Vorstellungen stattfinden. Der ganze Ort fiebert schon Jahre vorher, einige Monate vor dem Spielbeginn im Mai erlässt der Bürgermeister ein allgemeines Rasierverbot für die männliche Bevölkerung, die wichtigsten Rollen werden beizeiten und nur an Oberammergauer vergeben. Dann geht es los! Seit 1634, als der Dreißigjährige Krieg wütete und die Pest einen nach dem anderen hinwegraffte und die Oberammergauer gelobten, künftighin alle 10 Jahre das Passionsspiel auszutragen, wenn der Herr sie denn verschonte. Fast die Hälfte der Bevölkerung, Groß und Klein, bespielen fünf Stunden lang die Freilichtbühne und stellen die letzten Tage, den Tod und die Auferstehung des Jesus von Nazareth nach.

**Unter-
ammergau**

Die kleine, sechs Kilometer nordwestlich gelegene Schwester Oberammergaus ist ein ruhiges Dörfchen und ein beliebter Ausgangspunkt für Wanderungen in die Ammergauer Alpen, z.B. hoch zu den Brunnenkopfhäusern – eine Passion, der schon die Könige Maximilian II. und Ludwig II. frönten, die allerdings mit der Flinte hochstiegen. Unterammergau war ab dem 16. Jahrhundert ein Zentrum der Wetzsteinherstellung, da sich die Steine aus den nahen Brüchen hervorragend zum Messerwetzen eigneten. Zwei kleine Museen widmen sich diesem Thema: Gasthof und **Wetzsteinmusem Schleifmühle** (Liftweg 2, Tel. 08822-1323, www.schleif-muehle.net, Di–So 10–22 Uhr) und **Wetzsteinmuseum des hist. Arbeitskreises** (Dorfplatz 7, nur im Sommer Sa 17–19 Uhr).

Ettal

Die Madonna stammt aus Pisa in Italien

Im Jahr 1330 stiftete Kaiser Ludwig IV. der Bayer das Kloster als Domizil für ein Gnadenbild der Madonna – und um die Verkehrswege abzusichern. 40 Jahre später war der Bau fertig. 1744 brannte die Anlage ab und wurde in der heutigen, prächtigen Form durch den Münchener Hofarchitekten Joseph Schmuzer aus Wessobrunn neu errichtet. Mit der Säkularisation verarmte das Kloster, wurde aufgegeben und erst 1900 kamen mit den Benediktiner wieder Mönche. Sie hauchten dem Kloster nicht nur neues Leben ein, sondern machten die Produktion von Bier und Likör zu einer Erfolgsgeschichte und eröffneten ein Internat von nationalem Ruf. Mit ihm setzen sie die Tradition der 1710 gegründeten Ritterakademie fort, die die Schüler

„von jenem, was etwan in der Stadt der Jugent mechte Gefehrliches anscheinen, entfehrnet".

Klosterkirche Die Kirche St. Maria wirkt mit ihrer Kuppel und den Flankentürmchen von außen wie ein Paradebeispiel der Baukunst des 18. Jahrhunderts, ist aber trotzdem im Grund noch in ihrer ursprünglichen Konzeption erhalten: als zwölfeckige, hochgotische Zentralkirche in zweischaliger Bauweise, so dass ein Umlauf entsteht. Die Innenausstattung allerdings ist ein Meisterwerk des Rokoko mit wieder einmal überbordenden Ornamenten und figürlichen Darstellungen aus Stuck, mit einer farblichen Gestaltung, die die Töne nach oben hin immer kräftiger werden lässt und ausreichend Vergoldungen, um die Lobpreisung ins rechte Licht zu rücken. Die wichtigste Ausstattung der Kirche, die weiße Marmorskulptur der hl. Maria, befindet sich im Zentrum des wandähnlichen Hochaltars in einem Tabernakel. Das zentrale Gemälde in der Kuppel stammt von Johann Jakob Zeiler (1751), der mehr als 400 Figuren zur Glorie des Benediktinerordens versammelte, die Stuckarbeiten führte der Sohn des Baumeisters aus, Franz Xaver Schmuzer. Wer die Beichtstühle unter die Lupe nimmt, sieht kleine Gemälde, die sich mit Buße und Tod auseinandersetzen – Arbeiten des Oberammergauer Lüftlmalers Franz Seraph Zwinck.

Biermuseum Das Kloster besitzt nicht nur bei der spirituellen Lebensweise, sondern auch mit spirituellen Getränken eine lange Tradition. Ein Besuch der Produktionsstätten ist per Führungen möglich (Brauerei und Destillerie, nur für Gruppen ab 25 Leuten und nur nach Voranmeldung unter Tel. 08822-740, www.abtei-ettal.de/fuehrung, Eintritt 6 €/Person).

Loipe und Spazierweg

Von Ettal führt eine der schönsten Loipenstrecken Deutschlands hinein in das Graswangtal zwischen Ammergauer Alpen und Werdenfelser Land, und zwar über das Dorf Graswang bis Linderhof. Insgesamt sind über 50 Kilometer gespurt. Im Sommer ist aber auch der kaum anstrengende, familiengerechte Spaziergang an den beiden Talrändern entlang bis zur Tiroler Grenze ein Erlebnis.

Service Oberammergau

Information
- **Touristinfo Oberammergau,** Eugen-Papst-Str. 9a, 82487 Oberammergau, Tel. 08822-922740, www.ammergauer-alpen.de, Mo–Fr 9–18 Uhr, in der Saison auch Sa 10–14 und So 10–13 Uhr.
- **Touristinfo Unterammergau,** Dorfstr. 23, 82497 Unter-ammergau, Tel. 08822-6400, www.unterammergau.de, Mo/Fr 9–12 Uhr, Mi 14–16 Uhr, im Winter Mo/Do 9–12 Uhr.
- **Touristinfo Ettal,** Ammergauerstr. 8, 82488 Ettal, Tel. 08822-3534, www.ettal.de, Mo/Fr 9–12, Mi 9–11 Uhr.

Unterkunft
- **Maximilian [a],** Ettaler Str. 5, Oberammergau, Tel. 08822-948740, www.maximilian-oberammergau.de, DZ/F ab 165 € (während der Passionsspiele wesentlich höhere Preise). Luxus pur der Fünf-Sterne-Kategorie im alpen-ländischen Stil mit einem kleinen Wellnessbereich und ei-nem preisgekrönten Restaurant (St. Benoît s. u.).
- **Friedenshöhe [b],** König-Ludwig-Str. 31, Oberammer-gau, Tel. 08822-3598, www.friedenshoehe.com, DZ/F ab 55 € (während der Spiele ab 200 € mit Halbpension). Familiäres, kleines Hotel mit 14 komfortabel eingerich-teten Zimmern mit Bad, Aussicht und Geschichte: In der Villa am südlichen Ortsrand hatte sich 1906 der Literatur-nobelpreisträger Thomas Mann eingemietet, 1930 wurde sie zum Hotel.

Mann, Maschine, müde

Zum Bayrischen Paradies [c], Im Kirchfeld 5–7, Saulgrub, Tel. 08845-74750, www.zum-bayrischen-paradies.de, DZ/F und Bad ab 66 € (im Nebengebäude DZ mit Etagenbad und ohne Frühstück 30 €). Zehn Kilometer von Oberammergau in Richtung Schongau, bikerfreundliches Hotel mit Sauna und skelettrütteln-der Powerplate, um die Knochen zu „leimen", Stammtisch der Motorradfreunde Ammertal immer am Donnerstag um 20 Uhr.

Essen und Trinken
- **St. Benoît [a],** Ettaler Str. 5, Oberammergau, Tel. 08822-948740, Di–Sa ab 19 Uhr, Menü ab 80 €. Gourmet-Restaurant am oberen Ende der Skala, das man satt und etwas ärmer verlässt, elegante Atmosphäre und Köstlich-keiten der internationalen Küche unter Verwendung der besten regionalen Zutaten. Wer sich für glasweise Wein-begleitung entscheidet, zahlt 57 €, erhält aber die be-sten und passendsten Provenienzen.
- **Zauberstub'n [d],** Ettaler Str. 58, Oberammergau, Tel. 08822-4683, Mi–Mo 11.30–1 Uhr, Menü um 20 €. Inter-nationale, gutbürgerliche Küche in gemütlicher Stub'n-Atmosphäre; der Clou sind aber die kleinen Zauberüber-raschungen nebenbei, die besonders Familien mit Kindern ein unterhaltsames Essen garantieren.

- **Blaue Gams [e],** Vogelherdweg 12, Ettal, Tel. 08822-6449, 12–14 u. 18–21.30 Uhr, um 15 €. Bürgerlich-internationale Hotelküche in der urigen Bauernstube oder im Sommer besonders schön auf der Terrasse mit einem fantastischen Blick auf das untenliegende Kloster.
- **Klosterbräustüberl [f],** Kloster Ettal, Kaiser-Ludwig-Platz 10–12, Ettal, Tel. 08822-9150, 7.30–24 Uhr, Menü ab 15 €. „Edelbayer" mit mehreren Abteilungen, darunter dem festlichen König-Ludwig-Saal, einem Biergarten mit einer schattenspendenden Kastanie und herrlichem Blick auf die Werdenfelser Alpen. Brotzeiten und Menüs bayerischer Spezialitäten, aber viele, auch die Einheimischen, kommen nur her, um das Bier aus der Brauerei zu trinken.
- **Gasthof Schleifstein [g],** Liftweg 2, Unterammergau, Tel. 08822-1323, Di–So 10–22 Uhr, Menü um 15 €. Urige Gasträume und schöner Biergarten vor dem hübschen Häuschen, gutbürgerliche Küche und Spezialitäten wie Schweinshaxe in Dunkelbiersoße.

Einkaufen

- **Fassmalerei [h],** Sabine Höldrich, Dorfstraße 3, Oberammergau, Tel. 08822-935109. Die alte Kunst des Fassmalens wird in Oberammergau fortgeführt – die farbige Bemalung von Möbelstücken und Einrichtungsgegenständen aus Holz ist eine komplizierte Angelegenheit mit unterschiedlichen Grundierungen und Farbaufträgen. In der Perfektion sieht ein Gegenstand z.B. wie aus Marmor gehauen aus.

- **Holzschnitzerei [i],** Karl Führler & Marion Gut, Steinbachergasse 13, Oberammergau, Tel. 08822-269, www.gut-oberammergau.de. Feine Werke, nicht nur aus dem religiösen Bereich wie Bilderrahmen, Schmuckelemente, Kerzenständer; die kleinen Krippen sind anmutig und sehr aufwändig gearbeitet, teils auch sehr modern interpretiert.
- **Hampelmänner [j],** Markus Wagner, In der Breitenau 27, Oberammergau, Tel. 08822-4121, www.schnuerlkasperl .de. Hübsch gearbeitete Schnürlkasperl (jene, die beim Zug am Faden Arme und Beine nach oben werfen), nicht ganz billig, aber ein nettes Souvenir.
- **Filzerei [k],** Annegret Bekar, Am Rainenbichl 20, Oberammergau, Tel. 08822-6530. Schafwolle wird rein mit Pflanzenfarben gefärbt und gefilzt, am Ende enstehen dann Hausschuhe, Hüte und Taschen.
- **Schaukäserei [l],** Mandlweg 1, Ettal, Tel. 08822-923926, www.milch-und-kas.de. Wie kommt die Rinde an den Käse? Solche und andere Fragen beantwortet die Käserei auf ihren Führungen Di–Sa um 11 Uhr (2,50 €); danach kann man spezielle Sorten erwerben, wie den mit Bier geschmierten „Ammergauer Bierkäse" oder das „Ettaler Klostergeheimnis" mit 11 Kräutern und Hopfen.

- **Kloster-Liqueure [m],** Kaiser-Ludwig-Platz 1, Benediktinerabtei Ettal, Tel. 08822-740, www.kloster-ettal.de.
  Natürlich nur, um die Heilkraft der Käuter zu nutzen, die
  dazu verwendet werden. Die leckeren Likörchen gibt es in
  den unterschiedlichsten Farben und Geschmacksrichtun-
  gen, alle aber sind nach uralten Geheimrezepten destil-
  liert; im Laden kann man auch Klostertee, -bier und -wein
  erwerben und Duftendes zur äußerlichen Anwendung.

Feste

- **Leonhardiritt,** Unterammergau, letztes Oktoberwochen-
  ende. Aus der Dorfmitte geht es hoch auf gewaschenen
  und herausgeputzten Rössern zur Wallfahrtkirche Kappel,
  wo der Pfarrer die Pferde segnet. Das Ganze ist dem hl.
  Leonhard gewidmet, der ganz unvermutet zu dieser Ehre
  kam, denn als Schutzpatron der Gefangenen war er auf
  Bildern immer mit Ketten zu sehen, die fälschlicherweise
  als Viehketten interpretiert wurden – so wurde Leonhard
  Schutzpatron der Pferde.
- **Fronleichnamsprozession,** Oberammergau, zweiter
  Donnerstag nach Pfingsten. Farbenprächtiger Rundgang
  durch den Ort mit Halt an mehreren Altären, Ausgangs-
  und Endpunkt ist die Pfarrkirche.
- **König-Ludwig-Feuer** in Oberammergau, 24. August.
  Männer schaffen schon Tage vorher viel Brennmaterial
  auf den Hausberg des Ortes, den Kofelfleck, und am
  Vorabend des Geburtstages des Märchenkönigs wird bei
  Dunkelheit der Holzstoß angezündet. Eindrucksvoll zün-
  geln die Flammen dort und auf weiteren Bergen der Umgebung in den Himmel, anschließend ziehen die Zündler
  mit Fackeln zu Tal und lassen es sich gutgehen.

Linderhof

Im Lieblingsschloss Ludwig II. unterhalb des 1768
Meter hohen Hennenkopf ist die Märchen- und
Sagenwelt des Königs weit wahrer geworden als
in Neuschwanstein. (Linderhof 12, Ettal, Tel. 08822-
92030, www.schlosslinderhof.de, April–15. Okt. 9–
18 Uhr, 16. Okt.–März 10–16 Uhr, Eintritt 8 €, im
Winter nur Schlossbesichtigung 7 €, Kombiticket
mit Neuschwanstein und Herrenchiemsee 18 €).

Als mentale Rapunzel besaß er in Linderhof das
Tischlein-deck-dich (eine Konstruktion, mit der die
Speisen angerichtet aus der Küche durch den Fuß-
boden nach oben fuhren und dem König die Einsamkeit bewahrte), einen Nachbau des Hörselberges
aus Wagners Tannhäuser mit Tropfsteingrotte,
Wasserfall und See, auf dem er schwanengleich in einem goldenen Muschelnachen der Welt entrückte,

Für die stim-
mungsvolle
Beleuchtung
entstand
eines der er-
sten Elektri-
zitätswerke
Bayerns

Lieblingsschloss
Linderhof

und dann noch mit Venustempelchen, marokkani-
schem Häuschen, einem Brunnen aus der Götterwelt
der Griechen, maurischem Kiosk, der Hunding-Hütte
aus einem Bühnenbild des Rings der Nibelungen als
Audiosaal für Wagners Musik und allerlei mehr. Das
Ganze ist in und um einen in Terrassen angelegten
Park in italienischem Stil aufgebaut und umrahmt
das Hauptgebäude mit seiner neobarocken Fassade.

Wer eine Eintrittskarte gekauft und die feste
Eintrittszeit zugewiesen bekommen hat, darf in einer
Gruppe mit maximal 25 Personen die Schlossräume
bestaunen (Dauer der Führung 25 Minuten). 1869
ließ Ludwig II. das ehemalige Forsthäuschen seines
Vaters das erste Mal umbauen, und es entstand eine
zum Teil hölzerne Konstruktion, die aber schon 1874
und nach weiteren Anbauten zu der heutigen
Konzeption gewandelt wurde. Man verkleidete alles
mit Mauerwerk, schuf die Flügel und legte den Park
an. Weitere Umbauten, insbesondere des Schlafzim-
mers, erlebte der König nicht mehr. Audienz- und
Speisesaal, Kabinette (in den Farben Blau, Gelb, Lila
und Rosa), zwei Gobelinzimmer und der prächtige
Spiegelsaal gruppieren sich um den zentralen Raum
des Gebäudes. Nicht weniger prächtig ist das Schlaf-
gemach mit Blick auf die Kaskaden im Park und
einem Dornröschen nach ihrem Erwachen würdig.

Service Linderhof

**Unterkunft,
Essen und
Trinken**

Schlosshotel Linderhof, Linderhof 14, Tel. 08822-790,
www.schlosshotel-linderhof.de, DZ/F 94 €. Direkt beim
Schloss gelegenes, luxuriöses Hotel im Bauernhausstil mit
29 elegant eingerichteten Zimmern, Terrassen, Biergarten,
Restaurant und Schnellimbiss für die Brotzeit.

Neuschwanstein

Kulturgut auf
Briefmarke

Die Fahrt führt über die oberbayerische Grenze ins
Ausland nach Schwaben und Hohenschwangau,
das sich mit Haut und Haaren dem Tourismus verschrieben hat. Alles ist ausgerichtet auf die Zucker-
wattenarchitektur des hoch oben thronenden
Schlosses Neuschwanstein. 1,3 Millionen Besucher
aus aller Welt kommen im Jahr, und dass das teu-
erste und letzte Bauprojekt Ludwig II. nicht einem
Turm zu Babel gleicht, ist dem Organisationstalent
der Bayerischen Schlösser- und Seenverwaltung zu
danken. Bis zu 6000 Menschen werden pro Tag
hocheffektiv in einem ständigen Strom von Gruppen, unter kurzweiliger und kompetenter Führung
und in allen nur erdenklichen Sprachen (Russisch
über Japanisch bis Mandarin) durch die Räumlich-
keiten geschleust.

   Hat Ludwig seinen Einsamkeitswunsch bei
Linderhof durch die bauliche Konzeption nach innen getragen, ging er mit **Schloss Neuschwanstein** (Tickets s. Kasten, www.neuschwanstein.de)
stilsuchend richtiggehend „hausieren". Hier mani-
festierte sich seine Entrücktheit mit einem him-
melnahen, krähennestgleichen, grellweißen und
sirupsüß-zähen Bauwerk, das nicht umsonst seine
Prüfung als Vorlage für die Welt der Märchenfilme
bravourös bestand – das Simulakrum bzw. Traum-
bild einer deutschen Ritterburg des Mittelalters.
1868 war der Grundstein gelegt, 1880 Richtfest und

Trotz aller Querelen mit Richard Wagner bestimmen dessen Werke wesentlich die Innenausstattung

1884 die Ausstattung weitestgehend abgeschlossen. Zwei Jahre später starb Ludwig, der sein letztes Schloss eigentlich nur als Baustelle kennengelernt hatte (Teile dessen er bereits bewohnte), denn Änderungswünsche verzögerten die endgültige Fertigstellung sechs Jahre über seinen Tod hinaus. Drittes und Viertes Obergeschoss sollten alleine dem König vorbehalten sein, darunter waren die Funktionsräume und die Zimmer der (hübschen und männlichen) Dienerschaft, die für sein Wohl an Leib und Seele sorgte.

Tannhäuser, Lohengrin und Parsival sind nur einige der Protagonisten, die und deren Lebensumstände überall zu Stein und Gemälden geworden sind. Das Schlafzimmer (Tristan und Isolde herrschen vor) zeigt ein geschnitztes, neugotisches Prunkbett, die Grotte ist so, wie sie Tannhäuser im Hörselberg liebte, Sängerkrieg im Arbeitszimmer, das Wohnzimmer dominiert Lohengrin und im Esszimmer steht sinnigerweise ein Tafelaufsatz mit Siegfried im Geflügelkampf. Der Thronsaal übrigens war nie für Empfänge gedacht, sondern einfach nur so da, weil er eben König war. Und hinter allem befindet sich die für die damalige Zeit modernste Technik, überall fließendes Wasser, Spültoiletten, Zentralheizung mit Heißluft, Sprechanlagen und Telefon.

Nur Schwindelfreien ist die Begehung der eisernen **Marienbrücke** gleich unterhalb des Schlosses zu empfehlen. Lang und schmal überspannt sie die Pöllatschlucht, von hier lassen sich mit die besten Fotos vom Schloss knipsen.

Ticket vorher kaufen!

Die Tickets für Neuschwanstein und Schloss Hohenschwangau gibt es **nur** unterhalb des Schlosses beim Ticket-Center Hohenschwangau, dort wird auch die exakte Eintrittszeit (Führungsdauer 30 Minuten) in die Schlösser zugewiesen: Ticket-Center Hohenschwangau, Alpseestraße 12, Hohenschwangau, Tel. 08362-930830, www.hohenschwangau.de, April–Sept. 9–18 Uhr, Okt.–März 10–16 Uhr, Eintritt 9 €, Kombiticket Neuschwanstein, Linderhof und Herrenchiemsee 18 €, Kombiticket Neuschwanstein und Hohenschwangau 17 €.

Schloss Hohenschwangau

Schloss Hohenschwangau (Tickets s. Kasten, www.hohenschwangau.de) errichtete König Maximilian II. noch als Kronprinz 1832–36 im neugotischen Stil anstelle der verfallenen Burg Schwanstein in Anlehnung an die Originalpläne. In ihm wuchs Ludwig II. auf und lebte er mit seiner Mutter noch einige Jahre nach dem Tod seines Vaters. Noch heute steht das Schloss in Besitz der Wittelsbacher (Wittelsbacher Ausgleichsfond). Die Innenausstattung ist „normaler" als bei Neuschwanstein, nicht ganz so prächtig, aber dennoch reich. Ludwig veränderte nur wenig, so dass man die Zimmer so sieht, wie sie seine Eltern bewohnten. Das Schlafzimmer der Königin ist in Erinnerung einer Reise in die Türkei in orientalischem Stil gehalten, das Schlafzimmer Maximilians (und später Ludwigs) ist mit Wandgemälden zum „Befreiten Jerusalem" (ein Gedicht von Torquato Tasso) geschmückt.

Service Neuschwanstein

Information

Touristinfo Hohenschwangau, Alpseestr. 1, 87645 Hohenschwangau, Tel. 08362-819765, www.schwangau.de, 10–19 Uhr, Winter 11–18 Uhr.

Unterkunft, Essen und Trinken

• **Schlossblick,** Schwangauerstr. 7, Hohenschwangau, Tel. 08362-81649, www.hohenschwangau.de/schlossblick, DZ/F 52–62 €. Zwischen den Königsschlössern findet man in einem der 26 Zimmer mit Bad komfortable Unterkunft, allerdings kein Restaurant.

• **Königl. Bayerischer Biergarten,** Alpseestr. 25, Hohenschwangau, Tel. 08362-8870, Mai–Okt. 11–18 Uhr, Menü 10–15 €. Unterhalb des Schlosses Hohenschwangau sitzt man im Sommer an den Holztischen und holt sich sein Bier im Selbstbedienungsrestaurant des Schlossbräus, den ehemaligen Pferdestallungen.

Verkehr

Zu den beiden Schlössern fährt man bequem und stilgerecht mit **Kutschen.** Sie stehen für Neuschwanstein beim Hotel Müller (Bergfahrt 6 €, Talfahrt 3 €), für Hohenschwangau beim Ticket-Center (Bergfahrt 4 €, Talfahrt 2 €). Eine **Buslinie** geht ab Schlosshotel Lisl bis zur Marienbrücke gleich unterhalb von Neuschwanstein (Berg- und Talfahrt 2,60 €). Das **Parken** kostet für einen Pkw 4,50 €, für ein Motorrad 2 €/Tag.+

Garmisch-Partenkirchen

Von Norden kommend gelangt man zügig über die Schnellstraße und durch einen Tunnel in das 1935 zur Doppelstadt erklärte Garmisch-Partenkirchen hinein – und hängt dann, besonders am Wochenende, im Verkehr der Ausflügler fest, die in die umgebenden Berge und auf den höchsten Gipfel Deutschlands, die Zugspitze, drängen. Deutschlands Wintersportort Nr. 1 war 1936 Schauplatz der Winterolympiade und für die Spiele 1940 erneut vorgesehen (die wegen des Krieges nicht mehr stattfanden).

Garmisch
bewirbt sich
um die Spiele
2018 (was
Naturschützern
nicht gefällt)

Im 2. Jahrhundert als Versorgungsstation Partanum an der altrömischen Via Claudia gegründet, kam der Ort erstmals 802 als „Germareskauue" in die Bücher und im 13. Jahrhundert zum Bischof von Freising, der die Entstehung der Werdenfelser Grafschaft verfügte. Seine ideale Lage am Handelsweg nach Süden brachte dem Ort im Mittelalter Reichtum. 1802 gelangte die Grafschaft zum Kurfürstentum Bayern und die Handelsprivilegien verfielen, das Werdenfelser Land verarmte. Doch ab Mitte des 18. Jahrhunderts setzte der Fremdenverkehr ein, und als 1889 die Eisenbahnstrecke von München fertig war, boomte der Tourismus.

Sehenswert

Garmisch-
Partenkirchen
mit der Alp- und
Zugspitze im
Hintergrund

Das romantische Garmisch-Partenkirchen zu finden ist nicht einfach. Es verbirgt sich abseits des modernen Zentrums mit seiner Fußgängerzone und zahlreichen Geschäften und Lokalen aller Sortierungen.

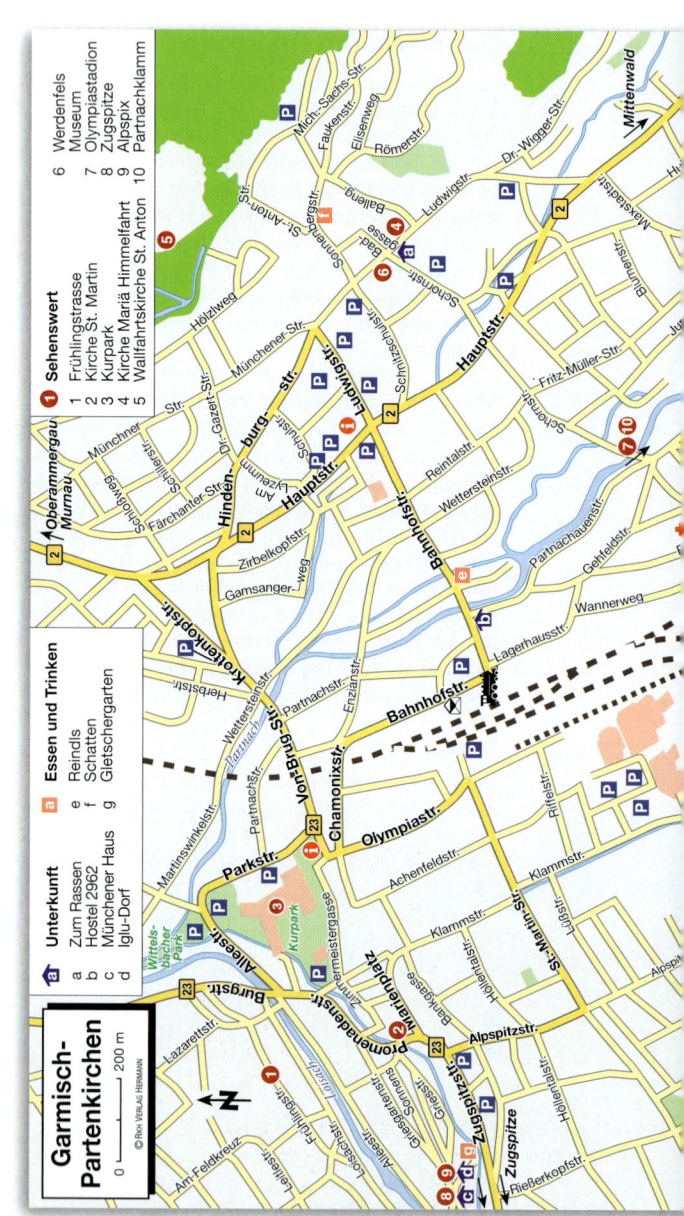

Sehenswert

1 Frühlingstrasse
2 Kirche St. Martin
3 Kurpark
4 Kirche Mariä Himmelfahrt
5 Wallfahrtskirche St. Anton
6 Werdenfels Museum
7 Olympiastadion
8 Zugspitze
9 Alpspix
10 Partnachklamm

Unterkunft

a Zum Rassen
b Hostel 2962
c Münchener Haus
d Iglu-Dorf

Essen und Trinken

a Reindls
e Schatten
f Gletschergarten

Garmisch-
Partenkirchen

0 ———— 200 m

© RKV VERLAG HERMANN

Frühling-straße [1]	Die Frühlingstraße und die abgehenden Gassen nördlich des Marienplatzes zeigen sich noch im ursprünglichen Bild mit Lüftlmalerei und bunten Blumen auf den Balkonen. Hier steht auch die **Alte Kirche Garmisch,** die älteste Pfarrkirche des Ortes, die in ihrer heutigen Form um 1280 unter Einbeziehung romanischer Ursprünge als zweischiffige, gotische Saalkirche entstand. Das Innere ist fast vollständig mit Fresken bedeckt, darunter ein sieben Meter hohes Abbild des hl. Christophorus von 1330. Aus der Bauzeit stammen auch einige der Glasmalereien im Chor.
Kirche St. Martin [2]	Die Pfarrkirche mit ihrem Zwiebelturm am historischen Marienplatz mit seinen hübsch bemalten Bürgerhäusern baute Joseph Schmuzer aus Wessobrunn 1730–33 als lichtdurchflutete Saalkirche, so dass die von Matthäus Günther gemalten Fresken ausgezeichnet zur Wirkung kommen. Sie leiten mit gemalten Ornamenten und Architekturelementen zu den Szenen mit dem hl. Martin über. Die mannshohen Apostelfiguren von Petrus und Paulus am Hochaltar schuf der Füssener Anton Sturm.
Kurpark [3]	Der Kurpark des Luftkurortes schließt nördlich an die Fußgängerzone an. Im Sommer finden in ihm zahlreiche Konzerte statt (bei gutem Wetter in der Konzertmuschel, bei schlechtem im Richard-Strauss-Saal). Bunt gemischt, vom Blasorchester zu Salonorchester, vom Wiener Walzer zur Operette bis zum Big-Band-Sound.
Ludwigstraße	Die Ludwigstraße im Stadtteil Partenkirchen ist die zweite noch historisch bebaute und als Ensemble stimmige Straße. Die **Kirche Mariä Himmelfahrt [4]** ist die Pfarrkirche von Partenkirchen und wurde 1871 geweiht. Sie zeigt sich in neugotischem Stil als dreischiffige Hallenkirche, von der Innenausstattung des Vorgängerbaus ist u.a. noch das Hochaltarbild erhalten, das sich nun im nördlichen Seitenschiff befindet. Zehn Gehminuten sind es von hier hinauf zur **Wallfahrtskirche St. Anton [5]** an der Flanke des Wankberges. Joseph Schmuzer zeichnete für sie verantwortlich, und so ist hier reinstes Rokoko zu finden. Das bedeutende Kuppelfresko malte Johann Evangelist Holzer. Es erhöht den Raum durch seine scheinarchitektonischen Elemente auf perfekte Weise.

Fußgängerzone

Werdenfels Museum [6]

Das **Heimatmuseum** (Ludwigstr. 47, Tel. 08821-2134, www.werdenfels-museum.de, Di–So 10–17 Uhr) wurde von Privatleuten 1895 gegründet und zog 1973 in das Kaufmannshaus aus dem 17. Jahrhundert. Es beschreibt das Leben und die Kultur im und des Werdenfelser Landes mit einer beachtenswerten Sammlung. Sakralgegenstände sind ebenso zu sehen wie Volkskunst. Die Wohnkultur in den Bürgerhäusern und draußen auf dem Land und in den Bergen bei den Bauern ist dokumentiert, und eine eigene Abteilung widmet sich dem Brauchtum – 500 Jahre Geschichte in 19 Räumen.

Olympia-stadion [7]

1936 schauten 130.000 Menschen den Skispringern zu

1936 wurde das Stadion für die Winterspiele errichtet und für die dann abgesagten Spiele 1940 nochmals im klassischen Stil des deutschen Faschismus, auf dass es auch als Ruine noch Wirkung entfalte, umgebaut. Hier landeten die Springer von der Schanze, die 2007 abgerissen und durch eine neue mit allen Finessen ausgestattete ersetzt wurde, um den Anforderungen der modernen Vierschanzentournee zu genügen.

Die Sprungschanzen

Hochseilgarten Wank

Oberbayerns größter Hochseilgarten (Wankbahnstraße, Tel. 0170-6349688, www.kletterwald-gap.de, 21 €, Gültigkeitsdauer drei Stunden) befindet sich im Wald direkt an der Talstation der Bergbahn hoch zum Wank in Partenkirchen. Mit Blick auf die Zugspitze hangelt und klettert man in bis zu 17 Meter Höhe durch die Baumwipfel auf einem Einstiegsparcours und sieben weiteren mit unterschiedlichen Schwierigkeitsgraden.

Zugspitze [8] Zu Fuß und mit den Händen über die Stiegen, Eisenstifte und entlang der Sicherungsseile des Klettersteiges auf die 2962,06 Meter (von Norden berechnet) hohe Zugspitze zu kommen, ist Herausforderung und Muss zugleich für jedes g'standene Mannsbild in Oberbayern. Außerdem durchquert man auf dem Weg nach oben die wilde und pittoreske Höllentalklamm, bevor man in die Wand steigt (s. Kasten). Einfacher ist es mit den Zugspitzbahnen (s.u. bei „Verkehr").

Winters wie sommers ist die Zugspitze, Teil der Nördlichen Kalkalpen, stark bevölkert, von Skifahrern, die ganzjährig auf den Gletschern bretteln, von Wanderern, die im Sommer hochkommen und weiterklettern zur Alpspitze, und von Touristen, die einfach nur im höchstgelegenen Postamt Deutschlands eine Karte aufgeben wollen.

Ihren Namen verdankt die Zugspitze den zahlreichen Lawinenzügen an ihrer Nordwand; erstmals urkundlich erwähnt wurde sie 1590. Am 27. August 1820 fand die Erstbesteigung statt, beauftragt war der Leutnant Josef Naus vom „Königlich Bairischen Topographischen Bureau". Heute steht das **Münchener Haus** oben, ein großer Komplex mit Versorgungsmöglichkeit und einer wichtigen meteorologischen Station. Begründet wurde es 1893 durch den Alpenverein, Sektion München.

Die **Panorama-Lounge 2962,** ebenfalls am Gipfel, erlaubt einen 360-Grad-Rundblick mit warmen Füßen über die Berge und Täler, und das Restaurant **Gletschergarten** der Bergstation der Zahnradbahn bietet feine euroasiatische Gerichte im Glas-Pavillon mit Showküche. Daneben isst man Einfacheres im Restaurant **SonnAlpin.** Für die Lounge und den Gletschergarten gibt es Sonder-

veranstaltungen wie die Auffahrt vor dem Morgen-
grauen, um den Sonnenaufgang zu bestaunen
(„Morgenglühen" mit anschließendem Frühstück)
oder nachts für den „zauberhaften Neumond".
Kontakt über Bayerische Zugspitzbahn, s.u. bei
„Verkehr".

Zugspitzbesteigung durch die Höllentalklamm

Vom Parkplatz Hammersbach (753 m) zu Fuß die Straße entlang
zum Buswendeplatz mit Kapelle und zur *Höllentalklamm.* Man
durchwandert sie teils durch Tunnels und wird immer wieder
mit Wasser bespritzt (Regenjacke!). Pausieren kann man auf der
Höllentalangerhütte (1379 m, 2 Std.) am Ende der Klamm. Dann
geht es an den Felswänden entlang und schließlich über Geröll
zum Einstieg in die Wand – eine Eisenleiter (1 Std.), die senk-
recht in die Höhe wächst (Klettersteiggeschirr!). Dann kommt
das *Brett,* eine spiegelglatte Felswand, die man an und auf
Stahlstiften hangelnd und tretend 120 Meter weit überwinden
muss. Weiter geht's über den *Höllentalgletscher* (Grödeln!) und
an dessen Ende mit einem Sprung über eine Spalte wieder an die
Wand zu einem ersten Eisen, und danach, mit der Nase am Fels
sich akrobatisch verrenkend, zum nächsten herausfordernden
Klettersteigabschnitt (2,5 Std.). Jetzt sind es nochmal zweieinhalb
Stunden bis zum Gipfel – meist schwindelerregend ausgesetzt,
aber gut sicherbar zum *Gipfelkreuz* und zu Hunderten von
Besuchern, die es sich mit der Seilbahn leicht gemacht haben
und die Sonne und das Bier genießen.
  Herausfordernde Klettersteigwanderung, Wegzeit ca. 8 Std.
Ausrüstung: Warme Kleidung, feste Bergstiefel, Sonnenbrille,
Grödeln (Halbsteigeisen), Klettersteiggeschirr, Helm, Verpflegung.

Alpspix [9]   Am 2050 Meter hohen Osterfelderkopf darf man
bei der Bergstation der Alpspitzbahn auf zwei und
acht Meter ins Nichts hinauragenden und zu einem
„X" verschränkten Stahlstegen, 1000 Meter senk-

recht nach unten durch den Gitterrost des **Sky-walks** guckend, seine Schwindelfreiheit testen. Wem blümerant wird, schaut nicht in den Abgrund, sondern geradeaus auf das fantastische Bergpanorama mit Zugspitze und Höllental.

Partnach-klamm [10]

Schmal, dunkel und feucht ist das Naturschauspiel der 86 Meter tiefen **Partnachlamm,** 25 Minuten Fußweg auf guter Straße vom Olympiastadion entfernt. (Sommer 8–18 Uhr, Winter 9–17 Uhr, Tel. 08821-3167, www.partnachklamm.eu, Eintritt 3 €, Kinderwagen und Rollstuhlfahrer nicht zugelassen). Da es beständig rieselt und tröpfelt, ist in der auch im Sommer kühlen Schlucht Regenzeug angebracht (für Schirme sind die Durchgänge zu eng und zu niedrig!). Durch die Klamm rauscht dass Wasser des heute immer kleiner werdenden Schneeferner-Gletschers an der Zugspitze. 1912 erklärte man die Klamm zum Naturdenkmal und begann sie für den Tourismus mit Brücken, Durchbrüchen und Eisensteigen zugänglich zu machen. 700 Meter weit kann man heute gehen, überwindet dabei 80 Höhenmeter und durchwandert 247 m Tunnelstrecke.

> Das Wasser eiskalt und nicht selten umspielt es auch noch im Sommer massive Eisblöcke

Service Garmisch-Partenkirchen

Information
- **Touristinfo,** Richard-Strauß-Platz 2, 82467 Garmisch-Partenkirchen, Tel. 08821-180700, www.gapa.de, Mo–Sa 8–18 Uhr, So 10–12 Uhr.
- **Bergführerbüro,** in der Touristinfo, Tel. 08821-180744, www.bergfuehrer-werdenfels.de, Mo/Do 16–18 Uhr.
- **Wettertelefon Zugspitze,** Tel. 0190116012.

Bergrettung
Bergwacht Garmisch-Partenkirchen, Auenstr. 7, Garmisch-Partenkirchen, Tel. 08821-3611.

2

Blick von der Zugspitze
in Richtung Österreich

Unterkunft

- **Zum Rassen [a],** Ludwigstr. 45, Partenkirchen, Tel. 08821-2089, www.gasthof-rassen.de, DZ/F 52–90 €. Direkt in der historischen Altstadt Partenkirchens in einem Haus mit Geschichte, das auf das 14. Jh. zurückgeht. Die Zimmer sind zweckmäßig und freundlich eingerichtet; abends kann man ins ab und zu im Festssaal auftretende Bauerntheater gehen und danach im Restaurant Schmankerl wie Böfflamott und Zander aus dem Staffelsee essen.

- **Hostel 2962 [b],** Partnachauenstr. 3, Garmisch, Tel. 08821-95750, www.hostel2962.com, DZ mit Bad 60 €, Bett in Schlafsaal 20 €. Drei Minuten vom Bahnhof, typisches Hostel mit den vorgesehenen Einrichtungen, all-you-can-eat-Frühstück (5 €) und unkompliziertem Kontakt zu Reisenden; sehr sauber und geschmackvoll eingerichtet.

- **Münchener Haus [c],** Zugspitze, Tel. 08821-2901, www.muenchnerhaus.wachterhaus.com, Bett für Alpenvereinsmitlieder 13 €, Nichtmitglieder 28 €. Nur 27 Zimmerlager und eine Handvoll Notlager garantieren anheimelnde Atmosphäre mit Schnarchen, feuchten Socken und null Waschmöglichkeit, aber dafür ist man ja hoch oben und die bayerische Abendbrotzeit mit ausreichend Bier hilft darüber hinweg.

- **Iglu-Dorf [d],** Zugspitze, bei der Bergstation der Zahnradbahn, www.iglu-dorf.com, nur im Winterhalbjahr, Zwei-Personen-Iglu mit Halbpension, Begrüßungs-Prosecco etc. ab 320 €. Warmgehalten durch Schlafsäcke und Schaffelle schläft man in richtig eisigen Iglus für zwei oder sechs Personen jeweils mit Toilette, wärmt sich im Whirlpool und verschafft sich an der Bar die Bettschwere.

Essen und Trinken

- **Reindls [e],** Bahnhofstr. 15, Garmisch, Tel. 08821-943870, 12–14 und ab 18.30 Uhr, Menü um 40 €. Die Edeladresse im Fünf-Sterne-Hotel Partenkirchner Hof serviert zwischen Antiquitäten internationale und französische Gerichte auf höchstem Niveau mit viel Schalengetier und Fisch, aber auch Tournedos vom bayerischen Ochsen auf Schalotten-Barolo-Soße.

- **Schatten [f],** Sonnenbergstr. 10–12, Partenkirchen, Tel. 08821-9430890, Do–Di 12–22 Uhr, Menü um 20 €. Nahe der Ludwigstraße kann der Gasthof auf eine 150-jährige Geschichte zurückblicken, die bayerischen Gerichte sind Ehrensache. Ausgezeichnet sind das Filet vom Ochsen, Hirschgulasch und Tafelspitz. Die Atmosphäre ist gediegen mit viel hellem Holz, im Sommer ist der Biergarten am frühen Abend schnell besetzt.

- **Gletschergarten [g],** Zugspitze, Tel. 08821-797136, Öffnungszeiten abhängig vom Wetter (vorher anrufen!), Menü um 25 €. Restaurant in 2600 Meter Höhe an der Bergstation der Zahnradbahn, Showküche auf Gourmetniveau mit asiatischem Einschlag, da der Chefkoch auf gleicher Höhe in Pakistan aufwuchs; er kreiert mit viel Kräutern und exotischen Gewürzen crossover.

Feste

- **Richard-Strauß-Festival,** Juni. Der große Komponist ist zwar in München geboren, wählte aber Garmisch zu seinem Wohnsitz und blieb dort bis zu seinem Tod 1949. Das Richard-Strauß-Institut (Schnitzschulstr. 19, Tel. 08821-910950, www.richard-strauss-institut.de, Mo–Fr 10–16 Uhr, Eintritt 2,50 €) forscht in seinem Nachlass und organisiert das alljährliche Festival (www.richard-strauss-festival.de).

Wanderweg Alpspitze

Verkehr

- **Zugspitzauffahrt:** Mit der 1926 gebauten **Tiroler Zugspitzbahn** (www.zugspitze.com, 3600 Meter Länge, 1725 Meter Höhendifferenz, 35 km/h, 8.40–16.40 Uhr im 20-Minuten-Takt, Berg- und Talfahrt 34,50 €) geht es von Ehrwald hoch. Die 1963 erbauten **Eibseebahn** (www.zugspitze.de, 4450 Meter Länge, 1950 Meter Höhendifferenz, 36 km/h, 8–16.45 Uhr im 30-Minuten-Takt, Berg-und Talfahrt 37 €) fährt vom Eibsee. Die bis 1930 gebaute **Zahnradbahn** von Garmisch (Bayerische Zugspitzbahn, www.zugspitze.de) ist in eine Talstrecke (normale Eisenbahn) und in eine Zahnradstrecke ab Grainau, die großteils in Tunnels verläuft, aufgeteilt. Früher mussten die Lokomotiven gewechselt werden, seit 1987 sind auch Loks im Einsatz, die im Tal und am Berg fahren. Die Gesamtstrecke ab Garmisch zum Zugspitzplatt beträgt 19 Kilometer, die Fahrtzeit etwa 70 Minuten (Fahrbetrieb ab Garmisch 8–14 Uhr, ab Zugspitzplatt 9.30–16.30 Uhr, Berg- und Talfahrt 37 €).

- Die **Alpspitzbahn** (www.zugspitze.de, 2380 Meter Länge, 1300 Meter Höhendifferenz, 36 km/h, Juli–Sept. 8–17.30 Uhr, März–Juni 8.30–17 Uhr, Okt.–Feb. 8.30–16.30 Uhr, Berg- und Talfahrt 22 €) startet 200 Meter vom Bahnhof Kreuzeckbahn/Alpspitzbahn der Bahnstrecke Garmisch – Zugspitze.

Mittenwald

Mittenwald ist eines der schönsten Städtchen Oberbayerns und strahlt zwischen den hohen Bergen Ruhe und Zufriedenheit aus. Gemächlich verläuft das Leben hier zwischen der Lüftlmalerei an den Häusern, wenn die Bergsteiger und -wanderer abends zurückkehren und durch die Gassen flanieren. Die erste schriftliche Erwähnung stammt von 1098, doch als Straßenposten mit dem Namen

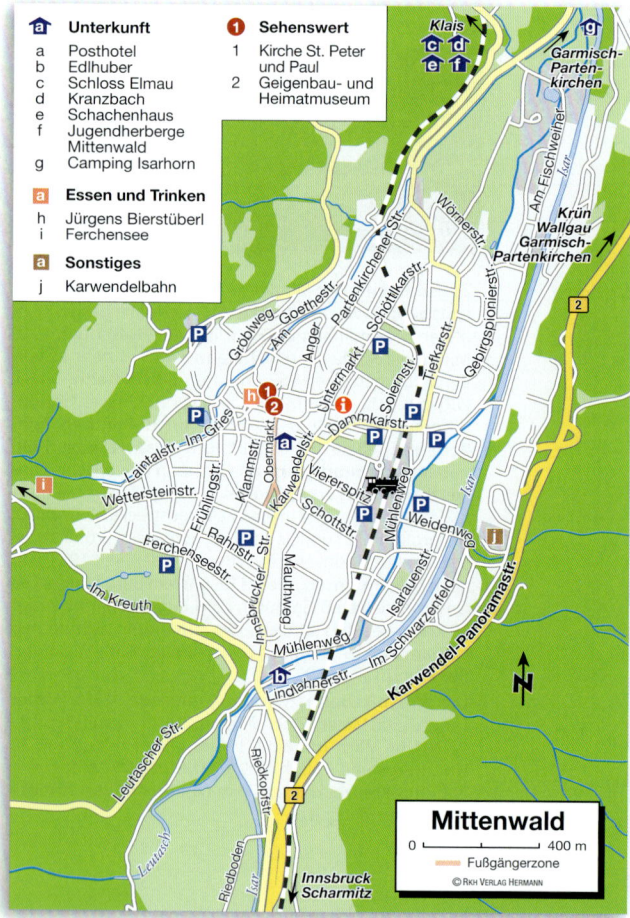

Unterkunft

a Posthotel
b Edlhuber
c Schloss Elmau
d Kranzbach
e Schachenhaus
f Jugendherberge Mittenwald
g Camping Isarhorn

Sehenswert

1 Kirche St. Peter und Paul
2 Geigenbau- und Heimatmuseum

Essen und Trinken

h Jürgens Bierstüberl
i Ferchensee

Sonstiges

j Karwendelbahn

Mittenwald

0   400 m

Fußgängerzone

© RKH VERLAG HERMANN

„Scarnia" am altrömischen Weg über die Alpen verbucht man eine weit längere Geschichte. Ein erstes Mal blühte es aber so richtig im 16. und 17. Jahrhundert auf.

Beim Handel lief Mittenwald Bozen den Rang ab

Die Dogen von Venedig stritten mit Bozen über Handelsrechte und verlegten – da keine Einigung zustande kam – kurzerhand den Handelsplatz für den Warenverkehr zwischen der Venezianischen Republik und Deutschland nach Mittenwald. Als 1679 Bozen den Handelsmarkt zurückerhielt, stieg man auf Geigenbau um und bis heute sind die Streichinstrumente aus Mittenwald begehrte Klangkörper.

Sehenswert

Für Reichtum in der Stadt sorgte der Handel, die Isarflößerei und schließlich der Instrumentenbau. Man errichtete prächtige Bürgerhäuser im alpenländischen Stil und schmückte sie mit Lüftlmalerei. Als Künstler traten der Mittenwalder Franz Karner und aus Oberammergau Franz Seraph Zwinck auf. Besonders stimmig ist der Obermarkt, aber wer einen **Stadtbummel** unternimmt, wird an vielen Ecken auch abseits der Hauptstraße fündig.

Kirche St. Peter und Paul [1]

Natürlich hatten auch hier Joseph Schmuzer und Mattäus Günther Arbeit gefunden. Günther malte aber nicht nur das Innere der Pfarrkirche aus, seine

Pinsel bedeckten auch Fassade und Turm mit Farbe. Die Kirche ist eines der wenigen Gotteshäuser, das die eigentlich profane Lüftlmalerei in den Stand der Religiösität hebt. 1749 wurde die Kirche geweiht, im Inneren zeigt sich der Chor noch aus spätgotischer Zeit, Schmuzer übernahm ihn vom Vorgängerbau. Auch in der nördlichen Kreuzkapelle ist noch ein Rest der Erstkirche zu sehen: das Kruzifix stammt aus dem 14. Jahrhundert. Das Denkmal vor der Kirche erinnert an Matthias Klotz (1653–1743), der den Geigenbau in die Stadt brachte.

Geigenbau- und Heimatmuseum [2]

Das **Museum** (Ballenhausgasse 3, Tel. 08823-2511, www.geigenbaumuseum-mittenwald.de, Di–So 10–17 Uhr, 7.1.–31.01, 16.3.–14.5. und 15.10–4.11.

Di–So 11–16 Uhr, Eintritt 4 €) zeigt die Geschichte des Saiteninstrumentenbaus in Mittenwald mit zahlreichen Beispielen und beschreibt die Arbeit in den Familienwerkstätten. Wer eine Geige erwerben will, wende sich an eine der Werkstätten (s.u., „Einkaufen"). Ein Instrument der Meisterklasse ist nicht billig, die Preise beginnen bei 4000 €, dafür erhält man bestes Handwerk. Seit 1858 werden in Mittenwald Instrumentenbauer ausgebildet, heute eine weltweit bekannte Schule (www.instrumentenbau schule.eu).

Mitten in Mittenwald

Königshaus am Schachten   Am Schachen hat sich Ludwig II. 1872 ein **Jagdhaus** (nur auf einer Bergwanderung von drei Stunden Länge zu erreichen, Tel. 08822-92030, www.schloesser.bayern.de, Juni–Sept. Führungen um 11, 13, 14 und 15 Uhr, Eintritt 4 €) in luftiger Höhe und mit Blick aufs Alpenpanorama errichten lassen – was ihm als Ablenkung vom Weltschmerz aber nicht genügte. Die ganze erste Etage nimmt der „Maurische Saal" ein, ein rechtes Refugium in der Bergwelt mit Brunnen, bestickten Stoffen, Kandelabern, Pfauenfedern und bunten Glasfenstern. Auch in den fünf Wohnräumen darunter meint man sich in Bayern: Gemälde von Kaschmir und Indien zeigen die Orient-Orientiertheit des Königs. Direkt neben dem Königshaus liegt der **Alpengarten** (Juli–Sept. 8–17 Uhr, Eintritt 2 €) des Botanischen Institutes in München. In ihm wachsen über 1000 Pflanzen von den Hochgebirgsregionen aus aller Welt.

Wanderung auf den Schachen

Die beschilderte Wanderung beginnt am Wanderparkplatz im schönen Tal von Elmau (12 Kilometer westlich von Mittenwald, anzufahren über Klais), führt zunächst am Kaltenbach entlang und dann hoch über die Wettersteinalm (1465 m) zum Königshaus. Anstieg 3 Std., Abstieg 1,5–2 Std., Höhenunterschied 850 m. Leichte Bergwanderung, festes Schuhwerk und Wanderkleidung erforderlich.

Karwendel Mit der Karwendelbahn (s.u. bei „Verkehr") geht es in 15 Minuten ins Hochgebirge. An der Bergstation hat man aus der **Bergwelt Karwendel,** einer über den Abgrund ragenden Betonröhre mit einer Glasscheibe am Ende, von der Nichtschwindelfreie gehörigen Abstand halten sollten, eine fantastische Sicht auf das Tal und die Gipfel. In dem Bau und seinen Untergeschossen erfährt man Wissens wertes über Flora und Fauna.

Mittenwalder Ganz Zünftige machen sich zu Fuß von Mittenwald
Höhenweg (920 m) auf und wandern erst einmal den schweißtreibenden, teils schon sehr ausgesetzten Pfad die Wand hoch zur Bergstation der Seilbahn (2243 m, 3 Std.). Dann geht es auf den ausgeschilderten Klettersteig zum Brunnsteinanger (2082 m, 2,5 Std.), von dem man über die Brunnsteinhütte (1560 m) nach Mittenwald absteigt (2,5 Std.). Man bleibt auf dem Weg auf 2300 Meter Höhe und passiert die drei Linderspitzen, Sulzeklamm- und Kirchlespitze. Immer gibt es fantastische Sicht auf Wettersteingebirge und Karwendel. Auch wenn der Klettersteig mit dem Schwierigkeitsgrad „einfach" angegeben wird, ist er teils sehr ausgesetzt, wenn auch vorbildlich gesichert. Nur wer absolut trittsicher und entsprechend mit Bergstiefeln und Kleidung ausgerüstet ist sollte ihn beklettern. Helm und Klettersteigset sind hilfreich.

Pleißenspitze Die Pleißenspitze (2567 m) ist der einzige Berg im Karwendel, den man im Sommer wie auch im Winter besteigen kann. Los geht es von den Wanderparkplätzen Schaffelbrücke (960 m) bei Scharnitz (Österreich, 7 km südlich Mittenwald), und man durchwandert erst das Tal, bevor man einen Ziehweg entlang hoch zur Pleißenhütte (1757 m, 2 Std.)

kommt. Sie ist ganzjährig an Wochenenden offen, im Sommer auch unter der Woche (Tel. 0043-664-9158792, Essen und Unterkunft). Von ihr sind es weitere zwei Stunden hoch zum Gipfel. Für den Rückweg rechne man drei Stunden. Die Wanderung ist einfach, wegen der Länge und des Höhenunterschiedes aber recht anstrengend, Bergstiefel, entsprechende Kleidung und Verpflegung sollte man dabei haben.

Baden am Ferchensee

Fünf Kilometer westlich von Mittenwald lädt an der österreichischen Grenze der idyllische Ferchensee zum Baden ein. Von Wald und Gebirge umringt und mit Badeeinrichtungen ausgestattet, ist er ideal, um den Tag nach einer Wanderung ausklingen zu lassen und das Alpenglühen zu bestaunen.

Service Mittenwald

Information
Touristinfo, Dammkarstr. 3, 82481 Mittenwald, Tel. 08823-33981, www.mittenwald.de, Mo–Fr 8.30–18 Uhr, Sa 9–12 Uhr, So 10–12 Uhr, Nebensaison Mo–Fr 8.30–17.00 Uhr.

Unterkunft
- **Posthotel [a],** Obermarkt 9, Tel. 08823-9382333, www.posthotel-mittenwald.de, DZ/F ab 100 €. Am Marktplatz gelegener Traditionsbau, der schon unter Thurn und Taxis als Station auf dem Weg in den Süden gedient hat; 73 Zimmer und Suiten, drei Restaurants.
- **Edlhuber [b],** Innsbruckerstr. 33, Tel. 08823-1389, www.edlhuber-mittenwald.de, DZ/F ab 50 €. Garni-Hotel am südlichen Ortsrand, gemütlich eingerichtete Zimmer mit Bad und Balkon, großer Garten mit Spielplatz, nicht nur für Familien mit Kindern gut geeignet.
- **Schloss Elmau [c],** 11 km westlich von Mittenwald (6 km südlich von Klais), Tel. 08823-180, www.schloss-elmau.de, DZ m. Halbpension ab 340 €. Fünf-Sterne-Traditionsadresse der „Leading Hotels of the World" im Tal zu Füßen des Wettersteingebirges, bekannt für seine Konzerte und Lesungen (im Zimmerpreis enthalten).
- **Kranzbach [d],** 9 km westlich von Mittenwald (4 km südlich von Klais), Tel. 08823-928000, www.daskranzbach.de, DZ/F ab 260 €. Luxus pur im Fünf-Sterne-Hotel in absolut ruhiger Lage mit einem Hauptgebäude im englischen Landhausstil und modernen Nebenflügeln. Alles voll durchdesigned und mit einem Wellness-Bereich (2500 m^2), der diesen Namen zu Recht verdient.
- **Schachenhaus [e],** Berggasthof am Schachen auf 1866 Meter Höhe, Tel. 0172-8768868, Juni–Okt. (witterungsabhängig), DZ 30 €. Sehr saubere Zimmer, mit hellem

Holz getäfelt, Einzel-, Doppel- und Vierbettzimmer und Matrazenlager (10 €/Person), gute Bergwandererkost und Brotzeit zu günstigen Preisen.

- **Jugendherberge Mittenwald [f],** Buckelwiesen 7, Tel. 08823-1701, www.mittenwald.jugendherberge.de, Bett m. F. 19,50–21,90 €. 4 km nördlich von Mittenwald, 110 Betten in 22 Zimmern, Familienzimmer, großzügige Ausstattung mit Restaurant, Tagungsräumen und Saunaanlage.
- **Camping Isarhorn [g],** Am Horn 4, Tel. 08823-5216, www.camping-isarhorn.de, 5 €/Zelt, 5,50 €/Person. 5 km nördlich von Mittenwald, schön an der Isar gelegener Platz, auch Hüttenvermietung.

Essen und Trinken

- **Jürgens Bierstüberl [h],** Prof.-Schreyögg-Platz 5, Tel. 08823-1228, 11–14.30 u. 17–24 Uhr (im Sommer durchgehend geöffnet), Menü um 15 €. Gemütlich eingerichtetes Gasthaus, vom Namen sollte man sich nicht irreführen lassen, die internationalen Gerichte (Ofenkartoffeln!) werden gediegen zubereitet und adrett arrangiert, vornehmlich leichte Küche (u.a. vegetarisch). Aber Schweinshax'n gibt's auch und einen Biergarten.
- **Ferchensee [i],** Kranzbergstr. 17, Ferchensee (5 km westlich von Mittenwald), Tel. 08823-1594, 10–22 Uhr, Menü um 15 €. Gaststätte mit Bauernstube, Veranda und Biergarten direkt am Ufer. Probieren sollte man die Forellen aus dem See, danach kommt Kaiserschmarrn auf den Tisch.

Einkaufen

Geigenbau, acht Werkstätten für Streichinstrumente gibt es heute in Mittenwald, darunter *Leonhardt* (Mühlenweg 53, Tel. 08823-8010, www.violin-leonhardt.de), *Maller* (Steinergasse 14, Tel. 08823-5865, www.violin-maller.de) und *Sprenger* (Jaisweg 5, Tel. 08823-4026, www.geigenbau-sprenger.de).

Verkehr

Karwendelbahn [j], an der Ortsumgehungsstraße, Tel. 08823-9376760, www.karwendelbahn.de, 8.30–17 Uhr, Winter 8–16 Uhr (halbstündlich), 1322 m Höhendifferenz, 2490 m Länge, 36 km/h, Berg- und Talfahrt 22 €.

Mini-Geigenbauerwerkstatt

Blaues Land, Isarwinkel und Mangfallregion

Franz Marc und Wassily Kandinsky haben der Gegend um Murnau den Namen „Blaues Land" verliehen, so reizvoll und inspirierend fanden sie die Landschaft mit ihren zahlreichen Seen und Mooren zu Füßen der Berge. Ester- und Mangfallgebirge schließen Oberbayern nach Süden hin ab, eine vorzügliche Wanderregionen mit Höhen bis 2000 Meter, engen Tälern, eingebetteten Seen und der Isar, deren Ufer zu erfrischenden Bädern einladen. Pittoreske Ortschaften an Tegern- und Schliersee ziehen zahlreiche Sommerfrischler an, auch hier ist Oberbayern viel zu schade, um über den Achenpass nach Süden zu entfliehen.

Tour-Tipp

Dauer: zwei Tage. Strecke: etwa 150 Kilometer. Start ist **Iffeldorf** (s.S. 181) zwischen den Osterseen, die im Sommer zum Baden einladen, im Winter zu ausgedehnten Spaziergängen. Ein Abstecher führt zur architektonisch interessanten Moschee von **Penzberg** (s.S. 181). In **Murnau** (s.S. 178) am Staffelsee begibt man sich auf die Spuren des „Blauen Reiter". **Kochel** (s.S. 183) ist der Ausgangspunkt für Ausflüge an den Walchensee (s.S. 186) und durch die landschaftlich reizvolle Jachenau bzw. am Sylvensteinspeicher entlang. Über **Lenggries** (s.S. 193) und **Bad Tölz** (s.S. 190) geht's dann an den **Tegernsee** (s.S. 197) und weiter nach **Schliersee** (s.S. 205). Die Fahrt endet am **Wendelstein** (s.S. 208).

Murnau

Hübsch am Westufer des Staffelsees den Hang hoch gelegen, zeigt sich Murnau als ruhiger Luftkurort in dem ganz eigenen Licht des Blauen Landes, das nicht nur früher Künstler begeisterte. Noch heute ist die Kunstszene umtriebig und betreibt über zehn Galerien, für einen Ort mit 12.000 Bewohnern eine erkleckliche Zahl. Der See mit seinen sieben Inseln und den umliegenden Moorgebieten ist ein beliebtes Spazierziel der Münchener, und im Juni herrscht so richtig Betrieb, wenn an Fronleichnam die einzige Seewallfahrt Oberbayerns stattfindet.

Der Rotwagen-
brunnen am
Obermarkt er-
innert an den
mittelalter-
lichen Handel

Als Handelsumschlagplatz an der mittelalterlichen Rottstraße von Bozen ins obere Isartal gelangte man zu Reichtum. Der Stadtbrand Mitte des
19. Jahrhunderts zerstörte praktischen den gesamten Ort, und man musste ihn neu aufbauen, was
zum stimmigen Bild des heutigen Zentrums geführt hat.

Sehenswert

**Schloss-
museum [1]**

Das **Museum** (Schloßhof 4–5, Tel. 08841-476201,
www.schlossmuseum-murnau.de, Di–So 10–17 Uhr,
Eintritt 5 €) im Murnauer Schloss widmet sich den
Künstlern und Literaten des beginnenden 20. Jahr-
hunderts, besonders natürlich der Münchener
Künstlervereinigung „Blauer Reiter" und seinen
Protagonisten *Gabriele Münter, Wassily Kandinsky,*

Murnau

0 ⊢———⊣ 200 m

Fußgängerzone

© RKH VERLAG HERMANN

❶	**Sehenswert**	🅰	**Unterkunft**	🅰	**Essen und Trinken**
1	Schlossmuseum	a	Leonhard	d	Ähndl
2	Münterhaus	b	Via Stafnensis	e	Alpenblick
		c	Camping Fohnsee	f	Fohnseestüberl
				g	Forsthaus Höhlmühle

Marianne von Werefkin, Alexej Jawlensky, Franz Marc und *Heinrich Campendonk* mit der größten öffentlich gezeigten Sammlung. *Ödön von Horváth* lebte 1924–1933 auch in Murnau und schrieb hier u.a. „Italienische Nacht". Man erfährt aber auch einiges zur Geschichte des Städtchens. Das Schloss selbst entstammt dem 13. mit Umbauten im 16. Jahrhundert.

Münterhaus [2]

Im zur Münchener Galerie Lenbachhaus gehörenden **Münterhaus** (Kottmüllerallee 6, Tel. 08841-628880, www.lenbachhaus.de, Di–So 14–17 Uhr, Eintritt 3 €, bis 25 Jahre frei) lebte Gabriele Münter ab 1909 bis zu Ihrem Tod 1962, ihr Lebensgefährte Kandinsky bis 1914, worauf der Name „Russenhaus" zurückgeht. Er bemalte in dieser Zeit Treppenhaus und Möbel, und so gewinnt man heute einen ausgezeichneten Eindruck vom damaligen Leben der Expressionisten.

Murnauer Moos

Das Murnauer Moos ist das größte Vogelbrutgebiet Süddeutschlands

Der Zugang zum größten zusammenhängenden Moorgebiet Europas befindet sich im Ortsteil Ramsach bei der **Kirche St. Georg** mit der ältesten erhaltenen Kirchenglocke auf dem europäischen Festland (erste Hälfte des 8. Jahrhundert). Das Hochmoor vor dem Alpenpanorama eignet sich winters wie sommers für einen Spaziergang, von Schautafeln erfährt man Wissenswertes zum Naturschutzgebiet und über Flora und Fauna. Teils auf Holzstegen geht es auf einem Rundweg durch und entlang des Moors (Dauer drei Stunden, Länge zwölf Kilometer, einfacher Spaziergang ohne Höhenunterschiede).

Frühling im Murnauer Moos

Osterseen

Das Naturschutzgebiet der romantischen Osterseen nordöstlich von Murnau besteht aus einer Hochmoorlandschaft mit über 35 Seen, die im Volksmund „Tränen des Starnberger Sees" heißen. Nicht alle dieser Gewässer sind noch als solche erkennbar, da sie teils stark verlandeten. Insgesamt umfasst das Gebiet 1000 ha, davon ein Drittel Wasserfläche – ein wichtiges Vogelbrutgebiet mit Mooren und Mischwald. Um die Vogelwelt und den gesamten Naturraum zu schützen und weil auch der Zugang zu den Seen durch Moor und Schilf teils verlegt wurde, hat man Badeplätze deklariert. Doch auch am Wochenende herrscht dort eigentlich nie drangvolle Enge, ein guter Platz also, um sich zu erholen.

Badeeinrichtungen: Am Ostufer des Großen Ostersees und am Süd- und Ostufer des Fohnsees

Osterseen-Wanderung

Auf einem Rundweg ab und bis Iffeldorf kann man die Osterseen umrunden. Man folgt erst dem Westufer des Großen Ostersees und bei Unterlauterbach hinter der Klinik für Rekonvaleszenten, die hier wirklich absolute Ruhe und ein beruhigendes Bergpanorama nach schweren Herzoperationen finden, wechselt man auf die Ostseite und kehrt zwischen Fohnsee und Staltachersee und schließlich östlich am Sengsee vorbei zurück nach Iffeldorf (Länge zwölf Kilometer, Dauer 3 Stunden).

Penzberger Moschee

Die **Moschee** (Bichlerstr. 15, Tel. 08856-932332, www.islam-penzberg.de, 9–19 Uhr) in der Ortsmitte von Penzberg 20 km nordöstlich von Murnau gilt als architektonisches Glanzstück und ist städtebaulich bestens ins Ortsbild eingepasst. Auch Nicht-Muslime dürfen jederzeit in das islamische Zentrum und in die Moschee (Schuhe am Eingang ausziehen). Der Augsburger Alen Jasarevic schuf mit seiner Formensprache und ohne Kuppel und ohne Spitzminarett, dafür unter Verwendung von viel Glas und Material aus der Region einen modernen Bau, der auch örtliche Traditionen aufnimmt. So wurde für die Verkleidung des Minarettes ein durchbrochenes Stahlkleid gewählt – in Anlehnung an den früheren Erzabbau in Penzberg. Nicht nur nach Innen wirkt das Gebäude, es ist erklärtermaßen als Stätte der Begegnung offen gehalten und soll Menschen aller Konfessionen einladen.

3

Service Murnau

Information

Touristinfo, Kohlgruberstr. 1, 82418 Murnau, Tel. 08841-61410, www.murnau.de, Mo–Fr 9–12 u. 14–17 Uhr, Sa 10–12 Uhr.

Unterkunft

- **Leonhard [a],** Leonhardstr. 2 (etwas außerhalb im Osten), Tel. 08841-1253, www.hotel-pension-st-leonhard-murnau.de, DZ/F ab 66 €. Schöne Lage zwischen Rieg- und Froschhauser See (eigener Badestrand fünf Fußminuten entfernt), Landgasthof mit gemütlicher Einrichtung, Gaststube mit kleinen Gerichten für Hausgäste.
- **Via Stafnensis [b],** Burgweg 18, Seehausen, Tel. 08841-2110, www.urlaub-am-staffelsee.de, DZ/F ab 80 €. Auf der Halbinsel Burg bezieht man eines der acht hellen und großzügigen Komfortzimmer, teils mit Blick auf den See, teils auf Dorf und Berge. Schöner Garten zum Sonnenbaden, eigene Bäckerei und Speisemöglichkeit, Spa-Bereich.
- **Camping Fohnsee [c],** am Ostufer des Fohnsees, Tel. 08856-7874, www.campingplatz-fohnsee.de, 15. April–15. Okt., 3,50–10 €/Stellplatz, 3,30 €/Person. Kleiner Platz unter Bäumen am Ufer, im Sommer wegen der idyllischen Lage häufig ausgebucht.

Essen und Trinken

- **Ähndl [d],** Ramsachstr. 2, Tel. 08841-5241, Fr–Mi 12–22 Uhr, Menü um 15 €. Ausflugslokal mit gutbürgerlich-bayerischer Küche und einem schöner Biergarten unter hohen Kastanienbäumen am Rand des Murnauer Mooses neben dem Kirchlein St. Georg.
- **Alpenblick [e],** Kirchtalstr. 30, Uffing, Tel. 08846-9300, Mai–Sep 10–22 Uhr, Winter Do geschl., Menü um 25 €. Am Südufer des Staffelsees sitzt man in einem der schönsten Biergärten der Region oder im Restaurant und sollte unbedingt die Fische frisch aus dem See probieren: Zander, Hecht, Renken und Saibling: Internationale, gehobene Küche im Stüberl und auf der Seeterrasse, im Biergarten Brotzeit.
- **Fohnseestüberl [f],** Fohnseeweg 30, Tel. 08856-2786, Di–So 11–21 Uhr, Winter Mi–Fr 17–21 Uhr, Sa/So 11–21 Uhr, Menü um 10 €. Bayerische Brotzeit mit Obazd'n und Wurstsalat, die Badenden kaufen aber schon mal nur eine Fischsemmel, ansonsten ein Speiseangebot wie an der Adria: Cevapcici und Raznici von der Wirtsfamilie Karic. Vom Biergarten Blick auf den Fohnsee.
- **Forsthaus Höhlmühle [g],** Riegsee/Höhlmühle 1, Tel. 08841-9620, Mi–So ab 10 Uhr, Menü um 20 €. 9 km östlich Murnau im Wald südlich von Habach, idyllisch gelegene und gemütliche Waldgaststätte mit Biergarten und ausgezeichneter bayerischer Küche mit abwechslungsreicher Karte, empfohlen sind besonders Wildgerichte aus der eigenen Jagd.

Feste   **Seewallfahrt,** Fronleichnam (Juni). Ganz Seehausen an
der Ostseite des Staffelsees steht Kopf und die Straßen
sind geschmückt, wenn die Prozession von der Kirche St.
Michael durch den Ort zur Anlegestelle zieht und die
Boote zur Insel Wörth besteigt, auf der an der Kapelle St.
Simpert die Messe zelebriert wird.

Kochel am See

Kältester
Badesee
Oberbayerns

Zwischen Bergen, Hochmoor und am Ufer des 6
km² großen Kochelsees gelegen ist der Ort als Basis
für leichte Spaziergänge, anspruchsvollere Wanderungen oder einfach nur für den – allerdings sehr
kühlen, deswegen im Hochsommer aber willkom-
menen – Badespaß gut geeignet.

   In der Ortmitte steht das **Denkmal** für den (zumindest für die Kocheler) berühmtesten Sohn der
Stadt, den Schmied von Kochel, der, den bayerischen Aufstand gegen die Habsburger Besetzung
von 1705 anführend, mit seinen Leuten gegen
München marschierte und bei der „Sendlinger
Mordweihnacht" mit 1100 Mann getötet wurde,
obwohl sie sich schon ergeben hatten.

**Franz Marc
Museum**

„Das springende
Pferd"

Das **Museum** (Franz Marc Park 8–10, Tel. 08851-
924880, www.franz-marc-museum.de, Di–So 10–18
Uhr, Winter 10–17 Uhr, Eintritt 7,50 €), mit Aussicht
an einem Hang gelegen, stellt mit seinem Samm-
lungskonzept die Werke von Marc in Zusammenhang mit ihrer Wirkung auf die Kunstwelt des 20.
Jahrhunderts aus. Das Haus, das seit 2008 einen modernen Annex besitzt, kaufte Marc 1914,
1916 fiel er als Leutnant vor Verdun.
Im Komplex serviert die Gaststätte
„Zum Blauen Reiter" ausgezeichnete bayerische Kost.

3

Staffelalm

Auf der Staffelalm (Juni–Okt. bewirtschaftet, Möglichkeit, etwas zu Trinken und – bei Glück – eine Rohrnudel zu essen) in der Jachenau unterhalb des Rabenkopfes verbrachte Franz Marc als Student des öfteren seine Semesterferien. Auf seinen Spuren wandert man, wenn man vom Rathaus in Kochel über die Zimmermoosbrücke hoch zur Kochleralm und den Serpentinenweg weiter zur Staffelalm (1320 m) nimmt. Nachdem man dort gebührend das Fresko mit den zwei Hirschen bewundert hat (tatsächlich von Franz Marc gemalt, an der Rückwand des einzigen Zimmers auch durchs Fenster zu sehen, ansonsten fragen!) und sich gestärkt hat, geht es weiter hoch zum Rabenkopf (1559 m) mit seinem mächtigen Gipfelkreuz und gigantischer Aussicht auf die Bergwelt, u.a. auf die Benediktenwand. Man nimmt denselben Weg zurück. Dauer sechs Stunden, Höhendifferenz 900 Meter, leichte Bergwanderung.

Sehenswertes in der Umgebung

Kloster Benediktbeuren

Hier erfand Fraunhofer ein Objektiv mit zwei Einzellinsen, das keine Farbfehler kennt

Das Kloster, sieben Kilometer nördlich in Richtung Penzberg, geht auf das Jahr 725 zurück und war einst eines der größten der Ordensgemeinschaft der Benediktiner. Die heutige Anlage entstand ab 1669 als barockes Ensemble, an dem Künstler wie Hans Georg Asam und Johann Baptist Zimmermann mitwirkten. Mit der Säkularisation 1803 wurde es aufgelöst. Der Physiker und Optiker *Joseph von Fraunhofer* kam 1806 nach Benediktbeuren und errichtete in den Klostergebäuden eine **Glashütte** (Fraunhoferstr. 2, 9–16 Uhr), wo er neue Glassorten entwickelte. Die Glashütte ist zu besichtigen: Schmelzöfen mit Rührwerk zur Glasherstellung, Werkzeuge zur Glas- und Metallbearbeitung und optische Instrumente. Auf Schautafeln werden Glasherstellung und Weiterverarbeitung erklärt.

Seit 1930 sind die Salesianer Don Boscos im **Kloster** (Tel. 08857-88681, www.benediktbeuern.de, Führungen 14.30 Uhr, Sa/So auch 11 Uhr, im Winter und in der Übergangzeit nur an bestimmten Tagen, Eintritt 3,50 €) beheimatet. In der ehemaligen bis 1686

erbauten Klosterkirche St. Benedikt hat Asam, Vater der berühmten Asam-Brüder, ein erste Mal ein Deckenbild in Freskotechnik (Heilsgeschichte) geschaffen. Martin Knoller malte das Altarbild mit der Dreifaltigkeit, Maria und dem hl. Benedikt, dem Begründer des abendländischen Mönchtums. Den Benediktinern gilt das Kloster noch heute als drittwichtigster Wallfahrtsort, verwahrt man doch eine Reliquie des hl. Benedikt, eine Schenkung durch Karl den Großen aus dem Jahr 800.

Um zur **Anastasiakapelle** zu gelangen, muss man die Kirche verlassen und zur Nordostecke gehen. Sie entstand 1751–1753 und gilt als Juwel des Rokoko. Sie ist der Märtyrerin Anastasia gewidmet, die 305 starb; ihre Reliquien, darunter die Kopfschale, werden in einer Silberbüste verwahrt. Die Stuckarbeiten in dem lichtdurchfluteten Raum übernahmen Künstler aus Wessobrunn. Die **inneren Räume** des Klosters sind nur bei einer Führung zu besichtigen. Der Besuch ist empfehlenswert, da die zahlreichen Säle mit Stuck, Gemälden und Schnitzereien reich geschmückt und ausgezeichnet renoviert sind.

Bauernhofmuseum Glentleiten

Das **Museum** (Tel. 08851-1850, www.glentleiten.de, Mitte März–Mitte Nov., Di–So 9–18 Uhr, Juni–Sept. auch Mo, Eintritt 5 €) liegt 8 km westlich von Kochel beim Dorf Großweil und zeigt rund 60 Gebäude, eingebettet in eine Landschaft aus Wald und Weideflächen. Darunter prächtige Bauernhöfe, einfache Hütten, Mühlen, Almgebäude und Werkstätten.

Walchenseekraftwerk

Der Kochelsee ist wegen des Walchenseekraftwerkes an seinem Südufer stark durchströmt und deshalb steigt seine Temperatur an der Oberfläche auch im Sommer praktisch nicht über 18 °C an. Durch sechs mächtige Rohre vom 200 Meter darüber liegenden Walchensee herabfallend, strömt das

Wasser seit 1924 durch die Turbinen. Das **Kraftwerk** (Altjoch 21, Kochel, Tel. 08851-770, Informationszentrum 9–17 Uhr, feste Führungen durch das Werk Mai–Okt. Di 16 Uhr, auch andere Termine nach Vorbestellung für Gruppen ab 10 Personen möglich, Dauer 45 Min., kostenfrei) geht auf Oskar von Miller zurück, der damit die Elektrifizierung der Eisenbahn einläutete.

> Noch heute speist das Kraftwerk 124.000 Kilowatt in die Oberleitungen der Bahn

Walchensee   Auf 800 Meter Höhe und mit fast 17 km² ist er der größte Gebirgssee Deutschlands und mit 67 Meter Tiefe ein wichtiger Wasserspeicher, dessen Spiegel dank des Kraftwerks kontrolliert gesenkt werden kann. Im Sommer tummeln sich auf der Wasserfläche zahlreiche Windsurfer, die von den starken Winden profitieren. Motorboote sind verboten, baden aber darf man (17–21 °C im Hochsommer) und blickt dabei auf die rundum sich aufbauenden Gipfel – darunter der Lieblingsberg Ludwigs II., der **Herzogstand.** Auf ihm ließ er ein Königshaus errichten, das heute als Berggasthof auch das einfache Volk verköstigt. Wer die Wanderung hinauf scheut, nimmt die Bergbahn (s.u. „Verkehr"). Von der Bergstation sind es 40 Minuten hinauf zum Gipfel, von der Tal- zur Bergstation (800 Höhenmeter) dauert es zu Fuß 2,5 Stunden.

> Windsurferparadies in den Bergen, Surfing Center: Seestr. 10, Tel. 08858-261

Badespaß im Trimini

Das **Trimini** (Seeweg 2, Kochel, Tel. 08851-5300, www.trimini-ko-chel.de, 9–20 Uhr, Winter 10–20 Uhr, Mo geschl., Tageskarte 9 €, Kinder 6,50 €) am Seeufer ist nicht nur eine Badeerlebniswelt mit Wasserrutschen, sondern besitzt auch ein Freibad mit viel Liegefläche, Bergpanorama und der Möglichkeit, in den See zu springen.

Kesselbergstraße

Die kurvenreiche Straße vom Kochelsee hoch zum Walchensee gehörte zu den beliebtesten Amateurrennstrecken der Motorradfahrer. An Wochenenden rasten sie in phänomenalen Schräglagen rauf und runter und des öfteren auch gegen die Bäume und in den Abgrund. Seitdem dürfen Biker die Straße nur noch an Wochentagen bergauf befahren, für Bergabfahrer auf großer Tour ist die Strecke auch Sa/So offen.

Jachenau

Wo sich früher nur Holzknechte und Bauern gute Nacht sagten

Das Tal der Jachenau zwischen dem Walchensee und Lenggries südlich der Benediktenwand zieht als Tagesausflugsziel die Münchener an. Vom Dorf Einsiedeln am Walchensee führt eine Mautstraße (3 €/Tag/Auto) zum Dorf Jachenau (13 Kilometer, nach Lenggries weitere 18 Kilometer) und in das auf 800 Meter gelegene Hochtal. Im Sommer ist es ein Wanderparadies, im Winter wegen der Schneesicherheit und mit 35 Kilometer gespurter Loipe Anziehungspunkt für die Langläufer.

Sylvensteinspeicher

Eigentlich sieht man ihm seine Künstlichkeit nicht an, geschaffen wurde er durch den Dammbau 1959, seitdem staut er die Wasser von Isar, Dürrach und Walchen und wirkt, eingebettet zwischen den steilen Bergflanken, wie ein natürlich entstandener Fjord. Wehre ermöglichen, dass die Isar im Sommer nicht trockenfällt und bei Schneeschmelze und Regen nicht über ihre Ufer tritt. Dass zwei Kraftwerke auch Strom erzeugen, ist willkommener Nebeneffekt. Man gelangt von Einsiedeln am Walchensee über Wallgau und den Weiler Vorderriß (Mautstraße, 2,50 €/Tag/Auto) das beeindruckend zerklüftete obere Isartal entlang auf 23 Kilometer zum Speicher.

Walchensee

Der Jäger von Fall

Dort, wo die Romanfigur Ludwig Ganghofers – der aufrechte Jäger Friedl – einst seine Tragödie mit der geliebten Modei durchlebte, die vom Wilderer Huisentoni ein Kind bekam während Friedl beim Militär war, liegt heute der ruhige Wasserspiegel des Sylvensteinspeichers. Das Dorf Fall verschwand bei der Flutung.

Service Kochel am See

Information

- **Touristinfo Kochel,** Bahnhofstr. 23, 82431 Kochel am See, Tel. 08851-338, www.kochel.de, Mo–Fr 8–12 u. 14–18 Uhr, Sa 9–12 Uhr, Winter Mo–Do 8–12 u. 13–16 Uhr, Fr 8–12 Uhr.
- **Touristinfo Walchensee,** Ringstr. 1, 82432 Walchensee, Tel. 08858-411, www.walchensee.kochel.de, Mo–Do 8–12 u. 13–16 Uhr, Fr 9–12 Uhr.

Unterkunft

- **Egner,** Herzogstandweg 23, Kochel, Tel. 08851-228, www.gaestehaus-egner.de, DZ/F ab 60 €. In Ortsmitte, fünf Minuten Fußweg vom See entfernt in ruhiger Lage an einer Nebenstraße, Hotel garni mit 15 komfortablen Zimmern.
- **Kiefersauer,** Walchensee/Südufer, Tel. 08858-929090, DZ/F ab 40 €. Man wohnt in traumhafter Einzellage am Seeufer an der Mautstraße in die Jachenau, was schon Ludwig II. zu einer Übernachtung animiert hat. Mindestaufenthalt ist fünf Tage. Da nicht gekocht wird, sollte man tagsüber warm essen gehen und sich abends eine Brotzeit mitbringen und sie in der Stube verputzen.
- **Zur Jachenau,** Dorf 8 ½, Jachenau-Dorf, Tel. 08043-9100, www.hotel-gasthof-jachenau-toelzer-land.de, DZ/F ab 56 €. Dorfgasthof mit sehr geschmackvollen, in unaufdringlich bayerischem Stil eingerichteten Zimmern, schöne Sonnenterrasse mit Blick ins Tal, gute Gaststätte.
- **Jugendherberge,** Mittenwalderstr. 17, Walchensee/Urfeld, Tel. 08851-230, www.walchensee-jugendherberge.de, Bett m. F. 19,10 €. Schön gelegene Herberge am Nordufer, nur Mehrbettzimmer mit WC/Bad, wird gerne von Schulklassen gebucht.
- **Camping Walchensee,** Lobisau, Tel. 08858-929168, www.camping-walchensee.de, Mai–Sept., 4 €/Zelt, 6 €/Person. Herrlich gelegener Platz am südwestlichen Seeufer mit Blick auf den Herzogstand, kleiner Laden und Kiosk.

Unterkunft, Essen und Trinken

- **Zum Blauen Reiter,** Franz Marc Park 8, Kochel, Tel. 08851-923833, Di–So 10–18 Uhr, Winter bis 17 Uhr, Menü um 25 €. Minimierte Einrichtung und eine schöne kleine Terrasse sind das passende Ambiente für ein leckeres Essen mit Biofleisch, Fisch, Vegetarischem oder einfach nur Kaffee und Kuchen.

Urlaubsidylle

Berggasthaus Herzogstand, zehn Gehminuten von der Bergstation der Herzogstandbahn auf 1600 Meter Höhe, Tel. 08851-234, tgl. ab 9.15 Uhr, Menü um 15 €. Gepflegte bayerische Gerichte und kleinere Gerichte wie Erbensuppe, Kasspatz'n, Kaiserschmarrn und Apfelstrudel. Unterkunft u.a. in Doppelzimmern 38 €/Person (nur nach Voranmeldung).

Schwaigerhof, Seestr. 42, Walchensee, Tel. 08858-92020, 10–22 Uhr, Menü 15–20 €. Über die Region hinaus bekannt sind die Gerichte mit im Walchensee gefangenen Fischen (Saibling, Renke), aber auch den Schweinsbraten auf der Terrasse zu essen ist ein Genuss. Danach entspannen am Seeufer auf der Liegewiese am Bootssteg.

Klosterbräustüberl, Zeiler Weg 2, Benediktbeuern, Tel. 08857-9407, 10–22 Uhr, Menü um 12 €. Immer gern und gut besuchte Klostergaststätte mit einem schönen Biergarten und gemütlich gestalteten Wirtsräumen, das Essen ist ausgezeichnet. Neben den bayerischen Standards steht auch Ausgefalleneres wie Milzwurst und saures Lüngerl auf der Karte. Für die Kinder gibt es einen Spielplatz.

Sonntag gibt's Frühschoppen und Blasmusik im Biergarten des Klosterstüberls

3

Verkehr **Herzogstandbahn,** Am Tanneneck 6, Walchensee-Ort, Tel. 08858-236, www.herzogstand.kochel.de, Höhendifferenz 791 Meter, Streckenlänge 1388 Meter, 28,8 km/h, Mo–Fr 9–15.45 Uhr, Sa/So bis 16.15 Uhr, Berg- und Talfahrt 11,50 €.

Feste **Patronatstag der Gebirgsschützen,** erster Maisonntag. Beim Hauptfest des Bundes der Bayerischen Gebirgsschützen-Kompanien zu Ehren ihrer Patronin, der Mutter Gottes, versammeln sich auf dem Festplatz von Benediktbeuern (sieben Kilometer nördlich Richtung Penzberg) Hunderte von Schützen der 46 bayerischen Kompanien und weitere aus Österreich und Italien und dürfen einmal so recht nach Herzenslust böllern.

Bad Tölz

Wer an Tölz denkt, sieht Ottfried Fischer als „Bullen", der sich in den 69 Folgen seiner Fernsehserie niemals in die bayerisch-korrupte Welt von Regierung, Kirche und „Unternehmertum" einflechten ließ. Doch ist die Verwaltung von Tölz sicherlich unbestechlich. Die Stadt besitzt ein hervorragend restauriertes Zentrum aus fassadenprächtigen Bürgerhäusern mit zahlreichen Geschäften und Straßencafés. In den Schriften tauchte Tölz erstmals 1180 auf, 1331 erhielt es durch Ludwig den Bayern Marktstatus. Flößerei und Kalkbrand waren Haupterwerbszweige, später kamen Brauereien hinzu (1721 zählte man 22 Stück), und die Schreiner begannen die weit über die Region hinaus bekannten „Tölzer Kästen" zu bauen.

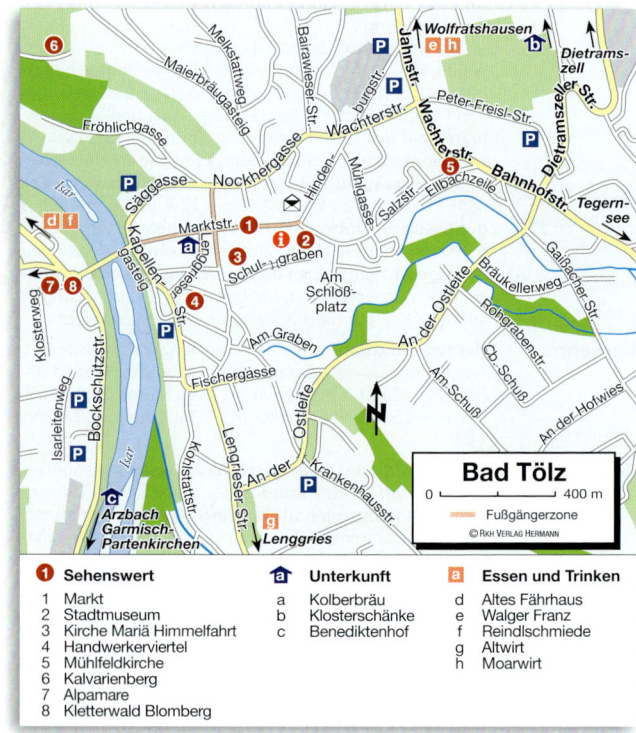

Bad Tölz

0 |—————| 400 m

▬ Fußgängerzone

© RKH VERLAG HERMANN

❶ **Sehenswert**	ⓐ **Unterkunft**	ⓐ **Essen und Trinken**
1 Markt	a Kolberbräu	d Altes Fährhaus
2 Stadtmuseum	b Klosterschänke	e Walger Franz
3 Kirche Mariä Himmelfahrt	c Benediktenhof	f Reindlschmiede
4 Handwerkerviertel		g Altwirt
5 Mühlfeldkirche		h Moarwirt
6 Kalvarienberg		
7 Alpamare		
8 Kletterwald Blomberg		

Marktstraße
in Bad Tölz

Markt [1]   Die langgestreckte Marktstraße, heute Fußgängerzone, geht in ihrem heutigen Erscheinungsbild auf
den Beginn des 20. Jahrhunderts zurück, als der
Heimatpfleger Gabriel von Seidl die aus dem 18.
Jahrhundert stammenden giebelständigen Häuser
am Platz von allem Neugotischen befreite und den
Gebäuden alpenländische Fassaden verpasste, die
mit viel Lüftlmalerei verziert wurden. Eines der
schönsten Beispiele dafür ist das ehemalige Rathaus,
in dem sich heute das Stadtmuseum befindet.

Stadtmuseum   Das **Museum** (Markstr. 48, Tel. 08041-504688, Di–
[2]   So 10–16 Uhr, Eintritt 2 €) fächert in fünf Etagen die
Stadt- und Regionalgeschichte auf und legt besonderes Gewicht auf das Kunsthandwerk der
Tölzer, deren „Kistler" Truhen, Schränke, Wiegen,
Betten, ja ganze Wagen herstellten und mit bäuerlichen Motiven bunt bemalten. Die Gemäldegalerie
zeigt wichtige Tölzer Persönlichkeiten und An-
sichten der Stadt und des Umlandes.

Kunsthand-
werk und
handwerklich
hergestellte
Gebrauchs-
gegenstände
verkauft der
Museums-
laden

Schmucke
Fassade
des Stadt-
museums

Kirche Mariä Himmelfahrt [3]	Wenige Schritte südlich der Marktstraße erhebt sich die dreischiffige Pfarrkirche aus dem 15. Jahrhundert, neu errichtet nach dem verheerenden Stadtbrand von 1456. Der Turm erhielt sein heutiges Gesicht im 19. Jahrhundert, auch die Innenausstattung wurde zu dieser Zeit überarbeitet. Beachtenswert sind die in der Renaissance entstandenen Grabmäler.
Handwerkerviertel [4]	Das *Gries,* Wohn- und Arbeitsort der mittelalterlichen Zünfte und das Herbergsviertel der Stadt, erstreckt sich von der Pfarrkirche hinunter zur Isar. Es gibt enge Gassen mit schmalen Häuschen, den Bürgerhäusern am Markt ähnlich, doch viel kleiner, ärmlicher und ungeschmückt und mehrfach unterteilt, so dass sich Haustür an Haustür reiht, von denen Treppen in die einzelnen Etagen oder Durchgänge in die Hinterhofbereiche führen.
Mühlfeldkirche [5]	Die ehemalige Wallfahrtskirche Mariahilf liegt oberhalb des Marktes an der Salzstraße und soll vom Wessobrunner Joseph Schmuzer 1737 geplant worden sein. Auch der Stuck geht wohl auf ihn zurück; Matthäus Günther – sein Mitstreiter auf vielen Baustellen – malte das Fresko im Chor.

Wasser und Wald

Das **Alpamare [7]** (Ludwigstr. 14, Tel. 08041-509999, www.alpamare.de, 9.30–22 Uhr, Tageskarte 34 €, Kinder 24 €) am linken Isarufer gleich nördlich des Krankenhauses und noch mitten in der Stadt beim Kurpark, lockt die Wasserratten mit 1000 Meter Rutschen, einer Surfanlage, Wellenbad, Saunen usw. an. Die Rutschen mit den sinnreichen Namen „Gaga" oder „Cobra Tunnel" sind die Hauptattraktion und nicht immer jedermanns Sache. Es gibt aber genügend Rückzugsmöglichkeiten.

Der **Kletterwald Blomberg [8]** (Am Blomberg 1a, Tel. 08041-7935692, www.kletterwald-blomberg.de, 3 Std. 20 €, Kinder 17 €) bietet ebenso viel Thrill, allerdings hoch in Wipfeln des Waldes auf dem Blomberg (Seilbahnfahrt geht extra, s.u. bei „Verkehr"). Auf sechs Parcours unterschiedlichen Schwierigkeitsgrades und von 2 bis 15 Meter Höhe kann man seine Schwindelfreiheit, Mut und Geschicklichkeit testen. Für die Abfahrt im Sommer nimmt man dann den **Blomberg-Blitz,** eine Sommer-/Winter-Bobbahn von 500 Meter Länge mit mehreren Schikanen.

Kalvarienberg
[6]

Von der Säggasse gleich nördlich der Stelle, wo die Marktstraße die Isar erreicht, führt der Pfad vorbei an Wegkapellen hinauf zur barocken Doppelkirche Hl. Kreuz. Von dort reicht der Blick weit über Isartal und Stadt, schon deshalb lohnt der kurze Aufstieg. Die „Heilige Stiege" im Inneren stand 1718 noch im Freien, dann wurde sie mit einem Gotteshaus umschlossen. 1726 kam die Kirche zum Hl. Grab als Vorbau hinzu. Der breite Mittelteil der dreiläufigen Treppe ist den Pilgern vorbehalten, die sie auf Knien und betend hinansteigen. Wer dies nicht möchte, nutzt die Seitenläufe.

Lenggries

Der Winter- und Sommerurlaubsort im schönen Isartal 10 Kilometer südlich von Tölz hat seinen dörflichen Charakter bewahrt, trotzdem es praktisch kein Haus mehr gibt, das nicht mit Tourismus zu tun hat. Herausgeputzte Bauernhöfe, schleck-saubere Straßen und Trachtengewandete sorgen für das rechte Erholungsambiente und Flanierlaune am Abend, wenn man aus den Bergen zurückkehrt. Als Flößerdorf im Isarwinkel war Lenggries bekannt, und seine Geschichte präsentiert das **Heimatmuseum** (Rathausplatz 2, Tel. 08042-501820, Mo–Fr 8–12 u. 14–17 Uhr, im Sommer auch Sa/So 10–12 Uhr). Erstmals urkundlich erwähnt wurde Lenggries („der lange Gries" als Beschreibung der Isar-Sandbänke) im Jahr 1257.

Die Skirenn-läuferinnen Hilde Gerg, Michaela Gerg-Leitner und Martina Ertl wuchsen in Lenggries auf

3

Brauneck

Das Wander- und Skigebiet Brauneck hat Tradition, denn schon in den 1920er Jahren kamen die Münchener, um sich auf ihren Brettl'n zu verlustie-ren. Damals stand aber noch der anstrengende Anstieg vor dem Vergnügen, heute geht es mit der Seilbahn (s.u. bei „Verkehr") hinauf zum Skizirkus mit 18 Liften und im Sommer in das schöne Wandergebiet. Das Brauneck gehört mit den Achselköpfen zum Massiv der Benediktenwand, zahlreiche Routen sind ausgewiesen, von der einfachen Almwanderung bis zur herausfordernden Gratwanderung über Latschenkopf (1712 m), Benediktenwand (1800 m), Rabenkopf (1555 m) und Jochberg (1565 m) zum Kesselberg und nach Kochel am See hinunter (25 Kilometer, 9–10 Stunden ab Lenggries, mittelschwere Bergwanderung, wegen der Länge aber Herausforderung an die Kondition).

Dietramszell

Die **Pfarrkirche** in Dietramszell, 12 Kilometer nördlich von Tölz, ist ein weiteres Glanzstück des bayerischen Rokoko. Als Klosterkirche entstand der Wandpfeilerbau 1745 und an der Innenausstattung wirkte Johann Baptist Zimmermann mit. In Weiß und Gold rankt sich der Stuck um die Tragwerke und jauchzt geradezu dem zentralen Deckenfresko und dem Himmel entgegen. Die Figuren rechts und links am zum Chor überleitenden Triumphbogen stammen wie die Kanzel aus der Werkstatt des Franz Xaver Schmädl.

Service Bad Tölz

Information

- **Touristinfo Tölz,** Max-Höfler-Platz 1, 83646 Bad Tölz, Tel. 08041-78670, www.bad-toelz.de, Mo–Fr 9–12.30 u. 13.30–18 Uhr, Sa 9–12 Uhr; oder Marktstraße 48, Tel. 08041-504688, Di–So 10–16 Uhr.
- **Touristinfo Lenggries,** Rathausplatz 2, 83661 Lenggries, Tel. 08042-50180, www.lenggries.de, Mo–Fr 8–18 Uhr, Sa/So 10–12 Uhr, Winter Mo–Fr 9–12 u. 14–17 Uhr.

Unterkunft

- **Kolberbräu [a],** Marktstr. 29, Tölz, Tel. 08041-76880, www.kolberbraeu.de, DZ/F ab 70 €. Direkt am Hauptplatz wohnt man in der ehemaligen königlichen Posthalterei in einem der 35 komfortablen Zimmer, heute ein Drei-Sterne-Plus-Hotel mit Restaurant und Freisitz am Markt.
- **Klosterschänke [b],** Klosterplatz 2, Dietramszell, Tel. 08027-904500, www.klosterschaenke-dietramszell.de, DZ/F ab 65 €. Für eine Klosterschänke sind die Zimmer mit Bad wohltuend unspartanisch und in hellen, freundlichen Farben eingerichtet. Zum Essen geht man in den angenehm gestalteten, so gar nicht „bayerisch" wirkenden Festsaal oder in den Biergarten für eine zünftige Brotzeit.

> Das Fährhaus vermietet fünf komfortable Zimmer mit Isarblick, ab 100 € mit Frühstück; seliger Schlaf garantiert!

- **Benediktenhof [c],** Alpenbadstraße 16, Arzbach, 8 km südlich Richtung von Lenggries, Tel. 08042-91470, www.benediktenhof.de, DZ/F ab 130 €. Erlesen und mit viel Holz eingerichtete Zimmer unterschiedlicher Kategorie, morgens gibt's ein reichhaltiges Biofrühstück, am Nachmittag einen Biosnack; ruhige Lage mit Garten und Naturschwimmteich.

Essen und Trinken

- **Altes Fährhaus [d],** An der Isarlust 1, Tölz, Tel. 08041-6030, Mi–Sa 11.30–14 u. 18–21.30 Uhr, So durchgehend, Menü um 35 €. Die vielleicht schönste Lage in Tölz am Isarufer und mit einer schattigen Terrasse. Das Essen gehört mit zum besten, was die Region bieten kann, viel Meeresgetier, Taubenbrüstchen oder Schnecken, abseits des Bayerischen also, aber die Lage ist und bleibt „Heimat".
- **Walger Franz [e],** Bairawieser Straße 43, Tölz, Tel. 08041-9665, Do–Di 10.30–23 Uhr, Menü 25 €. Drei Kilometer nordwestlich des Zentrums an der Isar kommen im abseits gelegenen Forellenhof die Fische aus eigener Zucht auf den Tisch: Saibling, Forelle, Karpfen und Waller schmecken blau oder gebraten; am besten aber im Biergarten mit Blick auf den Wald.
- **Reindlschmiede [f],** 16 Kilometer westlich von Tölz in Richtung Penzberg fahren, bei Untersteinbach auf die B11 Richtung Königsdorf, Tel. 08046-285, Di–So ab 9 Uhr, Menü 20–25 €. Bayerischer Landgasthof der besten Art mit eigener Metzgerei und nicht nur deftiger bayerischer Kost, berühmt ist u.a. das *Cordon bleu*. Ursprünglich eine Schmiede, bekam man 1862 das Recht zum Bierausschank. Die Gäste sitzen in elegant-unaufdringlicher Atmosphäre in einem der Säle oder im Wirtsgarten unter Kastanien.
- **Altwirt [g],** Marktstr. 13, Lenggries, Tel. 08042-97320, Di–So 8–24 Uhr, Menü 20–25 €. Traditionshaus am Markt, internationale und bayerische Küche, Brotzeit mit Presssack und Obazd'n, mehrere mit hellem Holz eingerichtete Gaststuben und beschirmte Terrasse.

3

• **Moarwirt [h],** Sonnenlängsstr. 26, Hechenberg, neun Kilometer nördlich von Tölz bzw. südwestlich von Dietramszell, Tel. 08027-1008, Jan./Feb./Nov. Do–So, März Mi–So, April/Okt./Dez. Di–So, Mai–Sept. täglich ab 12 Uhr. Überraschungsmenü mit fünf Gängen 45 €. Was gibt's sonst noch? Unter anderem Böfflamotte, Filet vom Ochs, Rehrücken von um die Ecke, Ente und dazu Bio-Limo – Himbeer-Rhabarber oder Apfel-Waldmeister – oder etwas von der kleinen, feinen Weinkarte. Das Ambiente? Elegant und herzlich!

Tölzer Knabenchor

Etwa einmal im Monat tritt der weit über Bayern hinaus bekannte Knabenchor im Tölzer Kurhaus auf (Tel. 08857-9061, www.toelzerknabenchor.de). Nicht wenige Jungs haben in ihm eine internationale Solistenkarriere gestartet.

Feste

• **Leonhardifahrt,** 6. November. Die wichtigste Brauchtumsveranstaltung von Tölz, bei der prächtige Pferdegespanne die bunt bemalten Tölzer Wagen zum Kalvarienberg hochziehen. Nachmittags treten die Goaßlschnalzer gegeinander an und prüfen, wer am lautesten seine Peitsche knallen lässt.

• **Schnablerrennen,** Fasching. In Gaißach, 4 Kilometer südöstlich von Tölz, rasen seit 1928 die „Schnabler" einen Hohlweg zu Tale. Die Hornschlitten wurden einst für den Heu- und Holztransport aus den Bergen benutzt. Das Ganze ist eine Riesengaudi für Einheimische und Touristen und ein Kräftemessen der Burschen: „Ohne Deichsel und ohne Brems / is des Rennerts ebbas schöns!"

Verkehr

• **Blombergbahn,** Am Blomberg 2, Tel. 08041-3726, www.blombergbahn.de, Doppelsesselbahn, 900 Meter Höhendifferenz, Länge 1250 Meter, 6,5 km/h, 9–18 Uhr, im Winter 9–16 Uhr, Berg- und Talfahrt 8 €.

• **Brauneckbahn,** Gilgenhöfe 28, Lenggries, Tel. 08042-503940, www.brauneck-bergbahn.de, 800 Meter Höhendifferenz, 2500 Meter Länge, 12 km/h, 8.20–17 Uhr, Winter 8.15–16.30 Uhr, Berg- und Talfahrt 15 €.

Tegernsee

Mit vier Orten ist der Tegernsee umbaut: Gmund im Norden, Bad Wiessee am Westufer, Rottach-Egern am See-Südzipfel und **Tegernsee** am Ostufer. Als ländliche Gegend mit Weiden und Wiesen zeigt er sich nur noch im nördlichen Bereich. Wegen der guten Anbindung an die Landeshauptstadt haben sich rundherum, besonders aber in Rottach-Egern, von jeher die Größen aus Wirtschaft, Kultur und Politik eingekauft, so dass die Ortschaften fast ineinander übergehen und die Bebauung die Flanken der Berge hinaufwächst.

Die Würmeiszeit ist verantwortlich, dass der See entstand. Der Tegernseegletscher schrammte die Kuhle zwischen den Bergen vor 18.000 Jahren aus und füllte sie in der Folge mit Schmelzwasser. 6,5 Kilometer ist er lang und 1,5 Kilometer breit, in seiner blauen Wasserfläche spiegeln sich die umstehenden Berge. 746 gründeten am „großen See", althochdeutsch „tegarin seo", die Brüder Otkar und Adalbert aus dem Adelsgeschlecht der Huosi das Benediktinerkloster im heutigen Tegernsee-Ort, das schnell wirtschaftlichen Erfolg hatte, sich am Salzabbau in Reichenhall beteiligte, große Ländereien und so genügend Mittel besaß, um das Kloster zu einem Zentrum der Kultur und Kunst zu machen.

Relaxen am Tegernsee

Mit der Säkularisation 1803 wurde das Kloster geschlossen und gelangte an die Wittelsbacher. König Max I. Joseph ließ es umbauen zum Schloss

Schloss,
Bräustüberl
und Kirche
St. Quirinius

Um den See in
ganzer Pracht
zu erleben,
muss man
von den Berg-
flanken hin-
unterschauen

und machte es auf Bitten seiner Frau Karoline zur
Sommerresidenz, was den frühen Tourismus ein-
läutete: Der ganze Hochadel Europas kam zu
Besuch, darunter der Zar von Russland. Und als
1883 Gmund durch die Bahn mit München ver-
bunden war, wurde der Tegernsee auch für die
Bürger Münchens erreichbar. Heute beherbergt das
Kloster ein Gymnasium und eine Brauerei.

Entdeckungsreise per Schiff

Die „Große Rundfahrt" über den See dauert
etwa 90 Minuten und kostet 12,60 € (Kind 6,30
€, Familienkarte 31 € für max. 2 Erw. und 3
Kinder, www.seenschifffahrt.de). Die Tickets gibt
es auf dem Schiff, zweimal darf man die Fahrt
unterbrechen. Die Flotte besteht aus zwei größeren und drei kleineren Schiffen (ohne WC).

Geballte
alpenländische
Architektur

Sehenswertes in Tegernsee

Der ehemalige Klosterkomplex liegt schön am Seeufer und bildet mit *Bräustüberl* und Freisitz das touristische Zentrum des Ortes. Die Wohnhäuser und Herbergen staffeln sich die Hügel hoch, alle im alpenländischen Stil mit viel Holz und blumengeschmückten Balkonen, wie aus dem Bilderbuch.

Kirche St. Quirinius

Die Pfarr- und ehemalige Klosterkirche entstand als romanische dreischiffige Säulenbasilika und wurde mehrfach umgebaut, bis schließlich Rokoko und auch noch Klassizismus Einzug hielten. Der Stuck

wurde von italienischen Gastkünstlern ausgeführt, die Fresken stammen von Hans Georg Asam. Die Fassade hat Leo von Klenze im klassizistischen Stil kreiert, als er die ganze Anlage des Klosters zum Schloss umbaute. Bei dieser Gelegenheit erhielten auch die zwei Seitenaltäre ihre Dreiecksgiebel, 21 weitere Seitenaltäre wurden abgerissen. Oberhalb des westlichen Eingangsportals ist die Grabplatte der Klostergründer Otkar und Adalbert zu sehen (1457).

Heimatmuseum

Im **Museum Tegernseer Tal** in der Seestr. 17 (Tel. 08022-4978, www.museumtegernseertal.de, Juni–Sept. Di–So 14–17 Uhr, Eintritt 3 €) am Alten Pfarrhof erfährt man alles über das Tal, von der Geologie über die Geschichte des Klosters, die Wittelsbacher Zeit des Schlosses und über bekannte Persönlichkeiten, die hier gelebt haben – unter ihnen Ludwig Thoma und Ludwig Ganghofer, Leo Slezak und der Volksliedsammler Kiem Pauli. Weitere Themen sind Volkskunst, Brauchtum und Kunsthandwerk.

Olaf Gulbransson Museum

Das Gulbransson-Museum erinnert an den norwegischen Karikaturisten und Maler, der den Tegernsee zu seiner Wahlheimat erkoren hatte (Kurgarten 1, Tel. 08022-3338, Di–So 10–17 Uhr, Eintritt 6 €). Gezeigt werden Karikaturen, Ölgemälde, Landschaftszeichnungen und Buchillustrationen. Eine eigene Abteilung widmet sich der Zeitschrift „Simplicissimus", für die Gulbransson viel gearbeitet hat.

Tegernseer Volkstheater

Seit 1898 unterhält das Volkstheater in der Rosenstr. 5 (Tel. 08022-180162, www.tegernseer-volkstheater.info) mit Possen, Komödien und ernsteren Stücken seine Gäste. Heute finden die Aufführungen im modernen Ludwig-Thoma-Saal mit 269 Plätzen, an weiteren Spielstätten rund um den See und bei Gastspielen in ganz Bayern statt.

Gmund

Gmund ist der ruhigste und ursprünglichste Ort am See, eine Eigenschaft, die auch der ehemalige Bundeskanzler Ludwig Ehrhard, der sich hier bestatten ließ, schätzte.

Heimat-museum

Im 200 Jahre alten **Jagerhaus** in der Seestraße 2 (Tel. 08022-937810, Fr 15–18 Uhr, So/Mo 14–17 Uhr) bei der Dorfkirche kann man sehen, wie die Altvorderen am Tegernsee gelebt haben. Das Haus gehörte dem königlichen Revierjäger Mayr, der sich erbitterte Kämpfe mit Wilderern geliefert und dabei elf von ihnen erschossen hat. Dann wurde ihm eine Falle gestellt. Bei der anschließenden Schießerei trug er eine tödliche Wunde davon.

Rottach-Egern

Rottach-Egern ist der Wohnort der „Großkopferten". Auf dem Alten Friedhof kann man die Grabstätten von Ludwig Ganghofer, Ludwig Thoma und Leo Slezak besuchen, auf dem Neuen Friedhof liegen Olaf Gulbransson und Alexander und Heinrich Spoerl (wer Hedwig Courths-Mahler besuchen will, muss zurück nach Tegernsee-Ort.)

Kutschen-museum

Das Kutschenmuseum in der Feldstr. 16 (Tel. 08022-704438, Mai–Okt., Dez.–Feb. Di–So 14–17 Uhr, März–April Sa/So 14–17 Uhr, Nov. geschl., Eintritt 2 €) im Gsotthaberhof zeigt aus einer von der Stadt übernommenen Privatsammlung auf 700 m² Kutschen, Wagen und Schlitten aus mehreren Jahrhunderten und beschreibt das Transportwesen bei der Arbeit der Bauern und Holzknechte sowie die Alm-

Blick auf
Rottach-Egern

bewirtschaftung mit Pferden. Zu sehen sind aber auch bäuerliche Tafelwagen und eine Postreisekutsche von 1780.

Bad Wiessee

Bad Wiessee ist weithin bekannt als Erholungsort, nicht für Naturliebhaber, sondern für Spiellustige, die in der **Spielbank Bad Wiessee** an Automaten herumhebeln, Roulettekugeln kreiseln lassen oder ihr Glück beim Kartenspiel suchen. Die Straßenadresse der Spielbank lautet sinnigerweise Winner 1 (Tel. 08022-98350, www.spielbanken-bayern.de, So–Do 15–3 Uhr Fr/Sa bis 4 Uhr, Automatenspiele ab 12.30 Uhr). Die Kleiderordnung verfügt für Herren Hemd und Sakko.

Wildbad Kreuth

Wer den Tegernsee Richtung Achenpass nach Süden verlässt, gelangt nach 10 Kilometer ins verwunschene *Wildbad Kreuth*. In dem romantischen Tal schuf sich König Max I. Joseph 1818 ein Refugium. Als Heilbad mit Thermalquellen besuchten es im 19. Jahrhundert die Zaren Nikolaus I. und Alexander I., und auch Kaiser Franz von Österreich kurierte hier sein Zipperlein. Heute gehört das Wildbad der Hanns-Seidel-Stiftung und ist bekannt für die jährlichen Tagungen der CSU, eine Klausur im Januar, auf der immer viel besprochen wird, was man dann später recht und schlecht umsetzt – so einst die Kanzlerkandidatur von Franz Josef Strauß. Naturfreunde nutzen das Wildbad als Ausgangspunkt für Wanderungen auf die umliegenden Gipfel und Almen.

60 Kilometer Loipen führen vom Tegernsee über Kreuth bis fast zum Achenpass

Zur Königsalm

Eine Wanderung führt von Wildbad Kreuth durch den Wald und über die Gaisalm bis zur urigen Königsalm (Sommer 9–17 Uhr, Di geschl.) auf 1114 Meter Höhe (2 Std.) im Mangfallgebirge – ein königliches Kavaliershaus von 1818. Wer nach der Brotzeit aus eigener Almherstellung noch Kraft hat, geht weiter auf den Schildenstein (1636 m, Anstieg 1 Std., Abstieg 45 Min.). Gesamtdauer 3,5 Stunden (ohne Schildenstein), 380 Höhenmeter, einfache Bergwanderung.

Service Tegernsee

Information

Touristinfo, Hauptstraße 2, 83684 Tegernsee, Tel. 08022-927380, www.tegernsee.com, Mo–Do 8–17 Uhr, Fr 8–16 Uhr.

Unterkunft

- **Leeberg Hof,** Ellingerstr. 10, Tegernsee, Tel. 08022-188090, www.leeberghof.de, DZ/F ab 175 €. 15 mit viel Geschmack und individuell gestaltete Zimmer in Panoramalage hoch über dem Tegernsee mit einem ausgezeichneten Restaurant mit internationaler Crossover-Küche und bayerischen Schmankerln.

> Tipp: Sundowner mit Cocktails in der Sassa-Bar des Leeberghofes

- **Maier zum Kirschner,** Seestr. 23, Tegernsee, Tel. 08022-67110, www.hotel-maier-kirschner.de, DZ/F 90 €. Hotel mit 34 Komfortzimmern auf mehrere hübsche Gebäude verteilt und mit Garten in zentraler Lage in Höhe des Klosters von Tegernsee-Ort.

- **Lieberhof,** Neureuthstr. 52, Tegernsee, Tel. 08022-4163, www.Lieberhof.de, DZ/F 75 € (mit Etagenbad 60 €). Vom See weg am Hang mit Aussicht, nur 11 Zimmer unterschiedlicher Kategorie, urgemütliche Gaststätte und eine riesige Terrasse.

- **Jugendherberge Kiem Pauli,** Nördl. Hauptstr. 91, Scharling, Tel. 08029-99560, www.kreuth.jugendherberge.de, Bett m. F. 17,70–20,60 €. Zwischen Rottach und Kreuth gelegen, auch Doppelzimmer mit Bad verfügbar.

- **Camping Wallberg,** Weißach/Tegernsee, Tel. 08022-5371, ganzjährig offen, 2,50 €/Zelt, 6,40 €/Person. Zwei Kilometer von Bad Wiessee in Richtung Rottach-Egern liegt dieser große Platz etwas abseits vom See. Zahlreiche Dauercamper, Kinderspielplatz, Laden und Restaurant.

Essen und Trinken

- **Schießstätte,** Schützenstr. 4, Tegernsee, Tel. 08022-6622232, 10–23 Uhr, Mi geschl., Do ab 17 Uhr (Jan.–April Mi/Do geschl.), Menü ab 10 €. Neben dem Schießplatz der „Königlichen privateligierten Feuerschützengesellschaft Tegernsee" abseits des Sees ist Tradition garantiert, was man im Schmuck der Gasträume hautnah erfährt. Der Biergarten mit Holzbänken und -tischen hat eine fantastische Sicht auf See und Berge, dazu kommt Herzhaftes aus der eigenen Metzgerei auf den Tisch, nicht ausgefallen, aber schmackhaft und günstig.

Der Schnaps-
spezialität
Bierbrand der
Enzianhütte
ist berühmt

- **Bräustüberl,** Schlossplatz 1, Tegernsee, Tel. 08022-4141, 9–23.30 Uhr, Fr/Sa bis 24 Uhr, Menü ab 15 €. Zünftig ist es, im nicht ganz so kleinen (wie man dem Namen nach meinen könnte) *Herzoglichen Bräustüberl* und in seinem Biergarten mit Schweinshax'n oder gebratenem Schweinebauch, mit Leberkäs', Weißwürst' oder Presssack und Radi. Dazu eine Maß herzogliches Bier aus dem eigenen Haus.

- **Enzianhütte,** Kalkofen 3, Rottach-Egern, Mi–Mo ab 17 Uhr, Menü ab 12 €. Urige Blockhütte mit Freisitz in einem Obstgarten, gereicht wird u.a. aufgeschmalzne Brotsupp'n, Leberkäs' mit Krautsalat und Apfelkücherl, zum Schluss was Süßes aus der eigenen Confiserie und ein selbstgebrannter Schnaps.

- **Zum Zotzn,** Wolfsgrubstr. 6, Rottach-Egern (Ortsteil Hagrein), Tel. 08022-2999, Di–Sa ab 17 Uhr, So 11.30–14 und ab 17.30 Uhr, Menü um 12 €. Uriger Gasthof, Zirbel, Florian- und Hagrainerstube sind stilgerecht mit altem Holz gestaltet – Spezialität ist Tegernseer Käseknödel.

- **Feichtner Hof,** Kaltenbrunner Str. 2 Gmund, Tel. 08022-96840, tägl. 11.30–24 Uhr, www.feichtnerhof.de. Restaurant, Biergarten und historische Gewölbe-Bierschwemme. Bayerische Gastlichkeit, gemütliches und gepflegtes Ambiente. 19 Zimmer im dezenten Landhausstil ab 49 Euro mit Frühstück, günstige Angebote. Krosse Braten, regionale Fischgerichte, ausgiebige Brotzeiten.

- **Altes Bad,** Wildbad Kreuth, Tel. 08029-304, 11.30–23 Uhr, Mo (Winter Mo/Di) geschl., Menü ab 15 €. Bei schönem Wetter sitzen die ersten schon ab 10 Uhr im Garten, genießen neben der kleinen Badkapelle von 1696 bei einem Bier die Sonne und die idyllische Aussicht im Tal und essen ab Mittag z.B. aus der herzoglichen Fischzucht stammenden Saibling oder Forelle.

- **Weißachalm,** Weißachaustr. 51, Kreuth, Tel. 08029-335, ab 11.30–23 Uhr, Mo/Di geschl., Menü um 20 €. Sieben Kilometer von Rottach-Egern Richtung Wildbad; wer hierher kommt, bestellt Ente, Ente und Ente – dafür ist die Alm berühmt, drinnen sitzt man gemütlich und übersichtlich, im Sommer draußen auf der Terrasse. Vorbestellung dringendst angeraten, der Ansturm ist groß und das Federvieh limitiert.

Wallberg – Moni Alm – Kreuth

Zweieinhalb Stunden schwitzt man sich zu Fuß von der Tal- hinauf zur Bergstation, drei Stunden dauert dann noch die Wanderung vom Wallberghaus hinab nach Kreuth. Dabei passiert man die wegen ihrer großen Sonnenterrasse als Ausflugsziel beliebte Gaststätte *Moni Alm* (Sutten 42, Tel. 08022-664154, www.moni-alm.de, DZ mit Etagenbad und m. F. 80 €).

Verkehr
- Die **Wallbergbahn** (Wallbergstr. 26, Rottach-Egern, Tel. 08022-705370, www.wallbergbahn.de, Höhendifferenz 825 Meter, 2140 Meter Länge, 12,6 km/h, 8.45–16.30 Uhr, Berg- und Talfahrt 7 €) bedient seit 1951 mit ihren Kabinen den 1620 Meter hohen Wallberg. Von der Bergstation sind es 30 Minuten zum Gipfel, auf dem man eine tolle Sicht auf den See hat.

Einkaufen
- **Büttenpapier,** Büttenfabrik Gmund, Mangfallstr. 5, Gmund, Tel. 08022-75000, www.gmund.com. Feinstes Büttenpaper in allen nur erdenklichen Formen und Farben seit 1829, Fabrikverkauf Di–Fr und Sa-Vormittag.
- **Schnaps,** Destillerie Liedschreiber, Schafstatt 1, Gmund, Tel. 08022-75412, www.liedschreiber.de. Am südlichen Ortsende von Gmund in Richtung Hausham, kurz vor Ostin links, dann noch einen Kilometer. Feinste Brände und Liköre auf einem Einsiedelhof, der sein eigenes Obst transzendiert.
- **Federkielstickerei,** Karl Stecher, Münchnerstr. 27, Gmund, Tel. 08022-7243. Schon Großvater und Vater haben die Kiele von Pfauenfedern mit Messer und Hand zu filigranen Fäden gespalten und mit Ahle und viel Geschick zu herrlichen kleinen Medaillons auf Trachtenlederhosen und Zaumzeug „gestochen".
- **Pralinen,** Confiserie Hagn, Seestr. 80, Rottach-Egern, Tel. 08022-673137, www.confiserie-hagn.de. Selbstgemachte Schokolade und Torten und was ganz Spezielles: Pralinen mit Bierbrandfüllung, auch der Schnaps ist im Haus hergestellt.
- **Trachten,** Trachten Greif, Nördl. Hauptstr. 24, Rottach-Egern, Tel. 08022-5540, www.trachten-greif.de. G'wänder von der Stange, aber auch Stoffe, um sich seine Tracht nach Maß fertigen zu lassen. Traditionsgeschäft am See.

Feste
- **Woche für Kultur und Brauchtum,** Ende September. Seltene Gelegenheit, die Privaträume des Tegernseer Schlosses auf einer persönlichen Führung durch Ihre Königliche Hoheit Herzogin Eilzabeth zu erleben (weiteres über die Touristinfo).

Windsurfen

Die **Segel- und Surfschule Stickl** (Seeglas, Gmund, Tel. 08022-75472, www.segelschule-stickl.de) vermietet Segelboote und Surfbretter, Tret- und Ruderboote und bietet Kurse bei Stellung der kompletten Ausrüstung an. Bei Gmund kann man bei Nord, Süd- und Westwind surfen, nur bei Ostwind hat man Schwierigkeiten in Ufernähe, dann herrscht erst weiter draußen ausreichend Druck.

Am Schliersee

Schliersee

Mit 2,2 km² gehört der Schliersee zu den kleinen Gewässern in den bayerischen Bergen, ein wenig nachteilig wurde ihm, dass die Eisenbahn direkt an seinem Westufer entlang führt, und so lief ihm der Tegernsee bei der Anziehung der Prominenz trotz der hübschen Lage zwischen den bewaldeten, sanften Bergen den Rang ab. Mitten im See liegt die drei Hektar große *Insel Wörth* mit einem Gasthaus und toller Sicht. Die Gründung des Ortes ist exakt datiert: am 21. Januar 779 gründeten fünf Brüder das Kloster Slyrse, es verschwand während der Ungarneinfälle im 10. Jahrhundert und wurde 1141 als Kollegiatsstift wiedereröffnet.

Kirche St. Sixtus

Keiner weiß, wo genau Jennerwein auf dem Friedhof liegt, das Grabkreuz wurde symbolisch aufgestellt

Die Pfarrkirche, 1715 geweiht und errichtet auf den Fundamenten eines Vorgängerbaus des Stiftes, zeigt sich innen nur mit sparsamem Schmuck, doch das eine und andere Kleinod ist zu finden, erstellt von den Größen aus dieser Zeit. Johann Baptist Zimmermann malte die Fresken, sorgte für den Stuck und entwarf den Marienaltar, Erasmus Grasser schnitzte um 1480 den Gnadenstuhl.

Auf dem Friedhof der Kirche befindet sich ein Wallfahrtsort besonderer Art – das **Grab des Wildschützen Jennerwein,** einer der bayerischen Helden abseits des von königlichen Amtsstub'n Gewollten. Die Umstände seines Todes blieben mysteriös. Ob ihn ein früherer Freund oder ein Jäger am 6. November 1877 mit nur 29 Jahren erschoss? Die sich um sein Leben rankenden Legenden wuchsen und haben bis heute überdauert.

Heimat-museum

Das **Museum** in der Lautererstr. 8 (Tel. 08025-5608, Mai–Sept., Mo–Fr 15–17 Uhr, Sa/So 10–12 Uhr, Eintritt 2 €) besteht aus einem Steinbau aus dem 14. Jahrhundert und einem Bauernhof aus dem 15. Jahrhundert, dem *Schredlhaus*. Seit 1916 finden sich darin Zeugnisse bäuerlicher Wohnkultur, wie eine Schwarzküche, Arbeitsgeräte und Trachten.

Alt-bayerisches Dorf

Der Skirennläufer Markus Wasmeier hat seinem Geburtsort Schliersee die Treue gehalten und das **Wasiland** eröffnet (Breitensteinstr. 14d, Tel. 08031-8078437, www.markuswasmeier.de, April–Okt. Di–So 9–17 Uhr, Eintritt 7 €). Ein kleines Dorf aus zehn zusammengesammelten Bauernhöfen unterschiedlicher Gegenden und Epochen. Der Clou: auf den Höfen arbeiten Menschen wie annodazumal und erklären den Besuchern, wie ein Tag z.B. im 17. Jahrhundert so aussah für den Landmann.

Spitzingsee

Elf Kilometer sind es auf guter, kurviger Straße von Schliersee-Ort hinauf zum Spitzingsee (Parkplatz 4 €/Tag), einem der Top-Ausgangspunkte für **Familienwanderungen** in die Berge und mit seinen Liften ein beliebtes **Skigebiet.** 1084 Meter liegt er hoch, und wenn er auch nur eine Fläche von 28 Hektar bedeckt und maximal 16 Meter in die Tiefe geht – er ist der größte Hochgebirgssee in Bayern und einer der schönsten.

Viele der Almen rundherum sind bewirtschaftet und die Gipfel wie *Stümpfling, Brecherspitz, Jägerkamp* oder *Taubenstein* leicht zu erreichen. Von der Alten Wurzhütte gelangt man in anderthalb Stunden über die Untere Maxlraineralm (1190 m) zur ganzjährig bewirtschfteten **Schönfeldhütte** (1410 m, Tel. 08026-7496, www.schoenfeldhuette.de) und von dort weiter in zwei Stunden über die obere Schönfeldalm und den Tanzecksattel auf den **Jägerkamp** (1746 m) – eine Wanderung für Kinder ab 6 Jahre geeignet. Für die gleiche Altersgruppe ist die Weiterwanderung von der Schönfeldhütte zum ebenso ganzjährig offenen **Taubensteinhaus** (zwei Stunden, 1567 m, Tel. 08026-7070, www.taubensteinhaus.de). Von ihm sind es etwa 15 Minuten zur Bergstation der **Taubensteinbahn** (1613 m, s.u. bei

„Verkehr"). Anstrengender, aber dennoch einfach, ist der Aufstieg zur **Rotwand** (1885 m) vom Spitzingsee aus. Der Höhenunterschied beträgt 800 Meter, die Aufstiegszeit 2,5 Stunden (Abstieg 2 Std.). Einkehren kann man im ganzjährig geöffneten **Rotwandhaus** (1765 m, Tel. 08026-7683, www.rotwandhaus.de), 30 Gehminuten unterhalb der Rotwand. Die Rotwand ist ein beliebtes Ausflugsziel, und es ist immer recht viel los.

Keine Berg-
einsamkeit
auf der
Rotwand!

Bayrischzell

Der heilklimatische Kurort auf 800 Meter, 14 Kilometer südöstlich von Schliersee-Ort, ist wegen seiner Lage an Wendelstein und Sudelfeld als Basis für Skifahrer und Sommerwanderer gleichermaßen geeignet. Nicht eng gepackt stehen hier die Häuser, halt so, wie es sich für Bauernhöfe gehört. Doch die Zeiten sind vorbei, dass jeder seinen Acker bestellte, der Tourismus ist die wichtigste Einnahmequelle des Ortes.

Sudelfeld

Das flächenmäßig größte zusammenhängende Skigebiet in Deutschland schafft mit drei Sesselbahnen und 19 Schleppliften die Wintersportler hinauf bis auf 1563 Meter. Die umfangreiche Infrastruktur mit Skischulen, Almhütten, Pistenpflege und Beschneiungsanlagen sorgt für einen perfekten und bis in den Spätwinter hinausgeschobenen Winterurlaub.

3

Speck-Alm

Wendelstein

1838 Meter Höhe misst der Wendelstein, seine Besonderheit ist die solitäre Lage, die ihn äußerst gewichtig erscheinen lässt. Erschlossen ist er mit einer Seilbahn von Osterhofen (zwei Kilometer von Bayrischzell in Richtung Schliersee) aus und einer Zahnradbahn von Brannenburg an der A 93 von München nach Kufstein (18 Kilometer von Bayrischzell im Osten) aus (s.u. bei „Verkehr"). Auch wenn die Fahrt, besonders mit der 1912 in Betrieb gegangenen Zahnradbahn, durch 15 Galerien und Tunnels und über 12 Brücken beeindruckt, am schönsten ist die Eroberung dennoch zu Fuß. Sie beginnt an der Königslinde im Kurpark von Bayrischzell und dauert gute drei Stunden. (König-Maximilian-Weg, Höhendifferenz 1036 Meter, Länge fünf Kilometer). Einkehrmöglichkeit bietet das große, ganzjährig offene Wendelsteinhaus (1724 m, Tel. 08023-404), 20 Gehminuten unterhalb des Gipfels.

Hochseil-garten

Der **Hochseilgarten** (Geitau 5, Tel. 08023-8193344, www.hasenoehrl.de, 50 €, Kinder 35 €) bei Geitau zwischen Schliersee und Bayrischzell bietet 40 Schikanen auf bis zu 14 Meter Höhe, bis zu 4 Stunden ist man in luftiger Höhe, bevor man wieder absteigt.

Service Schliersee

Information

- **Touristinfo Schliersee,** Perfallstr. 4, 83727 Schliersee, Tel. 08026-60650, www.schliersee.de, Mo–Fr 8.30–18 Uhr, Sa/So 10–15 Uhr.
- **Touristinfo Bayrischzell,** Kirchplatz 2, 83735 Bayrischzell, Tel. 08023-648, www.bayrischzell.de, Mo–Fr 8–12 u. 13–17 Uhr, Sa 8–12 Uhr.

Unterkunft

- **Sonnenstatter,** Schießstättstr. 7, Schliersee, Tel. 08026-20011, www.gaestehaus-sonnenstatter.de, DZ/F ab 46 €. Angenehmer Bio-Bauernhof mit Zimmern und Ferienwohnungen in mehreren Gebäuden in ruhiger Lage im Ort und etwas am Hang, seit über 100 Jahren in Familienbesitz, wegen der Tiere auch für Familien mit Kindern sehr schön. Wer es ganz einsam sucht, mietet die Almhütte in den Bergen an (für Selbstversorger).
- **Alte Wurzhütte,** Spitzingsee, Tel. 08026-60680, www.alte-wurzhuette.de, DZ/F 72 €. Berggasthof direkt am Spitzingsee, acht Kilometer vom Südufer des Schliersees mit uriger Einrichtung, illustrer Gästeliste und einer guten Gaststätte im Hüttenstil und mit einem Biergarten.

- **Camping Lido,** Westerbergstr. 27, Schliersee, Tel. 08026-6624, www.camping-lido.de, April–15. Okt., 6–8 €/Zelt/Person. Direkt am See mit eigenem Zugang, wenig Schatten; Bistro und ein Kiosk mit dem Notwendigsten.

Essen und Trinken

- **Wirtshaus im See,** Insel Wörth, Tel. 08026-9299588, www.wirtshaus-im-see.de, April Fr–So, Mai/Okt. Do–So, Juni/Juli/Sept. Mi–So, Aug. Mo–So jeweils 12–17 Uhr, Menü ab 20 €. Anfahrt mit dem Schiff zu jeder vollen Stunde vom Kurzentrum Schliersee, Spezialität sind Saibling, Zander und Waller, als Suppe oder gebraten, das Ambiente ist irgendwo zwischen modern – bayerisch – bürgerlich – elegant angesiedelt und der Rundblick im Biergarten garantiert.

- **Kaminstubn,** Alpenstr. 44, Bayrischzell, Tel. 08023-684, Mi–Mo 18.30–24 Uhr, Menü 15–20 €. Nur neun Tische stehen in der alten Wirtsstube am nördlichen Ortsausgang, und eine Speisekarte findet man nicht. Die Bedienung fragt einfach, wie groß der Salat sein soll, und kommt dann mit der Fleischplatte, von der man wählt – Wildschwein, Reh, Lamm, Kaninchen oder Rind. Der Koch bringt das Stück auf dem Rost zur Perfektion. Immer vorausbuchen, sonst findet man keinen Platz und fährt umsonst hin!

- **Pfeiffenthaler,** Kufsteinerstr. 10, Bad Feilnbach (20 Kilometer von Schliersee im Osten), Tel. 08066-202, 7–24 Uhr, Menü um 15 €. Der Gasthof besteht seit 1824 und serviert bayerische Naturkost auf hohem Niveau (Krustenbraten, Ochsenlende vom Grill) und internationale Gerichte. Im Hofladen „Alchemilla" gibt's Bioobst und -gemüse. Auch Zimmervermietung, DZ/F und ohne Bad 44 €, mit Bad 64 €.

- **Falkenstein,** Kufsteinerstr. 6, Flintsbach bei Brannenburg (40 km im Osten von Schliersee, fünf Kilometer südlich von Brannenburg), Tel. 08034-4638, Mi–So 10–1 Uhr, Di ab 16 Uhr, Menü um 15 €. Gasthof mit Metzgerei und Zimmervermietung (DZ/F ab 63 €), beste Fleischqualität, Forelle und Zander, gute Brotzeit, Schmankerlabende und freitags das Weißwurstfrühstück (9.30–11 Uhr) für 3,50 €, bei dem man so viele essen darf, wie hineinpassen (und das sind erfahrungsgemäß maximal 3 Stück).

3

Verkehr

- **Schifffahrt,** Dekan Obermeier Weg 1, Schliersee, Tel. 08026922786, www.schlierseeschifffahrt.de. Stündliche Rundfahrt mit Besuch der Insel Wörth (45 Min., 5 €, Klinder 2,50 €, eine Unterbrechung möglich), Bootsvermietung mit Elektro-, Ruder- und Tretbooten.

- **Taubensteinbahn,** Spitzingsee, Tel. 08026-9292290, www.alpenbahnen-spitzingsee.de, Kabinenbahn, Höhendifferenz 520 Meter, Länge 2500 Meter, 10 km/h, 9–16.30 Uhr, Berg- und Talfahrt 15 €, Kinder 7 €.

- **Bus,** ab Schliersee Bahnhof zum Spitzingsee, RVO 9562, mehrmals täglich.

• **Wendelstein Zahnradbahn,** Brannenburg, Höhendifferenz 1200 Meter, Länge 7,6 Kilometer, 30 Minuten Fahrt, Bergfahrten ab 9 Uhr, Talfahrten bis 16 Uhr, Berg- und Talfahrt 26,50 €. – **Wendelstein Seilbahn,** Osterhofen, Höhendifferenz 932 Meter, Länge 2953 Meter, 36 km/h, 9.15–16 Uhr, Berg- und Talfahrt 18,50 €, Tel. 08034-3080, www.wendelsteinbahn.de.

Einkaufen

• **Schnaps,** Lantenhammer, Obere Tiefenbachstr. 8, Schliersee, Tel. 08026-92480, www.lantenhammer.de. Diese Brände werden in den besten Lokalen eingeschenkt, dass man allerdings auch Whiskey herstellt, ist nicht bayerische Tradition. Dieses Manko wurde aber bei der Namensgebung ausgeglichen, man anglisierte den ursprünglichen Ortsnamen zu „Slyrs".

• **Tracht,** Lichtenauer-Heil, Schlierseer Str. 4, Hausham (zwei Kilometer von Schliersee-Ort im Norden), Tel. 08026-8890. Traditionelle Säcklermeisterei, die Trachten in Loden und Leder in bester Qualität und nach Maß herstellt; allerdings braucht es seine Zeit, und man muss mit vier Monaten Vorlaufzeit rechnen.

Schlierseer Bauerntheater

Das **Theater** (Xaver-Terofal-Platz 1, Schliersee, Tel. 08026-2110, www.schlierseer-bauerntheater.de) gehört zu den schönsten im Oberland. 1892 errichtet, verströmt es authentische Atmosphäre. Bereits 1896 unternahm man eine (hochgefeierte) Tournee durch die USA und trat sogar in der Metropolitan Opera in New York auf. Was man unbedingt sehen sollte: „Kurzer Prozess – Wildschütz Jennerwein".

Feste

• **Faschingssonntag,** Firstalm/Spitzingsee. Alles trifft sich seit mehr als 100 Jahren im Kostüm und mit Brettl'n, saust zu Tale, trinkt heißen Alkohol an der Eisbar und nimmt bei Blasmusik und viel Gejohle am „Zipfä-bob-renaz" teil (ein Wort, das unübersetzt bleiben soll).

• **Seefest,** Juli. Drei Tage lang wird das Seefest am Schliersee gefeiert, den Abschluss bildet ein sehenswertes Großfeuerwerk.

• **Leonhardifahrt,** November. Herausgeputzte Pferde ziehen bunte Bauernwagen voller Trachtenträger von Schliersee-Ort zur Wallfahrtskirche St. Leonhard am Südufer des Sees.

4

Chiemgau und Berchtesgadener Land

Die Region um den Chiemsee ist eine Traumlandschaft im Alpenvorland mit zahlreichen größeren und kleineren Gewässern und einem breiten Angebot an touristischen und kulturellen Aktivitäten. Ob man radeln, wandern oder segeln, an einem der Großkonzerte mit Reggae und Rock teilnehmen oder Kunstgenuss in den Ausstellungsräumen in Rosenheim erleben will – für alles ist gesorgt. Am Samerberg begegnet man schließlich noch dem ursprünglichen, ländlichen Bayern mit Höfen und Gasthäusern wie aus dem Bilderbuch. Und wer noch ein Stückchen weiter fährt, gelangt ins Berchtesgadener Land mit Salzbergwerken und Museumsdörfern und macht sich auf zu Wanderungen ins Hochgebirge rund um Berchtesgaden.

Tour-Tipp

Dauer: zwei bis drei Tage. Strecke: etwa 150 Kilometer. Start ist **Rosenheim** (s.S. 212) mit seinem breiten Kulturangebot. Verlässt man es nach Süden, kommt man die Landschaft am langgestreckten **Samerberg** (s.S. 216), ein Kleinod oberbayerischer Naturbelassenheit vor den Chiemgauer Alpen. Schnell über die Autobahn oder gemütlich auf den Landstraßen fährt man ans Westufer des Chiemsees bei **Prien** (s.S. 219), steigt auf das Schiff und tuckert hinaus zum Königsschloss auf **Herrenchiemsee.** Über **Traunstein** (s.S. 232) und nach einem Abstecher zum Waginger See, gelangt man nach **Bad Reichenhall** (s.S. 238) mit seiner langen Geschichte des Salzabbaus und schließlich nach **Berchtesgaden** (s.S. 244), schon inmitten der Bergwelt mit dem **Steinernen Meer** (s.S. 250), dem langgestreckten **Königssee** (s.S. 251) und, zur Mahnung an die Vergangenheit, dem **Obersalzberg** – Führerhauptquartier.

Chiemsee

Rosenheim

Die Stadteinfahrt mag Besucher erst einmal ent-
täuschen, das Zentrum der Region im Inntal wirkt
im ersten Eindruck gesichtslos, doch erreicht man
die Altstadt, ändert sich dies schnell und die Vergangenheit des Handelsplatzes an der Innbrücke
und der wichtigen Salzstraße von Berchtesgaden
nach Westen lebt auf. Der Salzstraße verdankt
Rosenheim die Existenz und man lebte nicht
schlecht.

Rosenheim
war Austra-
gungsort der
Landesgarten
schau 2010

❶ **Sehenswert**		❹ **Essen und Trinken**
1 Max-Joseph-Platz	5 Kirche St. Nikolaus	d Zur historischen
2 Kirche Hl. Geist	6 Inn Museum	Weinlände
3 Holztechnisches	7 Galerie und	e Gockelwirt
Museum	Lokschuppen	f Alpenrose
4 Städt. Museum	8 Salingarten	

Geschichte

Zu Zeiten des alten Roms stand dort, wo die Mangfall in den Inn mündet, die Militärstation *Pons Aeni,* aber im frühen Mittelalter verschwand die Siedlung. Im 13. Jahrhundert errichteten die Wasserburger Grafen eine Burg am heutigen Schlossberg, um den Übergang zu sichern. Als die Region 1247 an die Wittelsbacher fiel, gründeten diese eine Siedlung, die 1328 Marktrecht erhielt. 1478 wurde Rosenheim das Anschüttrecht verliehen, von nun an mussten alle Waren, die die Brücke passieren sollten, oder auf dem Inn zwischen Hall in Tirol und dann auf der Donau weiter bis Budapest verschifft wurden, verzollt und zum Kauf angeboten werden. Im 16. und 17. Jahrhundert war es erst einmal mit dem Reichtum vorbei: Krieg, Pest und Veränderungen der Handelswege und der Umschlagsvolumen versetzten den Markt in einen Dornröschenschlaf, der aber 1810 beendet war. Die Verlängerung der Soleleitung Bad Reichenhall – Traunstein bis nach Rosenheim brachte Arbeit und Brot in der neu errichteten Saline (neben Traunstein und Reichenhall die dritte Bayerns). 1864 erhob Ludwig II. Rosenheim zur Stadt.

Sehenswert

Der **Max-Joseph-Platz [1]** ist das Herz des alten Rosenheim (heute Fußgängerzone), ein von im Inn-Salzach-Stil errichteten Bürgerhäusern gesäumter Marktplatz. Prächtig sind sie und zeugen vom Wohlstand der Handelsherren des 17. Jahrhunderts, die nach dem Stadtbrand 1641 ihre Häuser neu errichteten. Man baute solide, die Zeiten überdauernd, mit massiven Gewölben und Laubengängen. Die geschmückten, hochaufragenden Fassaden verbergen nicht nur die Dächer vor Blicken, sondern lassen die Häuser noch wuchtiger erscheinen. Hinter dem Wohnhaus mit der Nr. 13 wendet sich die Seitenfassade der 1449 von einem Kaufmann gestifteten und 1685 barockisierten **Kirche Hl. Geist [2]** der Nebengasse zu. Erst 1963 wurden die Wandmalereien in der bis dahin zugemauerten Wolfgangskapelle freigelegt und brachten ein Kunstwerk zu Tage, ein Fresko aus dem 15.

Jahrhunderts, dessen Thema die Klage eines Spiel-
mannes im Dom zu Lucca/Italien ist.

**Holztech-
nisches
Museum [3]**

Am Platz gegenüber steht das holztechnische
Museum (Max-Joseph-Platz 4, Tel. 08031-16900,
Di–Sa 10–17 Uhr, 2. und 4. So 13–17 Uhr, Eintritt 3
€). Es setzt die Verwendung des Werkstoffes Holz in
den Bereichen Wohnen, Verkehr, Landwirtschaft,
Technik, Architektur und Kunst ins rechte Bild und
erläutert Bearbeitungswerkzeuge und Handwerk.

**Städtisches
Museum [4]**

An der Nordostseite endet der Max-Joseph-Platz
am mittelalterlichen **Mittertor** von 1350. Es ist das
einzig verbliebene der Markttore, ältestes Gebäude
der Stadt und diente als Marktschreiberei. Heute
beherbergt es das **Stadtmuseum** (Ludwigsplatz
26, Tel. 08031-362751, Di–Sa 10–17 Uhr, 1., 3. und
5. Sonntag im Monat 13–17 Uhr, Eintritt 3 €) mit einer Ausstellung zu Volkskunst, zur Geschichte des
Ortes von der Frühzeit an und zur städtischen
Wohnkultur.

Rosenheimer
Museen im
Internet:
www.rosen
heim.de/
aemter

**Kirche St.
Nikolaus**

Die markante Pfarrkirche steht südlich des Marktes
und bestimmt die „Skyline" Rosenheims. Zurück geht
sie auf das 15. Jahrhundert, der Stadtbrand 1641 zerstörte sie teilweise, bis 1657 erfolgte der Neubau mit
einem Zwiebelturm, seitdem ist sie das Wahrzeichen
der Stadt. 1881 verlängerte man die Kirche, und auch
das Innere wurde neugotisch umgestaltet. Die
Veränderungen im Kirchenraum wurden bei einer
Renovierung im 20. Jahrhundert zurückgenommen.
Ältestes und wichtigsten Kunstwerk in der Kirche ist
das Bildnis der *Schutzmantelmadonna* von 1514 am
nördlichen Seitenaltar.

Riedergarten
und Sankt
Nikolaus Kirche

Inn Museum [6]

Etwas abseits des Zentrums (10 Minuten Fußmarsch) und am Inn gelegen lockt das **Inn Museum** im und am historischen Bruckbaustadl mit Wissenswertem zu Schiffbau und -fahrt am und auf dem Inn (Innstr. 74, Tel. 08031-30501, April–Okt. Fr 9–12 Uhr, Sa/So 10–16 Uhr, Eintritt 3 €). Seit 2000 Jahren dient der Fluss als Verbindungsweg und sorgte für ständig neue Herausforderungen, auch an den Wasserbau. Besonders schön: die historischen Modelle und die Originalschiffe.

Galerie und Lokschuppen [7]

An der Rathausstraße südlich des Max-Joseph-Platzes zeigt sich, warum Rosenheim sich zu recht als Kunststadt begreifen darf. Die **Städtische Galerie** (Max-Bram-Platz 2, Tel. 08031-361447, Di–So 10–17 Uhr) widmet sich der Regionalkunst des 19. Jahrunderts aus dem Chiemgau und des Münchener Kunstkreises und bringt Sonderausstellungen mit zeitgenössischen Werken. Der **Lokschuppen** (Rathausstr. 4, Tel. 08031-3659036, Mo–Fr 9–18 Uhr, Sa/So 10–18 Uhr, unterschiedl. Eintritt) sorgt mit seinen wechselnden Ausstellungen für Beachtung weit über die Landesgrenzen hinaus – nicht nur wegen der Themenwahl, sondern auch wegen der vorzüglichen Aufbereitung. Bis Oktober 2010 gibt es die Ausstellung „Gewürze" mit dem Gewürzkurator Alfons Schuhbeck (der natürlich auch einen Verkaufsstand eingerichtet hat). Thema 2011: „Indianer".

Salingarten [8]

Wenige Schritte vom Lokschuppen nach Westen liegt der *Salingarten,* ein Skulpturenpark mit Werken regionaler Künstler und ein guter Platz, um auf einer Bank eine Pause einzulegen. Südlich des Parks steht das Kongresszentrum an jener Stelle, wo einst die Sole aus Bad Reichenhall zu Salz gemacht wurde.

Baden am Simssee

Sieben Kilometer östlich von Rosenheim beginnt der 6,5 km^2 große *Simssee* und erstreckt sich Richtung Chiemsee. Mit 20 °C im Sommer gehört er bei Insidern zu den beliebten Badezielen im Alpenvorland, da seine Ufer noch naturbelassen und nicht vom Tourismus beleckt sind. Am Badestrand von Ecking ruht man auf einer schattigen Wiese und springt ab und zu ins Wasser, bei Pietzing lockt sogar ein Sandstrand.

Rott am Inn

15 Kilometer im Norden von Rosenheim steht in Rott am Inn die ehemalige **Abteikirche St. Marinus und Anianus** des Benediktinerklosters. Das von außen unscheinbare Gotteshaus begeistert innen mit reinstem und bestem Rokoko. 1763 wurde die Kirche als Neubau auf den Grundmauern des von Pfalzgraf Kuno von Rott gestifteten romanischen Vorgängerbaus von 1083 geweiht. Der nur sparsam angebrachte Stuck stammt von Jakob Rauch, die Fresken malte Matthäus Günther und die Holzfiguren am Hochaltar mit ihren markanten Gesichtern und sehr persönlichem Ausdruck schnitzte Ignaz Günther. Durch die Klarheit der Konzeption und den nicht überladen wirkenden Schmuck verströmt der Betsaal Würde und unverspielte Gediegenheit.

Samerberg

Ein Idyll! Das kostenfreie Schwimmbad Törwang an der Samerstraße Richtung Grainbach. Bergblick und Kühe inklusive.

Die malerische Hügellandschaft zwischen Nußdorf und Frasdorf südlich unter blauem Himmel, mit kleinen Dörfern, Wiesen und Weiden mit glücklichen Kühen laden zwingend zu einem Abstecher ein.

Ob man nun wandern will oder nur spazierengehen, im Sommer mit einer Kutsche und im Winter mit dem Schlitten die Region erkunden möchte, oder ob man eine der in den Dörfern versteckten Gastwirtschaften besucht, hier ist Oberbayern wie es war und wie es immer sein wird – Natur pur. Und in ihr eingebettet die Dörflein mit breiten Bauernhöfen, blumengeschmückt und ein-

allerdings bis 2012 wegen Renovierung geschlossen bleibt (Residenzstr. 1, Tel. 089-290671, www.residenz-muenchen.de, April–Okt. 9–18, Winter bis 17 Uhr, Cuvilliés-Theater August bis Mitte Sept. 9–18 Uhr, sonst 14–17 Uhr, Eintritt 11 €).

Einkaufs-Tipps nördlich vom Marienplatz

Die **Fünf Höfe** (Theatinerstraße) sind nicht nur Shopping-Erlebnis; schon die schicke Architektur begeistert. In der Passage verkauft der japanische Filialist „Muji" Nützliches und Unnützliches im minimalistischen Design. „Just Pure" in das Pendant in punkto Kosmetik. Bei „Oska" gibt es schöne, nicht von Modetrends diktierte Damenmode und schließlich im „Kaimug" Thai-Fastfood von hoher Qualität. Außerhalb der Passage lohnt sich ein Blick in den Laden von „Kandis" (Residenzstr. 23), ebenfalls trendunabhängige Damen- und Herrenmode, einiges inspiriert von afrikanischen Schnitten und Mustern. Bei „Eduard Meier" (Residenzstr. 22) bekommt man rahmengenähte Schuhe. In der „Nespresso Boutique Bar" (Residenzstr. 19) kann man sich dann vom Einkaufen in braune-beige gehaltenem Ambiente erholen und darauf hoffen, dass Werbeträger George Clooney vorbeischaut. Alternativ lädt die „Confiserie Rottenhöfer" (Residenzstr. 26) mit den besten Pralinés der Stadt in plüschiges Dekor ein.

Im 19. Jahrhundert wurde viel italienisches kopiert: Der Königsbau der Residenz erinnert nicht von ungefähr an das Palazzo Pitti in Florenz, die **Feldherrnhalle [16]** dachte sich Friedrich von Gärtner als Replikat der Loggia dei Lanzi. Adolf Hitler nahm sich den der bayerischen Armee gewidmeten Bau zum Ziel für seinen gescheiterten Putschversuch am 9. November 1923. Später ließ er vor der Halle Wachposten aufstellen, die jeder vorbeigehende Münchner mit Hitlergruß zu ehren hatte. Damals bürgerte es sich als Ablehnung ein, durch die Viscardigasse von der Residenz- in die Theatinerstraße zu wechseln, worauf aus der Viscardigasse das „Drückebergergasserl" wurde.

Honiggelber Barock zeichnet die **Theatinerkirche [17]** am Odeonsplatz aus, die, Ende des 17. Jahrhunderts fertiggestellt, auch als Grablege für verschiedene kurfürstliche und königliche Häupter diente und mit ihrem lichten Stuckgewand unendlich beschwingt wirkt. Ihr gegenüber geht's in den barocken **Hofgarten,** im Zuge einer der vielen Erweiterungen der Residenz angelegt und mit einem Diana-Tempelchen geschmückt, auf dem eine elegante Bronzestatue der Bavaria mit Salzfass, Hirschfell und Kurapfel das Land Bayern symbolisiert. Beliebt ist der Hofgarten im Sommer aus dreierlei Gründen: Wegen seiner Cafés mit Tischen und Stühlen unter Kastanien, als Treffpunkt der frankophilen Boule-Spieler und romantischer Veranstaltungsort von Tango-Tanzabenden.

Die exakt Tausend Meter lange **Ludwigstraße** zwischen Feldherrnhalle und Siegestor ist steingewordener Traum des allem Klassischen zugeneigten Königs Ludwig I. Leo von Klenze und nach ihm Friedrich von Gärtner waren damit befasst, die Neorenaissance in der Bebauung konsequent durchzuhalten und keine Abweichungen von der Norm zu erlauben. Einzige Ausnahme war und ist das Rondell der **Ludwigs-Maximilians-Universität [18].** München kam übrigens erst spät, 1826 unter Ludwig I., zur eigenen Universität. Davor war die Lehranstalt in Ingolstadt bzw. Landshut angesiedelt. Mit dem 1850 errichteten **Siegestor [19]** endet die Ludwigstraße an einem Triumphbogen, den eine füllige Bavaria mit einer Quadriga krönt.

Abstecher Uni-Viertel

Theresien-, Adalbert-, Ludwig- und Barer Straße begrenzen in etwa das Studenten-Carré hinter der Uni. Jeansläden, Buchhandlungen, Antiquariate, Copy Shops und zahllose Cafés sind an den Bedürfnissen der Studenten und Dozenten orientiert. Zu den Dinosauriern dieses Viertels zählen das „Antiquariat Kitzinger" (Schellingstr. 25), der „Atzinger" (trotz Renovierung immer noch die Studentenkneipe schlechthin, Schellingstr. 9), „Bei Mario" (Superpizza, Adalbertstr. 15) und das „Max Emanuel" (Adalbertstr. 33), in dessen Biergarten so mancher Student seine nächste Vorlesung vergessen hat. Die „Basis-Buchhandlung" (Adalbertstr. 41) war früher ein Hort linken, zu Papier gebrachten wie vom Ladenkollektiv gelebten Gedankengutes und versteht sich heute als Antiquariat.

In Verlängerung der Ludwigstraße führt nun die von Pappeln gesäumte **Leopoldstraße** weiter nach Norden. Rechter Hand grüßt die Riesenskulptur des

Walking Man

„Walking Man" (Jonathan Borofsky 1995), dann geht's an Läden und Cafés entlang bis zur **Münchner Freiheit [20].** Seinen Namen erhielt der Platz 1947 in Erinnerung an die „Freiheitsaktion Bayern" (FAB), die im April 1945 zum Widerstand gegen die Nazitruppen und zur Kapitulation aufrief. Böse Zungen sagen der Leopoldstraße (und der oberbayerischen Landbevölkerung) nach, sie tauge heutzutage nur als Paradestraße für aufgemotzte Miesbacher Cabriofahrer.

Von der Münchner Freiheit nach Osten erstreckt sich jenes berühmte **Alt-Schwabing,** das in den 1970er Jahren Schwabings Ruf als Künstler- und Kneipenviertel begründete. Nach Jahren des Niedergangs ist Alt-Schwabing und besonders die **Feilitzschstraße** nun in der Hip-Hop- und Modeszene angekommen. Hier findet man die besten Läden für Street- und Clubwear wie den *Mark-Ecko Store* oder *Rag Republic.*

Abstecher Englischer Garten [21]

Die Feilitzschstraße endet an Münchens großer grüner Lunge, dem Englischen Garten. Der Ende des 18. Jahrhundert angelegte Landschaftspark zählt mit 417 ha Fläche zu den größten innerstädtischen Grünanlagen weltweit. 78 Kilometer misst das Wegenetz, in vier Biergärten kommen an warmen Tagen Zehntausende von Gästen zusammen, rund 60 Brutvogelarten wurden gezählt. Im südlichen Teil, unweit der Münchner Freiheit, prägen mehrere markante Bauten den Park: Der 25 Meter hohe, einer Pagode nachempfundene „Chinesische Turm", Mittelpunkt des gleichnamigen Biergartens, der einen Hügel krönende „Monopteros", früher Hippie-Treff, und das erst 1972 hinzugekommene „Japanische Teehaus". Auf dem Kleinhesseloher See kann man im Sommer Boot fahren und im Winter Schlittschuhlaufen. Entlang des Eisbachs wurde in den 1960er/70er Jahren spontan eine FKK-Zone ausgerufen, was zu regelmäßigen Polizeieinsätzen gegen die „Nackerten" führte und den Englischen Garten weltweit bekannt machte. Der nördliche, „wildere" Teil, ist wesentlich größer und endet am Restaurant und Biergarten „Zum Aumeister".

_____ ### Das Kunstareal

www.pinakothek.de, Kombiticket für Pinakotheken und Sammlung Brandhorst 12 €

Angefangen hatte es mit der **Alten Pinakothek [22]** (Barerstr. 27, Tel. 089-23805216, Di–So 10–18, Di bis 20 Uhr, Eintritt 7 €), die 1836 im Auftrag König Ludwigs I. von Leo von Klenze erbaut wurde, um die Wittelsbacher Gemäldesammlung aufzunehmen. Unter den Malern vom 14. bis zum 18. Jahrhundert finden sich alle klangvollen Namen der Kunstgeschichte, von Albrechts Altdorfer über Sandro Botticelli bis Rogier van der Weyden.

Dem klassizistischen Bau gegenüber entstand unter Federführung des Architekten Alexander von Branca 1981 die **Neue Pinakothek [23]** (Barerstr. 29, Tel. 089-23805195, Mi–Mo 10–18 Uhr, Mi bis 20 Uhr, Eintritt 7 €), in der die Kunstgeschichte mit Werken von Klassizismus bis Jugendstil fortgesetzt wird. William Turner, Lovis Corinth und Gustav Klimt u.a. sind vertreten. Auch dieses Museum geht auf eine Initiative Ludwigs I. zurück, der entgegen landläufiger Meinung nicht nur Klassiker, sondern auch zeitgenössische Kunst sammelte. Der erste Bau wurde im II. Weltkrieg zerstört.

Die Kunst des 20. und 21. Jahrhunderts hat in der **Pinakothek der Moderne [24]** (Barerstr. 40, Tel. 089-23805360, Di–So 10–18 Uhr, Do bis 20 Uhr, Eintritt 10 €) eine Heimat gefunden. Architekt Stephan Braunfels versammelte vier Museen in seinem spektakulären Bau: Neben Installationen, Gemälden und Skulpturen werden Ausstellungen zu Grafik, Architektur und Design gezeigt.

Neue
Pinakothek

Seit 2009 hat die Präsentation zeitgenössischer Künstler durch das **Museum Brandhorst [25]** (Türkenstr. 19, Tel. 089-238051325, Museum und Café Di–So 10–18 Uhr, Do bis 20 Uhr, Eintritt 7 €, www.museum-brandhorst.de) einen weiteren und in seiner Architektur hochgelobten Ausstellungsraum, dessen aus 36.000 bunten Keramikstäben zusammengesetzte Fassade gegen die graue Pinakothek der Moderne anstrahlt (Architekten Sauerbruch Hutton). Cy Twombly, Andy Warhol und Damien Hirst sind einige der Schwerpunkte der Sammlung von Udo und Annette Brandhorst. Neben Architektur und Kunst empfehlenswert: ein Besuch im Museumscafé Gaeta.

Doch damit nicht genug: Südwestlich schließt der Königsplatz mit der **Glyptothek [26]** (Königsplatz 3, Tel. 089-286100, Di–So 10–17 Uhr, Do bis 20 Uhr, Eintritt 3,50 €) und der gegenüberliegenden **Antikensammlung** (Königsplatz 3, Tel. 089-286100, Di–So 10–17 Uhr, Mi bis 20 Uhr, Eintritt 3,50 €, www.antike-am-koenigsplatz.mwn.de) ans Museumsareal an.

Dass es auf dem Platz aussieht wie auf der Athener Akropolis, ist den hellenistischen Schwärmereien des jungen Ludwig I. zu danken, der nach einer Italienreise beschloss, die Bürger seiner Hauptstadt mit einer Antikensammlung zu erfreuen. Hofarchitekt Leo von Klenze wurde tätig und 1830 die Glyptothek eröffnet, in der antike Skulpturen ausgestellt sind. Ihr gegenüber entstand bis 1848 nach Plänen von Georg Friedrich Ziebland der korinthische Tempelbau für die Staatlichen Antikensammlungen, in denen griechische, etruskische und römische Vasen, Glas und Schmuck gezeigt werden.

Museumstreppe und -café

Die Treppe der Glyptothek ist an schönen Sommertagen beliebt als Treff- und Ruhepunkt der Studenten; im Café können Besucher, umgeben von perfekten Marmorjünglingen, Latte Macchiato schlürfen oder sich von den Sonnenstrahlen im Lichthof wärmen lassen.

Das **Lenbachhaus [27]** (www.len
bachhaus.de) hinter dem Monumentaltor der Propyläen ist leider bis Sommer 2012 wegen Renovierung geschlossen.

Die ehemalige, 1887 erbaute Villa des
Münchner „Malerfürsten" Franz von
Lenbach (1836–1904) beherbergt eine
umfangreiche Sammlung von Werken
expressionistischer Künstler, darunter
als Schwerpunkt zahlreiche Gemälde
der Künstlervereinigung „Der Blaue
Reiter". In den beiden angegliederten
Ausstellungsräumen „Kunstbau" und „Kubus" werden wechselnde Ausstellungen zeitgenössischer
Kunst gezeigt (Öffnungszeiten s. Website).

Münchens Osten

1903 bekam Oskar von Miller den Auftrag für den
Bau eines Museums auf der Isarinsel; 1925 wurde
das Museum für Technik eröffnet. Seither ist das
Deutsche Museum [28] (Museumsinsel 1, Tel. 089-
91791, tgl. 9–17 Uhr, Eintritt 8,50 €, www.deutsches-
museum.de) größtes Technikmuseum der Welt. Es
wurde viele Male erweitert, ganze Abteilungen, wie
die Flugtechnik und das Verkehrsmuseum, mussten aus Platzgründen ausgelagert werden.

Besucher finden hier Ausstellungen zu Telekommunikation und Geodäsie, ein komplett nachgebautes Bergwerk und ein Auswandererschiff, ein
Planetarium mit fortschrittlichster Projektions-

Im Deutschen
Museum

technik, die ersten Flugapparate, eine Kopie der Altamira-Höhle etc. Kritiker werfen dem Museum eine zu konservative Präsentation vor – aber wie soll ein solches Ungetüm mit über fünf Hektar Ausstellungsfläche und mehr als 100.000 Exponaten modernisiert werden? Der Flugzeugbau ist mittlerweile in die Flugwerft Schleißheim (s.S. 113) umgezogen und Autos und Züge sind im Verkehrszentrum (s.S. 107) an der Theresienwiese ausgestellt.

Müllersches Volksbad [29]

Dieses Hallenbad lohnt alleine aus ästhetischen Gründen einen Besuch. Weite Teile des 1901 im Jugendstil erbauten Bades – so das große Schwimmbecken – sind originalgetreu erhalten. Vor allem ein Besuch des ebenfalls von 1901 stammenden römisch-irischen Dampfbads lohnt sich. Hier kann man wirklich Schwitzen, Lustwandeln und Ruhen wie die Römer (Rosenheimer Str. 1, Schwimmbad tgl. 7.30–23 Uhr, Dampfbad 9–23 Uhr).

Der wuchtige Klotz des **Gasteig-Kulturzentrums [30]** steht dort, wo sich der Bürgerbräukeller befand, in dem 1939 Georg Elsers Attentat auf Hitler scheiterte. Neben mehreren kleineren Veranstaltungsräumen beherbergt es die wegen ihrer Akustik umstrittene Philharmonie.

Von der Isar bergauf und nach Osten erreicht man zwei grundlegend verschiedene Stadtteile: **Haidhausen** und **Bogenhausen.** Haidhausen war das Viertel der armen Leute, bis es in den 1970er Jahren die alternative Szene entdeckte und es mit WGs, Kneipen und Läden vereinnahmte. Heute deutlich aufgeschickt haben die Straßen um die **Weißenburger Straße [31]** und den **Pariser Platz** dennoch etwas vom früheren Flair bewahrt. Münchens ältester Bioladen, das 1973 als „Schwarzmarkt" gegründete „Lebascha" (Breisacher Str. 12) findet sich hier, und auch Münchens ältester (noch überlebender) Jazzclub „Unterfahrt" (Einsteinstr. 42) hat in Haidhausen seit 1978 seine Nische gefunden.

Villen und repräsentative Gründerzeithäuser prägen das nördlich davon gelegene, ebenso elegante wie teure **Bogenhausen,** dessen **Museum Villa**

Stuck [32] (Prinzregentenstr. 60, Tel. 089-4555510, www.villastuck.de, Di–So 11–18 Uhr, Eintritt 9 €) all diejenigen begeistern wird, die Jugendstil lieben. Der Münchner Maler Franz von Stuck (1863–1928) hat sich mit diesem Wohn- und Atelierhaus einen Lebenstraum erfüllt und die Räume so detail- und fantasieverliebt ausgestattet, dass sie ebenso erdrückend wie faszinierend wirken. Kontrastprogramm zur Stuck'schen Üppigkeit bieten die wechselnden Ausstellungen, die sich häufig modernen Kunstthemen widmen.

Wenige Schritte entfernt wacht der güldene, 1899 auf seine 23 Meter hohe Säule gestellte **Friedensengel [33]** über München und erinnert an den gar nicht friedfertigen Sieg 1871 über Frankreich. Ein Idyll ist das Bogenhausener **Kircherl St. Georg [34],** ein auf spätromanischen Fundamenten ruhender Bau der Hochgotik, der im 18. Jahrhundert in ein Rokoko-Kleinod umgewandelt wurde und auf dessen Friedhof zahlreiche prominente Münchner wie der Schauspieler Helmut Fischer, der Schriftsteller Oskar Maria Graf und der Filmemacher Rainer Werner Fassbinder die letzte Ruhe gefunden haben.

Bayerisches Nationalmuseum [35]

Der Museumsbau selbst ist eine Dokumentation der Stile, von Neo-Romanik bis Neo-Barock. Architekt Gabriel von Seidl plante das zwischen 1894–99 erbaute Gebäude so, dass die Räume zum Stil der jeweiligen Epoche passten, deren Exponate darin ausgestellt waren. Versammelt sind Preziosen, wie die aus dem Frühmittelalter stammende „Reidersche Tafel", gotische Flügelaltäre, Rokoko-Skulpturen sowie die volkskundliche Sammlung. Zwischen November und Februar werden wunderbar gearbeitete Krippen gezeigt (Prinzregentenstr. 3, Tel. 089-2112401, www.bayerisches-nationalmuseum.de, Di–So 10–17 Uhr, Do bis 20 Uhr, Eintritt 5 €, So 1 €).

Münchens Westen

München war 1972 Austragungsort der Olympischen Sommerspiele und bekam zu diesem Zweck ein **Olympiagelände [36]** in futuristischer Architektur, deren Zeltdachkonstruktion bis heute

Blick auf das
Olympiagelände
vom Fernseh-
turm

als wegweisend gilt. Architekt Frei Otto ersann die
sehr organisch wirkenden Dächer über Olympiastadion, Großer und Kleiner Schwimmhalle. Der
Fernsehturm ist mit 291,28 Meter Höhe Münchens
höchster Aussichtspunkt (tgl. 9–24 Uhr, Auf- und
Abfahrt 4,50 €). Als Freizeitgelände und Veranstaltungsort für Rockkonzerte ist das Areal, das aus
einer Schuttdeponie nach dem II. Weltkrieg entstanden ist, sehr beliebt. Kult ist die **Olympia-Alm**
auf dem Olympia-Berg, kaum mehr als ein großer
Getränke-Kiosk mit Biergarten, an dessen Tischen
im Sommer ein buntes Völkchen den lieben Gott einen guten Mann sein lässt. Selbst im Winter macht
der Wirt auf und schenkt Glühwein aus.

An **Schloss Nymphenburg [37]** (Schlossrondell,
Tel. 089-179080, April–15. Okt. 9–18, Winter 10–16
Uhr, die Parkburgen sind im Winter geschlossen,
Eintritt 10 €, ohne Parkburgen 5 €, www.schloss-
nymphenburg.de) wurde ab 1664 gebaut, Auftrag-
geber war der Wittelsbacher Kurfürst Ferdinand
Maria. Ende des 18. Jh. war die Anlage fertig, und
1845 wurde hier der *Kini* Ludwig II. geboren. Unter
den namhaften Baumeistern und Ausstattern fun-
gieren Henrico Zuccalli und Joseph Effner, Johann
Baptist Zimmermann und François Cuvilliés. Im
Inneren imponieren der monumentale „Steinerne

Schloss
Nymphenburg

Saal" und die Schönheiten-
galerie, die Ludwig Stieler für
Ludwig I. malte und in der
die schönsten Münchnerin-
nen verewigt sind.

Zu entdecken sind das
Marstallmuseum mit Prunk-
kutschen der Kurfürsten und
Könige, die **Porzellansamm-
lung** und vor allem aber der
weitläufige Park und die da-
rin versteckten, verschwiegenen Schlösschen: Die
Badenburg war das erste beheizbare Hallenbad
Europas (ausgenommen natürlich die Thermen
Roms und die von den Arabern errichteten Ham-
mams); in der **Pagodenburg** ist das Dekor asi-
atisch-orientalisch verspielt, und die **Amalienburg**
ist ein Rokoko-Jagdschloss mit entsprechenden
Motiven. Vorbei an der als Ruine gestalteten **Mag-
dalenenklause** geht's in den angrenzenden **Botanischen Garten [38]** (Menzingerstr. 65, Tel. 089-
17861316, www.botmuc.de, Mai–Aug. 9–19 Uhr,
April/Sept. bis 18 Uhr, Feb./März/Okt. bis 17 Uhr,
Nov.–Jan. bis 16.30 Uhr, Eintritt 5 €). 1915 eröffnet,
präsentiert er in seinen Gewächshäusern die ganze
Vielfalt tropischer und subtropischer Flora. Im
Freigelände kann man durch eine Farnschlucht
wandern, das Alpinum mit Gebirgsflora aus aller
Herren Länder erklimmen oder im April/Mai die
Blüte der Rhododendren bewundern.

Die Bavaria vor
der Ruhmeshalle

Die Wiesn

Die **Theresienwiese [39]** verdankt ihre weltweite Berühmtheit dem **Oktoberfest,** das jedes Jahr in den letzten beiden Septemberwochen München in Ausnahmezustand versetzt. Außerhalb der Wies'nzeit liegt die knapp 30 ha große Fläche brach und dient als Parkplatz; im Winter schlägt das Winter-Tollwood hier seine Zelte auf. Über die Wiese wacht eine von Leo von Klenze 1853 erbaute **Ruhmeshalle** mit Büsten ver-

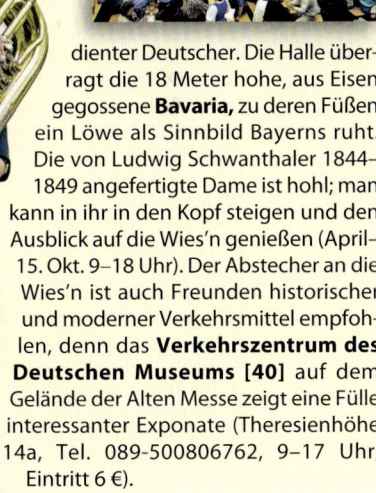

dienter Deutscher. Die Halle überragt die 18 Meter hohe, aus Eisen gegossene **Bavaria,** zu deren Füßen ein Löwe als Sinnbild Bayerns ruht. Die von Ludwig Schwanthaler 1844–1849 angefertigte Dame ist hohl; man kann in ihr in den Kopf steigen und den Ausblick auf die Wies'n genießen (April– 15. Okt. 9–18 Uhr). Der Abstecher an die Wies'n ist auch Freunden historischer und moderner Verkehrsmittel empfohlen, denn das **Verkehrszentrum des Deutschen Museums [40]** auf dem Gelände der Alten Messe zeigt eine Fülle interessanter Exponate (Theresienhöhe 14a, Tel. 089-500806762, 9–17 Uhr, Eintritt 6 €).

Service München

Information

- **Tourismusamt München,** Sendlingerstr. 1, 80331 München, Tel. 089-23396500, Fax 23330233, www.muenchen-tourist.de.
- **Touristinfo Hauptbahnhof,** Bahnhofsplatz 2, Mo–Sa 9–20 Uhr, So 10–18 Uhr.
- **Touristinfo Marienplatz,** Neues Rathaus, Mo–Fr 10–20 Uhr, Sa bis 16, So bis 14 Uhr.

Stadtführungen

- **Yellow Cab,** Elisenstr. 3a, www.citysightseeing-muenchen.de. Die Stadtrundfahrten mit Doppeldeckerbussen führen vom Hauptbahnhof aus einer Rundtour an (fast) allen Sehenswürdigkeiten vorbei (Dauer ca. 2 Stunden).
- **Spurwechsel,** Ohlmüllerstr. 5, Tel. 089-6924699, www.spurwechsel-muenchen.de. Stadtführungen mit dem Fahrrad zu verschiedenen Themenschwerpunkten.
- **Weis(s)er Stadtvogel,** Unterer Anger 14, Tel. 089-29169765, www.weisser-stadtvogel.de. Stadtführungen zu Fuß zu verschiedenen Themenschwerpunkten.

Unterkunft

Zu Messen- und Wiesn-Zeit werden die Preise kräftig erhöht

[a] Advokat: Baaderstr. 1, Tel. 089-216310, www.hotel-advokat.de, DZ/F ab 160 €. Das schicke Designer-Hotel liegt zentral in bester Shopping- und Kneipenlage und verwöhnt mit kühler Eleganz.

[b] Ritzi, Maria-Theresia-Str. 2, Tel. 089-414240890, www.hotelritzi.de, DZ/F ab 160 €. 25 moderne, individuell gestaltete Zimmer in fast edler Atmosphäre.

[c] Gärtnerplatz, Klenzestr. 45, Tel. 089-2025170, www.pensiongaertnerplatz.de, DZ/F 110 €. Die sehr persönlich und aufmerksam geführte Stadtpension liegt im Herzen des angesagten Gärtnerplatzviertels.

[d] Mona Lisa, Robert-Koch-Str. 4, Tel. 089-21028380, www.hotelmonalisa.de, DZ/F ab 80 €. Klein, komfortabel und fein, mit Geschmack eingerichtet und freundlich geführt.

[e] 4you, Hirtenstr. 18, Tel. 089-5521660, www.the4you.de, DZ ab 50 €, Bett ab 13 €. Das älteste und zentral gelegene Hostel ist stolz auf seine nach ökologischen Richtlinien ausgestatteten Zimmer.

[f] The Tent, Kapuzinerhölzl/In den Kirschen 30, Tel. 089-1414300, www.the-tent.com, nur 10. Juni bis 6. Oktober, Schlafplatz ab 7,50 €. Übernachtung im Riesenzelt, dazu Superstimmung und eine optimale Kontaktbörse.

Essen und Trinken

Essen und
Trinken im
Web auf www.
munichx.de

[g] Landersdorfer & Innerhofer, Hackenstr. 6, Tel. 089-26018637, Di–Sa 10–1 Uhr, 4-Gang-Menü ab 70 €. Ambitionierte Küche mit einem „Überraschungsmenü", das *à la carte* erweitert werden kann; zählt zu Münchens besten Adressen.

[h] Dukatz, Maffeistr. 3a, Tel. 089-710407373, Mo–Sa 12–14.30 u. 18.30–22.30 Uhr, Menü um 35 €. Französische Bistroküche auf höchstem Niveau, wenige Meter vom Marienplatz.

[i] Iwan's, Hans-Sachs-Str. 20, Tel. 089-20009090, Di–Fr ab 18 Uhr, Sa ab 19 Uhr, Menü um 20 €. Das intime Lokal ist ein Geheimtipp im Glockenbachviertel, es gibt eine wöchentlich wechselnde kleine Tageskarte und eine schier unendliche Auswahl an Longdrinks.

[j] Spatenhaus, Residenzstr. 12, Tel. 089-2907060, 9.30–0.30 Uhr, Menü um 25 €. Traditionell *die* Adresse nach dem Opernbesuch, die bayerisch-österreichische Küche schmeckt aber auch ohne klassisches Vorspiel.

[k] Osterwaldgarten, Keferstr. 12, Tel. 089-38405040, 10–1 Uhr, Biergarten bis 23 Uhr, Menü um 20 €. Das kleine Wirtshaus mit übersichtlichem Biergarten liegt idyllisch am Rande des Englischen Gartens, die Küche ist frisch und lecker.

[l] Hofbräuhaus, Platzl 9, Tel. 089-29013610, 9–24 Uhr, Menü um 20 €. Auf den ersten Blick Touristenfalle, auf den zweiten auch Stammtischort alteingesessener Münchner. Offensichtlich nach wie vor bei den Münchnern beliebtes Traditionshaus und natürlich ein Muss für jeden Besucher.

[m] Weißes Bräuhaus, Tal 7, Tel. 089-2901380, 8–1 Uhr, Menü 15–20 €. Traditionsgaststätte mit „Schneider Weiße" im Ausschank, einem der berühmtesten Weißbiere, dazu gibt's deftige bayerische Küche.

Biergarten

Blaues Haus [n]

Ein großer, schmuckloser Raum mit Glasfronten, Holzbänke und -tische, eine Trennwand aus Metall … Gemütlichkeit sieht anders aus! Und dennoch kann das Restaurant, in dem vorrangig Behinderte arbeiten, eine geradezu elektrisierende Atmosphäre haben! Dann nämlich, wenn Publikum und Schauspieler aus den „Kammerspielen" oder dem „Werkraum" hier einkehren und die Luft schwirrt vor Diskussionen über das gesehene Stück. Übrigens: Auch das Essen ist delikat! Hildegardstr. 1, Tel. 089-23336977, Mo–Sa 11–1 Uhr, So ab 17 Uhr, Menü um 20 €.

Cafés/Ausgehen

[o] Baader Café, Baaderstr. 47, Tel. 089-2010638, 9.30–1 Uhr. Bis 16 Uhr Frühstück, abends oft DJs, dazu köstliche Kuchen und einfache, schmackhafte Küche. Sensationell ist der Sonntagsbrunch.

[p] Café Platzhirsch, Rosental 8, Tel. 089-264546, Mo–Fr 13–1 Uhr, Sa 13–2 Uhr, So 13–20 Uhr. 1970er-Nostalgie mit Blick auf den Viktualienmarkt, dazu köstliche Toasts, Sandwiches und Lounge-Musik.

[q] Muffatwerk, Zellstr. 4, Tel. 089-45875010, www.muffathalle.de. Eine große Halle für Konzerte und Lesungen, der intime Club Ampére, das Café Muffathalle für DJ-Nächte und ein beliebter Biergarten bilden *das* Unterhaltungsensemble neben dem Müller'schen Volksbad.

[u] Atomic Café: Neuturmstr. 5, Tel. 089-2283054, www.atomic.de, Di–So 22–3 Uhr, Fr/Sa bis 4 Uhr. Der Ort für Entdeckungen: neue Bands, coole Szene und ab und an ein Promi zum Privat-Gig.

[v] P1, Prinzregentenstr. 1, Tel. 089-2111140, ab 22 Uhr. Wo sich Münchner Fußballgrößen mit Blondinen treffen. Legendär der unüberwindliche Türsteher, ebenso legendär die Parties, noch legendärer die Promi-Abstürze vor den Augen der Öffentlichkeit … wer's mog!

[w] Unterfahrt, Einsteinstr. 42, Tel. 089-4482794, www.unterfahrt.de, So–Do 19.30–1 Uhr, Fr/Sa 19.30–3 Uhr. Münchens Jazz-Enklave mit anspruchsvollem Live-Programm.

[x] Fraunhofer, Fraunhoferstr. 9, Tel. 089-266460 (Wirtshaus), Tel. 089-267850 (Theater), www.fraunhofer.-de, tgl. 16.30–1 Uhr, Theater s. Spielplan. Das Münchner Traditionswirtshaus besucht man nicht unbedingt wegen kulinarischer Höhenflüge, sondern wegen dem gemütlichen Ambiente, dem bayerisch-ambitionierten Theaterprogramm und dem Musikfrühschoppen. Januar/Februar werden hier die Volksmusiktage gefeiert.

Schwule & Lesben

[x] New York, Sonnenstr. 25, Tel. 089-62232152, Fr/Sa 23–5 Uhr. Lounge und Disco für Männer wie Frauen.

Im Trend: Augustenstraße

Die vom Bahnhof nach Norden führende Achse der Dachauer- und Augustenstraße war lange ein Stiefkind der Szene und hat sich nun doch noch gemausert. Gleich am Anfang sorgt das **Café Kosmos [aa]** seit geraumer Zeit für Gesprächsstoff – erstens, weil es die wohl berühmteste (und nur im Einbahnverkehr zu begehende) Wendeltreppe der Stadt besitzt und zweitens, weil hier keiner so recht weiß, warum es so hip ist. Sicherheitshalber gehen alle hin, weshalb abends dichtes Gedränge herrscht und die Leute in langen Schlangen vor der Türe anstehen (Dachauer Str. 7, Tel. 089-55295867). Ein paar Häuser weiter sorgt der **Gesellschaftsraum [ab]** (Augustenstr. 7, Tel. 089-55077793, Mo–Sa 18–24 Uhr, 3-Gänge-Menü um 45 €) für wechselnde Gefühle: Muss man sich vor den tätowierten und mit schweren Ohrringen behängten Kellnern fürchten oder gar vor der Küche aus der Schule der „Jungen Wilden"? Muss man nicht, denn die (fast) Sterne-Küche von Bernd Arold ist fantasievoll und delikat wie die Namen der Gerichte, Palmrosahuhn mit Snickereis und Quitte beispielsweise. Wer's klarer mag: Im **Restaurant Schmock [ac]** (Augustenstr. 52, Tel. 089-52350535, 18–1 Uhr, Menü um 25 €) gibt's jüdische und orientalische Küche mit (auch) koscherem Essen und die legere Atmosphäre eines Wiener Cafés. Café und Atmosphäre finden sich ein paar Straßen weiter auch im **Café Jasmin [ad]** (Steinheilstr. 20, 10–1 Uhr, Tel. 089-45227406) mit großer Rüschenvorhang-Fensterfront auf die Augustenstraße, durch die das Plüschcafé noch plüschiger aussieht als es im Inneren tatsächlich ist, wo die Sekretärin von nebenan mit jungem Szenevolk plauscht. Das **Josefina [af]** (Augustenstr. 113, Tel. 089-60034722, Mo–Sa 7–22 Uhr, So ab 9 Uhr, Menü um 15 €) ist winzig und dabei so charmant, dass man der Gastgeberin die harten Stühle verzeiht. Köstliche Suppen, Pasta und Salate, Kuchen; wechselnde Tageskarte.

Theater & Kino

[ag] Staatsoper, Max-Joseph-Platz 2, Tel. 089-218501, www.bayerische.staatsoper.de. Oper und Ballett auf höchstem Niveau.

[ah] Kammerspiele, Maximilianstr. 26, Tel. 089-2333700, www.muenchner-kammer-spiele.de. Die innovativste Bühne unter den großen Sprechtheatern.

[ai] Metropol, Floriansmühlstr. 5, Tel. 089-23195533, www.metropoltheater.com. Das Metropol beweist, dass man auch als Privattheater mit spannendem Programm Erfolg haben kann.

[aj] Kino im Filmmuseum, St.-Jakobs-Pl. 1, Tel. 089-23322348, www.stadtmuseum-online.de. Hier wird Filmkunst zelebriert und gepflegt.

Einkaufsstraßen

Die Münchner Fußgängerzone Neuhauser-/Kaufingerstraße gehört den großen Kaufhäusern und Filialisten; entlang der Sendlinger Straße finden sich auch kleinere Läden. Die Maximiliansstraße beherrschen große Couturiers. Rund um die Münchner Freiheit ist Streetware angesagt, die Läden im Gärtnerplatz- und Glockenbachviertel besetzen originelle Nischen von Schokolade bis Mode.

Viktualinemarkt

Stadtverkehr

Mit U- und S-Bahnen, Straßenbahnen und Bussen ist München hervorragend erschlossen; kompliziert ist allerdings das Tarifsystem, das zwischen der Innenstadtzone und mehreren Außenzonen unterscheidet.

Als Besucher ist man, abgesehen von den Zielen in der Umgebung, meist in der Innenstadtzone unterwegs. Einzel- und Mehrfahrtenkarten sind an Automaten und in mit einem weißen „K" auf grünem Grund gekennzeichneten Verkaufsstellen erhältlich. 2010 kostete ein Einzelfahrschein 2,40 €, eine Streifenkarte (5 Fahrten) 11,50 €. Günstiger ist die *City Tour Card,* die je nach Geltungsdauer (1/3 Tage) mit 9,80/18,80 € zu Buche schlägt (www.city-tour-card.com).

Fahrpläne auf
www.mvv-
muenchen.de

Fitness

Leo's Sportsclub [ak], Leopoldstraße 11, Tel. 089-3838990, www.leos-sportsclub.de; auf 2800 m² bietet einer der besten und größten Sportklubs in München alles, was das zu trainierende Herz (und die Muskulatur) begehrt: feinste Geräte, Kurse und einen angenehmen Entspannungsbereich.

Münchener Umgebung

Schloss Schleißheim und Flugwerft

Der Absolutismus prägte auch die Architektur, und so ließ Kurfürst Max Emanuel zu Beginn des 18. Jahrhunderts den Grundstein für ein standesgemäßes Schloss im Norden Münchens legen, wo seit 1602 mit dem **Alten Schloss Schleißheim** (www.schloesser-schleißheim.de) bereits eine herzögliche Residenz bestand.

Enrico Zuccali wurde als Architekt gewonnen, der Bau durch das erzwungene Exil des Kurfürsten unterbrochen und erst um 1730 unter maßgeblicher Beteiligung von Joseph Effner fertiggestellt. Mit einer Fassadenlänge von 330 Meter, üppig ausgestatteten Innenräumen voller wertvoller Gemälde und dem prächtigen Garten war es eines absolutistischen Herrschers würdig. Nur war der Kurfürst vor der Vollendung des Schlosses gestorben. Heute residiert in den Räumen des Alten Schlosses die Dauerausstellung „Das Gottesjahr und seine Feste" mit Exponaten der christlichen Festkultur aus allen Teilen der Welt. Im Neuen Schloss sind die Gemäldesammlung sowie die barocke Treppenanlage zu bewundern. Das im Park befindliche **Schloss Lustheim** (Max-Emanuel-Platz 1, Oberschleißheim, Tel. 089-3158720, www.schloesserbayern.de, Di–So April–Sept. 9–18 Uhr, Okt.–März 10–16 Uhr, Eintritt 3 €) zeigt eine Sammlung Meißner Porzellans.

Im Museumsshop gibt's eine Riesenauswahl von Flugzeug- und Schiffsbausätzen

Wo früher die Königlich-Bayerische Fliegertruppe übte, zeigt und restauriert heute das Deutsche Museum in der **Flugwerft Schleißheim** (Effnerstr. 18, Oberschleißheim, Tel. 3157140, 9–17 Uhr, www.deutsches-museum.de, Eintritt 6 €) große und kleine Fluggeräte. Das Museum ist natürlich ein Paradies für alle technisch interessierten Erwachsenen und Kinder, und im Sommer startet ab und zu die „Tante Ju" oder gar ein Zeppelin vom Flugplatz davor zum Rundflug über München.

Schloss Schleißheim

KZ-Gedenkstätte Dachau

Es war das erste Konzentrationslager (Alte Römerstr. 75, Tel. 08131-669970, www.kz-gedenkstaette-dachau.de, Di–So 9–17 Uhr) in Deutschland. Von 1933 an wurden hierher Widerständler, Intellektuelle, Juden und Roma verschleppt, 200.000 Menschen waren im Haupt- und den Nebenlagern eingesperrt, über 50.000 starben. Die erst kürzlich neu gestaltete Dokumentation zeigt auf erschütternde Weise die Realität des Lagers und die Menschenverachtung im Dritten Reich.

Freising

Die seit 739 bezeugte Siedlung ist deutlich älter als München. Der heilige Korbinian persönlich gründete das Bistum, dessen Einflussbereich weit nach Süden bis ins heutige Slowenien und Südtirol reichte. Im 12. Jahrhundert wurde die romanische Basilika erbaut, Kernstück des **Doms Mariä Geburt.** In dessen romanischer Krypta begegnet der Besucher den uralten Wurzeln dieses Gotteshauses in Form einer Bestiensäule, auf der Menschen und Dämonen miteinander kämpfen. Hier befindet sich auch der Reliquienschrein des Korbinian, ein Ort tiefer Verehrung. Das barocke Gotteshaus darüber ist eine Orgie in Weiß und Gold aus den geschickten Händen der Gebrüder Asam. Im angeschlossenen **Diözesanmuseum** (Museum, Domberg 21, Freising, Tel. 08161-48790, www.dioezesanmuseum-freising.de, Di–So 10–17 Uhr, Eintritt 4 €) ist eine der größten Sammlungen christlicher Kunst und liturgischen Geräts Deutschlands ausgestellt.

Brauerei Weihenstephan

Da das Bierbrauen früher den Klöstern vorbehalten war, erstaunt es nicht, in Freising auf die älteste Brauerei der Welt – Weihenstephan – zu treffen. Im **Bräustüberl** (Weihenstephaner Berg 10, Freising, Tel. 08161-13004, www.braeustueberl-weihenstephan.de, 10–24 Uhr, Menü 15–20 €) kann man sich von der Qualität des Gebrauten überzeugen.

Grünwald

Der exklusive Vorort im Süden Münchens war bereits in der Bronzezeit besiedelt, aus keltischer und römischer Zeit sind Spuren wie die „Römerschanze" erhalten. Mit dem Bau der Burg Grünwald Ende des 13. Jahrhunderts bekam die Siedlung am Hochufer der Isar ihren heutigen Namen, mit dem Zuzug von

Prominenten jedweder Couleur ihren Status als eines der teuersten Wohngebiete Deutschlands. In der **Burg Grünwald** (Zeillerstr. 3, Grünwald, Tel. 089-6413218, www.archaeologie-bayern.de, 15. März–30. Nov., Mi–So 10–16.30 Uhr) zeigt die archäologische Staatssammlung in wechselnden Ausstellungen Exponate zur Vor- und Frühgeschichte des Siedlungsgebiets.

Brückenwirt

Eine alte Grünwalder Institution ist das Wirtshaus am gegenüberliegenden Ufer der Isar. Schweinsbraten, Ochsenfleisch und Ente werden bayerisch-deftig zubereitet und serviert. Gelegentlich gibt's Stub'nmusi oder Volkstheater; im Sommer lockt der schöne **Biergarten** (An der Grünwalder Brücke 1, Höllriegelskreuth, Tel. 089-7930167, www.brueckenwirt.de, 10–23 Uhr, Menü um 20 €).

In den Filmstudios am Geiselgasteig, etwas stadteinwärts von Grünwald gelegen, wurden viele berühmte Streifen realisiert – Wolfgang Petersens „Das Boot" und „Die unendliche Geschichte" beispielsweise, und nach wie vor entsteht in den Kulissen so manche Soap. Besucher können bei Führungen die Original-Requisiten bestaunen, selbst Filmchen drehen oder bei Stuntshows zuschauen.

Bavariafilmplatz 7, Geiselgasteig, Tel. 089-64992000, www.bavaria-filmtour.de, 90-minütige Führungen 9–16 Uhr, Winter 10–15 Uhr, Eintritt ab 11 €, Kinder ab 8 €

Starnberger See

Südwestlich von München ist das Alpenvorland geprägt von einer Moränenlandschaft, in die sich zwei große und mehrere kleine Seen als Spuren der letzten Eiszeit schmiegen. Das Naherholungsgebiet Münchens kann sich über mangelnde Aufmerksamkeit nicht beklagen: an den Sommerwochenenden sind Starnberger- und Ammersee sowie die kleineren Wörth-, Pilsen- und Weßlinger Seen meist überlaufen.

Nordic Walking

Die Ferienregion hat einen besonderen Service für Nordic Walker auf ihre Website gestellt. Dort sind 24 Touren aller Schwierigkeitsgrade detailliert und mit GPS-Daten zusammengestellt, auch zum Download auf MP3: www.sta5.de; Nordic Walking Park anklicken!

Starnberger See Ostufer

Der 19,5 Kilometer lange und im Schnitt 4,5 Kilometer schmale See war bereits im 16. Jahrhundert ein Anziehungspunkt für die bessere Gesellschaft. Die Schlösser Starnberg, Berg, Possenhofen und die Roseninsel, auf der sich Ludwig II. mit seiner Cousine Sisi traf, zeugen von der Beliebtheit des Sees beim bayerischen Adel, der auch die Tatsache kein Abbruch tat, dass Ludwig II. am 13. Juni 1886 unter rätselhaften Umständen im See ertrank. Die herzögliche und später königliche „Seeflotte" bestand immerhin aus dem Prunkschiff „Bucentaur" und mehreren Raddampfern. Heute leben viele Prominente hinter diskreten Mauern und Hecken an seinen Ufern.

Das namensgebende Städtchen **Starnberg** hat, abgesehen von seiner hübschen **Seepromenade** und dem **Museum Starnberger See** (Possenhofener Str. 5, Starnberg, Tel. 08151-4477570, www.museum-starnberger-see.de, Di–So 10–17 Uhr, Eintritt 3 €), touristisch kaum Interessantes zu bieten. Das Museum dokumentiert die Entdeckung und Erschließung des Starnberger Sees als Sommerfrische, die durch den Bau einer Eisenbahnlinie ab München und den Betrieb der Dampfschifffahrt Mitte des 19. Jahrhunderts Auftrieb bekam und in der Gründung der Villenkolonie *Niederpöcking* mündete. Ein weiterer Schwerpunkt widmet sich den Wittelsbacher Prunkschiffen auf dem See.

Vor dem Städtchen **Berg,** sechs Kilometer am See entlang nach Süden, fand Ludwig II. den Tod, nachdem er in Neuschwanstein verhaftet und für geisteskrank erklärt worden war. Mit dem Psychiater wurde er in das im 17. Jahrhundert erbaute **Schloss Berg** gebracht, wo man beide tags darauf tot im See treiben fand. Das Schloss ist Privatbesitz und kann nicht besichtigt werden. Ein schlichtes Kreuz im See markiert den Ort, an dem der Kini den Tod fand. Über all der Tragik soll aber nicht vergessen werden, dass der bayerische Schriftsteller Oskar Maria Graf (1894–1967) in Berg aufgewachsen ist. Seine Eltern betrieben hier eine Bäckerei. Im Geburtshaus residiert das „Oskar-Maria-Graf-Stüberl", eine empfehlenswerte Wirtshausadresse (s. S. 120).

Mit prominenten Namen kann auch **Ambach,** 13 km weiter, aufwarten. Der Erfinder der „Biene Maja", Waldemar Bonsels (1880–1952), lebte hier, der Schauspieler Sepp Bierbichler stammt aus dem Ort und betreibt den beliebten Gasthof mit Biergarten „Zum Fischmeister" (s. u.). Der Schriftsteller Patrick Süskind wurde 1949 in Ambach geboren.

Über das sechs Kilometer südlich und fast an der Südspitze des Sees gelegene **St. Heinrich** geht's drei Kilometer in den Traditions-Ferienort **Seeshaupt,** in dem die „Seeresidenz Alte Post" (s. u.) auf eine jahrhundertelange gastronomische Tradition zurückblickt. Auffällig ist der Schilfbewuchs am See – ein Anblick, der weiter nördlich der Kultivierung und Nutzung des Sees zum Opfer gefallen ist. Die ökologisch bedeutsame Schilfzone schützt die Ufer und bietet zahlreichen Vögeln sicheren Brutraum. Der Schilfgürtel zwischen St. Heinrich und Seeshaupt dient, wie das südlich davon liegende Moorgebiet der Osterseen (s. S. 181), auch Zugvögeln als Zufluchtsort.

Kempfenhausen südlich von Berg zählt zu den beliebtesten Stränden am Starnberger See

Idyllischer Badeplatz: Die Liegewiese am Karnifflbach/ St. Heinrich

1

Dampferfahrt

Bayerische Seenschifffahrt, Starnberg, Tel. 08151-12023, www.bayerische-seenschifffahrt.de, Ostern bis 15. Okt. große Rundfahrt ab Starnberg (8.45 Uhr, Dauer 3,5 Std., 16 €, Kinder 8 €).

**Starnberger
See Westufer**

Bernried, sechs Kilometer nach Norden, ist die wichtigste Station am See, wenn's um Kunst geht. Hier hat der Schriftsteller und Kunstsammler **Lothar Günther Buchheim** (1918–2007) seiner Sammlung expressionistischer Kunst der „Brücke" wie auch den anderen Kuriositäten – angefangen bei Ethnographica über naive Malerei bis hin zu Bildern aus trockenen Blättern und Gräsern – ein Domizil erkämpft, was gar nicht so einfach war. Denn der ursprünglich für das **Museum der Phantasie** (Am Hirschgarten 1, Bernried, Tel. 08158-99700, www.buchheimmuseum.de, April–Okt. Di–So 10–18, Nov.–März 10 bis 17 Uhr, Eintritt 8,50 €) ins Auge gefasste Standort Feldafing brachte Buchheims Projekt per Volksabstimmung zu Fall. In Bernried wurde das Museum nach Plänen des Architekten Günther Benisch dann 2001 endlich eröffnet und gleich zum Publikumsmagneten – nicht nur die Sammlung, auch Lage und Architektur sind einfach faszinierend.

Kontrastprogramm zur modernen Architektur bietet der **Ortskern** von Bernried mit seinen gepflegten alten Bauernhäusern, deren Balkone sich im Sommer unter duftenden Kissen von Petunien und Geranien biegen. In der barockisierten **Stiftskirche St. Martin** ist ein gotischer Flügelaltar (1510) erhalten; Kaspar Feichtmayr, ein Stukkateur aus Wessobrunn (s.S. 135), besorgte Umbau und Teile der Innenausstattung, die mit Schwung ins Rokoko tendiert.

Sechs Kilometer nach Norden folgt **Tutzing,** Endstation der S-Bahn, was den Besucherstrom jedes Wochenende deutlich anwachsen lässt. **Feldafing,** fünf Kilometer weiter, ist Ausgangspunkt für den Besuch der **Roseninsel,** zu der man auf „Plätten", kastenförmige Lastkähne, vom Possenhofener Parkgelände übersetzt.

Schloss Possenhofen, heute Privatbesitz und nicht zugänglich, war Sitz des Herzogs Max in Bayern, des Vaters der späteren österreichischen Kaiserin Elisabeth, die als zuckersüße „Sissi" in ewiger Filmerinnerung bleibt. Auf der Roseninsel, so die Legende, traf sie sich mit Cousin Ludwig II., der sie anbetete. Das Inselchen ist mit Rosen aus

Besonders stilvoll ist die Anreise mit dem Museumsschiff „Phantasie"

Das „Paradies" im Park von Possenhofen gilt als schönster Strand am See

Ausflugsziel
Starnberger See

aller Herren Länder bepflanzt und natürlich zur
Blüte in den Sommermonaten sehenswert. Das
„Casino" genannte Schlösschen ließ Maximilian II.,
Ludwigs Vater, erbauen (Fährbetrieb 1. Mai bis 15.
Okt., www.faehre-roseninsel.de; zwischen 1. Juni
und 15. Sept. 10–18 Uhr, sonst 11–18 Uhr; Casino
Mai–Okt. Di–So 12–18 Uhr, Hin- und Rückfahrt 4 €).

Service Starnberger See

Information **Touristinfo,** Wittelsbacherstr. 2c, 82319 Starnberg, Tel.
08151-906 00, www.sta5.de, Mo–Fr 8–18 Uhr, Mai–Okt.
auch Sa 9–13 Uhr.

Unterkunft • **Seeresidenz Alte Post,** Alter Postplatz 1, Seeshaupt, Tel
08801-9140, www.seeresidenz-alte-post.de, DZ/F um 150
€. Im Traditionshaus stieg schon König Ludwig ab.
Historischer und moderner Trakt, eigenes Strandbad.

• **Fischerrosl,** Beuerbergerstr. 1, St. Heinrich, Tel. 08801-
746, www.fischerrosl.de, DZ/F ab 60 €. Das Traditionsgasthaus hat 10 neu renovierte, freundliche Zimmer und
ein Restaurant, in dem Fisch von bayerisch bis holsteinisch zubereitet wird.

• **Marina,** Am Yachthafen 1–15, Bernried, Tel. 8158-9320,
www.hotelmarina.de, DZ/F ab 170 €. Das supermoderne,
geschmackvolle Design und die Lage am See rechtfertigen die gehobenen Preise, eine ungewöhnliche Unterkunft im Alpenidyll.

• **Tutzinger Hof,** Hauptstraße 32, Tutzing, Tel. 08158-9360,
www.tutzinger-hof.de, DZ/F ab 70 €. Die zentral und nur
zwei Minuten vom See gelegene Pension hat bayerisch
eingerichtete Zimmer und einen schattigen Biergarten.

• **Hotel zur Post,** Hauptstr. 19, Pöcking, Tel. 08157-1398,
www.posthotel-poecking.de, DZ/F ab 70 €. Rustikal, geschmackvoll eingerichtete Zimmer, gemütlicher Gasthof
mit bodenständiger Küche.

Frischer Fisch aus Ammerland

Die Fischrechte von Familie Seebald stammen von 1850. Seit Generationen beliefert sie mit den gefangenen Renken und Saiblingen die bessere Gesellschaft. Damit auch der einfache Ausflügler in den Genuss des Fangs kommt, betreibt der Hoffischer Seebald einen einfachen Biergarten, in dem's Fisch gibt und dazu Brezn und Bier (Nördliche Seestraße 22, Ammerland, Tel. 08177-9132).

Essen und Trinken

- **Dechant's Kleines Fischrestaurant:** Hauptstr. 20, Starnberg, Tel. 08151-12106, www.dechants-fischladen .de, Di–Do 10–19 Uhr, Fr bis 24 Uhr, Menü um 25 €. Beim Dechant gibt's angeblich die frischesten Fische Oberbayerns, und im winzigen Restaurant nebenan werden sie gekonnt zubereitet.
- **Oskar-Maria-Graf-Stüberl,** Grafstr. 9, Berg, Tel. 08151-51688, 10–23 Uhr, Menü um 15 €. Bayerische Küche ohne Schnörkel, handfest zubereitet und reichhaltig.
- **Gasthaus Limm,** Hauptstr. 29, Münsing, Tel. 08177-411, Mo–Sa 10–14.30 u. 17.30–23 Uhr, So 10–14.30 Uhr, Menü um 15 €. Auch in dieser schönen Traditionsgaststätte wird herzhaft bayerisch gekocht und es gibt neben den Standards wie Krustenbraten auch Raritäten wie Rindszunge.
- **Zum Fischmeister,** Seeuferstr. 31, Ambach, Tel. 08177-533, Mi–Fr ab 16 Uhr, Sa/So ab 12 Uhr, Menü um 25 €. Vor allem der schöne Biergarten mit Blick auf den See ist in diesem Gasthof der Hit; die Preise sind es wegen der Beliebtheit bei der Münchner Schickeria auch.
- **Forsthaus Ilkahöhe,** Oberzeismering 2a, Tutzing, Tel. 08158-8242, Mi–So ab 12 Uhr, Menü um 20 €. Die Ausflugsgaststätte oberhalb von Tutzing bietet einen großartigen Blick auf die Alpenkette und tischt dazu feine Küche im Restaurant und bayerische Schmankerl im Biergarten auf.

Mit dem Radl von Starnberg nach Herrsching

Die 18 Kilometer lange Tour beginnt am Bahnhof in Starnberg. Von dort fährt man in Richtung Söcking bis zum Ortsrand, wo der Weg nach Maising abzweigt. Hinter Maising passiert man den gleichnamigen See und das Naturschutzgebiet, erreicht Aschering und schließlich Rothenfeld, wo man ein kurzes Stück auf der Straße bis Andechs radelt und sich auf dem Heiligen Berg für den kleinen Anstieg mit einer erfrischenden Radlermaß belohnt. Denn danach geht's nur noch bergab, durchs malerische Kiental bis Herrsching.

Alte Saline

ten Sudpfannen, die das restliche Wasser verkochten. Heute wird die Sole in den Kurpark geleitet, rieselt im 160 Meter langen Gradierwerk von 1912 über Schwarzdornbündel und reichert so die Luft mit Salz und Wasserdampf an. Beim Spaziergang auf der windabgewandten Seite entlang der Bündel atmen die Kurgäste die heilwirksame Luft ein. Das Hauptbrunnenhaus und die darunter liegenden Stollen sind heute ein **Museum** (Reichenbachstraße, Tel. 08651-7002146, www.alte-saline-bad-reichenhall.de, 10–11.30 u. 14–16 Uhr, Winter Di–Fr, 1. So im Monat 14–16 Uhr, Eintritt 6,90 €, Kombiticket mit Bergwerk Berchtesgaden 18 €).

Beim Besuch werden die technischen Einrichtungen im Brunnenhaus erklärt und man darf unter Führung hinabsteigen in das weitverzweigte Netz der Stollen und Grotten mit unterirdischen Bächen und Leitungen, an deren Planung auch Erasmus Grasser mitgewirkt hatte. Man erfährt alles über die heutige Salzproduktion, immerhin 300.000 Tonnen im Jahr.

Auf dem Gelände der Alten Saline befinden sich heute zahlreiche Büros, Läden und Räume für kulturelle Veranstaltungen – ein gelungenes Beispiel für die moderne Nutzung einer Brache aus Industrie- und Verwaltungsgebäuden.

4

Salinenladen

Am nördliche Eingang zur Alten Saline verkauft die Firma **Balneo** Heilkräftiges für Magen und Haut aus Reichenhaller Salz, von Salzbonbons und -pastillen über Gurgelsalz bis zu Peeling- und Badesalz (Alte Saline 15, Tel. 08651-1303, www.balneo-gmbh.de).

Klosterkirche St. Zeno [6]

Stifter war Karl der Große

Die Kirche steht abseits im Südwesten vom Zentrum an der Kreuzung Salzburger- und Zenostraße. Die Ursprünge des Augustinerchorherrenstiftes St. Zeno gehen auf den Beginn des 9. Jahrhunderts zurück. Anstelle der alten Stiftskirche entstand bis 1228 das bedeutendste und größte Gotteshaus in Bayern (90 Meter lang und 30 Meter breit). Der Stadtbrand von 1512 verursachte aber so starke Schäden, dass man sie bis 1520 umgestalten musste. So zeigt sie sich heute in spätgotischem Gewand, doch das romanische Schiff wurde beim Umbau einbezogen. Sichtbar ist u.a. noch das Westportal aus weißem und roten Marmor mit den zwei liegenden Löwen. Aus dem 15. Jahrhunderts stammen der Taufstein, das Chorgestühl und am Hochaltar die zwei Flügelbilder und die geschnitzte Mariengruppe.

Service Bad Reichenhall

Information

Touristinfo, Wittelsbacherstr. 15, 83435 Bad Reichenhall, Tel. 08651-6060, www.bad-reichenhall.com, Mo–Fr 8.30–17.30 Uhr, Sa 9–12 Uhr, Winter Mo–Fr 8.30–16.30 Uhr, Sa 9–12 Uhr.

Unterkunft

• **Hofwirt [a],** Salzburgerstr. 21, Tel. 08651-98380, www.hofwirt.de, DZ/F ab 74 €. Zentral beim Kurpark gelegen blickt man auf eine über 150-jährige Tradition als Gasthof zurück, 22 modern gestaltete Zimmer, Garten und Restaurant.

• **Karlsteiner Stuben [b],** Staufenstr. 18 (drei Kilometer westlich des Zentrums im Ortsteil Karlstein), Tel. 08651-9800, www.hotelkarlsteinerstuben.de, DZ/F ab 70 €. 35 Zimmer in ruhiger, sonniger Lage, besonders schön: die Übernachtung in der Almhütte auf dem Grundstück mit

Fußgängerzone

Schlaf- und Wohnraum und einem Kachelofen; allerdings stehen die beiden Betten hintereinander und zu zweit in einem wird's eng.

• **Camping Staufeneck [c],** Steilachweg, Piding (vier Kilometer nordöstlich vom Zentrum), Tel. 08651-2134, www.camping-berchtesgadener-land.de, April–Okt., 5,50 €/Zelt, 6,50 €/Person (hinzu kommen Müllgebühr und Strompauschale). Netter Platz am Ufer der Saalach unter Bäumen, ein Gasthaus befindet sich in unmittelbarer Nähe.

Essen und Trinken

• **Bürgerbräu [d],** Waaggasse 1–2, Tel. 08651-6089, 10–24 Uhr, Menü um 15 €. Der Gasthof von 1879 schenkt Bürgerbräu aus, das seit 1633 gebraut wird. Man speist unter den alten Gewölben in bürgerlich-städtischer Atmosphäre; authentische Küche mit z.B. Milzwurst, Kalbslüngerl, Leberkäse oder Ochsengulasch. Freisitz mit Bäumen vor dem Gebäude.

• **Schwabenbräu [e],** Salzburgerstr. 22, Tel. 08651-96950, 10–22 Uhr, Menü 15 €. Bayerische und internationale Gerichte, eine gemütliche, teils urige Einrichtung und ein schöner großer Biergarten.

• **Obermühle [f],** Tumpenstr. 11, Tel. 08651-2193, vier Kilometer nordöstlich des Zentrums, 11–22 Uhr, Nov.–Mitte März geschl., Menü um 20 €. Das historische Gebäude wurde bereits 1415 erwähnt. Auf den Tisch kommen Lamm, Ente und Gans aus eigener Zucht, Wild aus dem eigenen Gehege, Forelle, Saibling und Stör aus dem eigenen Teich und Obst aus dem eigenen Garten – deshalb schmeckt es hier so vorzüglich! Kleine Karte, kleine Stube, schöner Garten – und am Schluss Eis aus eigenem Honig.

4

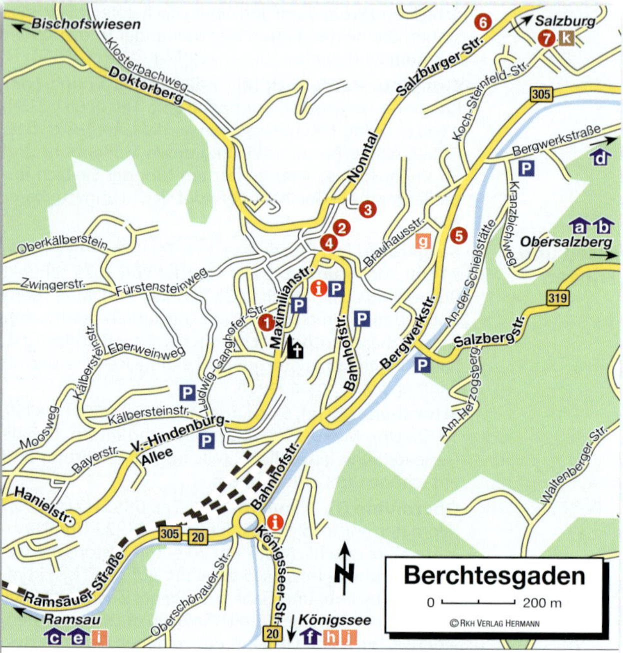

Berchtesgaden

0 ⊢——⊣ 200 m

© RKH VERLAG HERMANN

---

❶ Sehenswert

1 Marktbrunnen
2 Mundkochhaus
3 Kirche St. Peter und
  Johannes der Täufer
4 Königliches Schloss
5 Salzbergwerk
6 Heimatmuseum
7 Kirche Maria Gern

Ⓐ Unterkunft

a Intercontinental
b Vorderbrand
c Rehlegg
d Kederlehen
e Jugendherberge
f Camping Mühlleiten

Ⓐ Essen und Trinken

g Bräustüberl
h Unterstein
i Wirtshaus im Zauberwald
j Sankt Bartholomä

Ⓐ Einkaufen

k Enzian

Berchtesgaden

Die hübsche Altstadt Berchtesgadens mit dem königlichen Schloss liegt oberhalb des Bahnhofs und der im Tal verlaufenden Durchgangsstraße. Am besten parkt man unten und geht die wenigen Schritte hinauf. Berchtesgaden ist *das* Einfallstor in die Bergwelt rund um den Königssee mit Watzmann und der beeindruckenden Felslandschaft des Steinernen Meeres. Hier endet die Eisenbahn, und wer den **Bahnhof** innen betrachtet oder ihn verlässt und den Kopf wendet, bekommt gleich einen ersten Eindruck, weswegen die Gegend auch noch ein beliebtes Ziel für den internationalen Tourismus ist: das überdimsionierte Gebäude entstand zu Beginnn des Dritten Reiches und sollte den Gästen des Berghofs auf dem Obersalzberg ein repräsentatives Entrée bieten.

Nationalpark Berchtesgaden

Der einzige deutsche Nationalpark in den Alpen besteht seit 1978 und umfasst ein Gebiet mit 210 km² und von 603 Meter (Königssee) bis 2713 Meter (Watzmann) Seehöhe. Bereits 1910 war mit dem „Pflanzenschongebiet Berchtesgadener Alpen" der Samen für das heutige Schutzgebiet gesät worden. Informationen zum Park erhält man im Nationalpark-Haus (Franziskanerplatz 7, Berchtesgaden, Tel. 08652-64343, www.nationalparkberchtesgaden.bayern.de). 2010 war Baubeginn für das neue Nationalparkmuseum „Haus der Berge" am Ortsausgang Richtung Bischofswiesen. Es wird Ende 2012 fertiggestellt sein und aus einem Ausstellungsgebäude, Umweltlaboren für Schulklassen und einem Freigelände bestehen.

Geschichte

Der Talkessel von Berchtesgaden wurde um 1100 herum zum ersten Mal aktenkundig, als Augustiner-Mönche aus Rottenbuch ein Kloster gründeten. 1156 ging das Kloster in päpstlichen Besitz über und Kaiser Friedrich Barbarossa verlieh dem Kloster das Schürfrecht für Salz. 1389, das Kloster war durch schlechtes Wirtschaften verarmt, übernahm Salzburg den Besitz, und erst zwei Jahrhunderte später konnten die Wittelsbacher Berchtesgaden zurückgewinnen. 1559 wurde das Kloster in den Stand einer Fürstprobstei erhoben. Nun prosperierte Kloster und Umland, die Soleleitung nach Bad Reichenhall und weiter nach Traunstein brachte Lohn und Brot und sollte 300 Jahre in Betrieb bleiben (bis 1912). Mit der Säkularisation wurde das Kloster aufgelöst, die Ländereien wechselten mehrfach den Besitzer, auch die Habsburger konnten für ein Jahr wieder über das Salz verfügen, aber ab 1810 war Berchtesgaden endgültig bayerisch. 1813 wurden die Klostergebäude zum königlichen Schloss umgewandelt.

Skigebiet Jenner

Das größte Skigebiet des Berchtesgadener Landes befindet sich rund um den Jenner und reicht von 600 Meter auf 1800 Meter Höhe. Acht Kilometer messen die Pisten insgesamt, die längste Strecke ist die fünf Kilometer lange, durchgehende Talabfahrt von der Bergstation der Jennerbahn (s.u. bei „Verkehr"). Acht Lifte und Seilbahnen gibt es und eine gute Infrastruktur zur Einkehr. Bleibt der Schnee aus, hilft die automatische Beschneiungsanlage.

Sehenswert

Das Herz Berchtesgadens liegt um den historischen Marktplatz, das Schloss und die Klosterkirche. Der Markplatz ist heute Fußgängerzone, die Cafés haben Stühle und Tische herausgestellt und die Läden verkaufen Souvenirs und Kunsthandwerk. Zurückkehrende Wanderer mit Stöcken und Rucksack treffen sich hier mit Müßiggängern und eilenden Touristen, die ihre nächste Station abhaken. Den **Marktbrunnen [1]** ließ der Fürstprobst 1677 errichten, einige der Gebäude am Platz sind noch älteren Datums, nämlich das *Gasthaus Neuhaus* von 1576 und das *Hirschenhaus* von 1594 (geht man

Der Schlossplatzes mit Stiftskirche und Königlichem Schloss

um dieses herum zur Rückseite, sieht man eine Affenszene von 1610). Nördlich des Schlossplatzes am Rathausplatz steht das **Mundkochhaus [2]** aus dem Jahr 1643.

Kirche St. Peter und Johannes der Täufer [3]

Die Augustinerchorherrenkirche am Schlossplatz wurde um 1150 von den Augustinern an Stelle eines hölzernen Vorgängerbaus als dreischiffiges Langhaus in romanischem Stil errichtet. 1283 bis 1303 baute man die Kirche in gotischem Stil um, beließ aber u.a. das Portal in urspünglichem Zustand. Besonders beachtenswert ist das Chorgestühl, das teilweise noch aus dem 14. Jahrhundert stammt. Zahlreiche Fürstpröbste haben in der Kirche ihre letzte Ruhestätte gefunden, unter prächtig gestalteten Grabmälern, darunter das für Probst Pienzenau mit einer kunsthistorisch bedeutenden Skulptur des Verstorbenen.

Im königlichen Schloss

Königliches Schloss [4]

Kronprinz Rupprecht wohnte hier 1922–1933

Das **Schloss** (Schlossplatz 2, Tel. 08652-947980, www.haus-bayern.com, So–Fr 10–12 u. 14–16 Uhr, Winter So–Fr 11–14 Uhr, Eintritt 7 €, nur mit Führung zu besichtigen) entstand aus dem Kloster der Augustiner und steht heute noch in Privatbesitz des Hauses Bayern und wird von diesem teilweise bewohnt. Beim Rundgang können drei Stockwerke besichtigt werden, insbesondere der spätromanische Kreuzgang mit seinen Skulpturen aus dem Jahr 1200 ist ein Highlight bei der Tour. Einen eigenen Bereich nimmt das **Rehmuseum** ein (So–Fr 10–12 u. 14–16 Uhr, Winter Mo–Fr 11 und 14 Uhr, Eintritt 3 €). Die wildwissenschaftliche Sammlung von Herzog Albrecht (1905–1996) wurde von ihm selbst in der Region zusammengetragen.

4

Salzbergwerk [5]

Der 45-minütige Besuch des **Salzbergwerkes** (Bergwerkstr. 38, Tel. 08652-60020, www.salzzeit-reise.de, 9–17 Uhr, Winter 11.30–15 Uhr, Eintritt 14,90 €, Kombiticket mit der Alten Saline in Reichenhall 18 €) unterhalb des Schlosses an der Durchgangsstraße ist ein Muss. Seit 1517 bis heute ist das Bergwerk ununterbrochen in Betrieb. Das im Gestein eingeschlossene Mineral (50% Salzgehalt) wird mit Süßwasser herausgelöst und abgeleitet. Bis 300 Meter unter die Talsohle reichen die Vorkommen, und 20 Bohrspülwerke fördern im Jahr 600.000 m^2 Sole. Bis zu 50 Bergleute sind unter Tage und halten die Anlage am Laufen. 400.000 Besucher, zünftig mit Helm und Overall ausgestattet, fahren jährlich mit der Grubenbahn in den Haselberg ein, wandern durch die Stollen, kommen auf Bergmannsrutschen noch tiefer und schließlich zum Spiegelsee, der auf Nachen überquert wird. Besucht werden auch die Salzkathedrale, das Labor und die Schatzkammer.

Heimatmuseum [6]

In Schloss Adelsheim, ein Kilometer nördlich des Schlossplatzes über die Salzburgerstraße, befindet sich das 1897 gegründete **Museum** (Schroffenberg-Allee 6, Tel. 08652-4410, www.heimatmuseum-berchtesgaden.de, Di–So 10–17 Uhr, Eintritt 2,50 €). Es zeigt Kunsthandwerk aus der Region, wie Spanschachteln, Holzspielzeug, Blasinstrumente, Bein- und Elfenbeinschnitzereien und Trachten.

Kirche Maria Gern [7]

Die Wallfahrtskirche liegt vier Kilometer vom Zentrum Berchtesgadens im Norden. Die kleine Saalkirche von 1710 ist ein bedeutendes Wallfahrtsziel für die Region. Sie steht malerisch an der Straße des Hochtales am Gernbach, die Decke ist reich mit Stuck und Fresken geschmückt. Das Gnadenbild am Hochaltar von 1666 wird im Jahreszeitenwechsel immer wieder neu mit prächtigen Barockgewändern eingekleidet.

Obersalzberg

Dreieinhalb Kilometer sind es die Salzbergstraße Richtung Osten hinauf auf den Obersalzberg in 900 Meter Höhe mit einem fantastischen Blick auf die Felswand des Untersberg. Viel sieht man hingegen

vom Führerhauptquartier rund um den Berghof nicht mehr, dem Lieblingsplatz Adolf Hitlers mit SS-Kasernen, Bunkern, Versorgungseinrichtungen und den Villen des Führungspersonals des Dritten Reiches, von Göring bis Goebbels. Die meisten Gebäude sind zerbombt und weggesprengt. Doch unterirdisch ist noch Einiges von den zahlreichen Stollen und Gängen erhalten und zum **Dokumentationszentrum Obersalzberg** umgewandelt (Salzbergstraße 41, Tel. 08652-947960, www.obersalzberg.de, Mo–So 9–17 Uhr, Winter 10–15 Uhr, Eintritt 3 €), das die Idylle der alpinen Landschaft, in der sich Hitler gerne mit Rehkitzen ablichten ließ, in den rechten Zusammenhang mit der Schreckensherrschaft des nationalsozialistischen Regimes stellt.

Nur mit dem Shuttle-Bus oder zu Fuß (vom Obersalzberg etwa zwei Stunden auf unterschiedlichen Wegen) kommt man hoch zum Aufzug (rauf und runter 3 €) im Fels, der im **Kehlsteinhaus** auf 1820 Meter Höhe, 14 Meter unter dem Gipfel, endet. Der Sekretär Hitlers, Martin Bormann (einer der wichtigsten Männer im Reich, da nur über ihn der Zugang zum Führer möglich war), „überreichte" es seinem Chef als kleine Überraschung zum 50. Geburtstag. Bis zu 3500 Arbeiter waren fast zwei Jahre lang beschäftigt, 30 Millionen Reichsmark wurden verbaut. Da Hitler aber nicht schwindelfrei war, scheute er das Kehlsteinhaus, und so stand es meist leer. Heute ist das „eagle's nest" eines der beliebtesten Ziele der Touristen in der Region. Im 20-Minuten-Takt fahren die **Busse** hoch (Bushaltestelle

Fünf Arbeiter starben beim Bau des Kehlsteinhauses

Kehlsteinhaus

unterhalb des Dokumentationszentrum Mai–
Okt./Nov. 8.55–16 Uhr, Busfahrt mit Aufzug hin und
zurück 15,50 €, www.kehlsteinhaus.de).

Bergwanderung auf den Schneibstein

Vom Parkplatz Hinterbrand
(1140 m) am Obersalzberg
(sieben Kilometer vom Do-
kumentationszentrum auf
der Scharnitzkehlrstraße)
nimmt man den Weg auf
zur Mittelstation der *Jennerbahn* und wandert um die
Bärenwand südlich herum
zur *Königsalm* (1529 m) im
Hochtal und dann hinauf
zum *Schneibsteinhaus* (1668
m) und dem benachbart liegenden *Carl-von-Stahl-Haus*

Blick auf den
Watzmann

an der Landesgrenze zu Österreich. Nun geht es
herausfordernd steil hinauf, den Schneibsteingipfel
deutlich vor Augen. Drei bis vier Stunden muss man
rechnen, bis man auf dem *Schneibstein* (2276 m)
steht, belohnt wird die Mühe mit einer fantastischen Sicht auf das Steinerne Meer, das sich südlich
des Königssees erstreckt, und auf die Watzmann-
Gruppe im Westen. Der Abstieg geht wieder hinunter zum Schneibsteinhaus, von dort biegt man
aber Richtung *Mitterkaser Alm* (1705 m) ab und
wandert direkt zurück zum Ausgangsparkplatz.
Mittelschwere Bergwanderung, sechs Stunden,

Höhendifferenz 1200 Meter;
gute Bergschuhe, wetter-
feste Kleidung und Verpflegung notwendig. Einkehr-
möglichkeit im **Schneib-
steinhaus** (Mai–Okt., Tel.
08652-2596, www.schneib-
steinhaus.de, Unterkunft
nur mit Halbpension).

Jennerbahn

Königssee

Der malerischste See Oberbayerns, fünf Kilometer von Berchtesgaden im Süden, liegt langgestreckt zwischen den sich auftürmenden Bergen. 6,5 Kilometer ist er lang, aber nur einen Kilometer breit, eine Umrundung zu Fuß ist mangels Weg nicht möglich. Doch auf ihm verkehren Elektro-Ausflugsboote von Königssee-Ort (riesiger Parkplatz, 3 €/Tag) bis zum äußersten südlichen Ende und sie passieren dabei das wunderhübsch auf einer Landzunge liegende **Sankt Bartholomä** mit Kirche und Gasthof.

Das berühmte Echo hört man nur bei einer Bootsfahrt

Bei der Fahrt hinaus wird das Echo nicht mehr herbeigejodelt (bei der Unmenge an Gästen strapazierte das die Stimmbänder zu stark), der Bootsführer holt eine Trompete oder ein Flügelhorn heraus und bläst eine pausenreiche Melodie. Zweimal schallt es zurück. Früher durfte man auf dem See noch böllern, da antwortete der Fels bis zu siebenmal.

Schifffahrt auf dem Königssee

Die **Bayerische Seenschifffahrt** benutzt auf dem Königssee 18 Elektroboote, um die ausgezeichnete Wasserqualität zu bewahren. An Bord befinden sich keine Toiletten. Karten an der Ablegestelle, Tel. 08652-96360, www.seenschifffahrt.de, 8–17 Uhr ab Königssee alle 30 Minuten, Winter 9.30–15.45 Uhr ab Königssee etwa stündlich, Königssee–St. Bartholomä hin und zurück 12,80 €, Kinder 6,40 €, Familienkarte 32,50 €.

**Sankt
Bartholomä**

Die drei Kuppeln und die beiden bekuppelten Türme der weißgekalkten Wallfahrtskirche unterhalb des Watzmann leuchten weithin rot und sind das Wahrzeichen des Sees. Ein schöner gelegenes Pilgerziel ist nicht vorstellbar. Am Samstag nach dem Bartholomäustag am 24. August, treffen sich die **Wallfahrer** nach einem 10-stündigen, 32 Kilometer langen Marsch durch das Gebirge des Steinernen Meeres von Maria Alm über den Funtensee.

1139 erhielt der See seinen Namen, geliehen von Chuno von Horburg, dem Mitbegründer des Klosters in Berchtesgaden. Aus dieser Zeit stammt auch die erste Kirche am Seeufer, die „Basilica Chunigesse". „Chunigesse" wandelte sich dann im Lauf der Zeit zu „Königssee". Das heutige Kirchlein entstand 1697. Rund um den Landungssteg versammeln sich im Sommer die Wanderer, marschieren los oder besteigen müde von einer anstrengenden Bergtour das Schiff – nicht ohne sich in der Gaststätte gestärkt zu haben, dem ehemaligen Jagdschloss der Fürstpröbste von Berchtesgaden aus dem Jahr 1700. Alternativ gibt's beim Fischerhäuschen ein Baguette mit geräuchertem Saibling.

Entlang des Königssees – zwei Tage oben!

Man startet am Großparkplatz in Königssee-Ort (603 m), folgt den Wegweisern zur Talstation der Jennerbahn, passiert diese Richtung Königsbachalm (1,5 Std., 1200 m) auf dem Wanderweg 493 und gelangt zur **Gotzenalm** (5 Std., 1685 m, Pfingsten–Sept., Tel. 08652-690900, www.gotzenalm.de). Von ihr sind es zehn Minuten zum Aussichtspunkt *Feuerpalfen* mit Blick auf See und Sankt Bartholomä. Von der Gotzenalm geht es auf 1100 Meter hinunter in den *Landtalgraben* und dann wieder hoch und auf dem Höhenweg, nun oberhalb des Obersees, um die Südseite des Königssees herum, am Grünsee vorbei bis zur Himmelsleiter unterhalb des Kärlingerhauses. 300 Stufen und 100 Höhenmeter zerren nach sieben bis acht Stunden Wanderung an Waden und Hintern. Das **Kärlingerhaus** (1638 m, Juni–Sept., Tel. 08652-6091010, www.kaerlingerhaus.de) liegt 30 Meter über dem Funtensee, im Sommer muss man aber keine Angst haben, ganz so kalt ist es nicht. Der Abstieg von hier nach Sankt Bartholomä über die Saugasse dauert drei Stunden, der letzte Abschnitt führt am Seeufer entlang.

Anstrengende Bergwanderung, für die Hochgebirgsausrüstung notwendig ist, Höhendifferenz 1700 Meter, Gesamtgehzeit 16 Stunden.

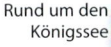

Der Funtensee ist der kälteste Platz Deutschlands, ein Eisloch mit dem Temperatur-Kälterekord von minus 45,9 °C!

Rund um den Königssee

Wanderung zum Aussichtspunkt Archenkanzel

Von der Archenkanzel auf 1400 Meter Höhe an der Westseite des Sees hat man einen Superblick über den See und tief ins Steinerne Meer hinein. Man stellt sein Fahrzeug am Großparkplatz Königssee (603 m) ab und wandert hinauf zum Startpunkt der Bob- und Rodelbahn. Man hält sich nun Richtung *Grünstein*, biegt aber vor der Grünsteinhütte links ab und geht vorbei an der *Klingeralm* (950 m) nach *Kühroint* (1420 m, Informationspunkt der National-

Die Bob- und Rodelbahn war die erste Kunsteisbahn der Welt

parkverwaltung mit dem Thema Waldwildnis). Der Weg zur *Archenkanzel* bleibt nun etwa in der gleichen Höhe. Höhendifferenz 800 Meter, Anstieg 2,5–3 Stunden, Abstieg 1,5–2 Stunden.

Ramsau

Knapp zehn Kilometer vom touristisch überlaufenen Berchtesgaden wohnt man im weiten Tal bei **Ramsau** ruhiger und günstiger und als Basis für Wanderungen eignet es sich ebenso gut.

Kirche Mariä Himmelfahrt

Zur Wallfahrtskirche Maria Kunterweg nimmt man den Kreuzweg schräg den Hang hoch und gelangt nach 15 Minuten an diversen Stationen vorbei auf dem ehemaligen Viehtrieb „Kunterweg" zu den Almen zum 1731 errichteten Kirchlein – Pilgerziel der Sennerinnen und Senner.

Die Soleleitung von Berchtesgaden nach Bad Reichenhall

Im Steinsalzbergwerk von Berchtesgaden baute man das Salz durch Spülung aus und wollte die Sole in Bad Reichenhall versieden. Der Königlich Bayerische Salinenrat Georg Friedrich von Reichenbach projektierte die 25 Kilometer lange Leitung von Berchtesgaden (537 m) über den Lockenstein (622 m) und am Söldenköpfl (943 m) vorbei, insgesamt waren 356 Meter zu überwinden. 1817, nach 20 Monaten Bauzeit, war die Anlage betriebsbereit. Verwendet wurden eiserne Rohre. Um die Sole hochzupumpen, entwickelte Reichenbach eine nach ihm benannte Wassersäulenhebemaschine, die 110 Jahre lang bis 1927 in Betrieb blieb und nur wegen einer neuen Streckenführung abgeschaltet wurde.

Wanderung entlang der Soleleitung

Die wunderschöne, gut ausgeschilderte Wanderung (auch für Rollstuhlfahrer und Kinderwagen, im Winter geräumt) mit viel Aussicht und Sonne entlang der Soleleitung beginnt am Parkplatz Zipfhäusl (in Ramsau fünf Kilometer Richtung Bischofswiesen), passiert nach drei Kilometer das

Gasthaus *Gerstreit* und endet am *Söldenköpfl,* wo man umkehrt und denselben Weg zurücknimmt (Gesamtdauer vier Stunden, Länge einfache Strecke ca. zehn Kilometer, Höhendifferenz 40 Meter). Einkehrmöglichkeiten: **Gasthaus Gerstreit** (ganzjährig offen 11–18 Uhr, Tel. 08657-497, www.berggasthof-gerstreit.info), **Gasthof Söldenköpfl** (15. Dez.–Okt., Sa–Do 8–18 Uhr, Tel. 08652-2383, www.soeldenkoepfl.de).

Naturlehrpfad Zauberwald

Zwei Kilometer westlich von Ramsau führt ein Waldweg zum Naturlehrpfad mit Schautafeln. Er ist 1500 Meter lang, steigt 80 Meter an und dauert bei gemächlichem Gehen und Lesen etwa eine Stunde. Vor Jahrtausenden war hier ein Bergsturz, die Natur hat einen wildromantischen Bergwald geschaffen.

Service Berchtesgaden

Information

Bergwacht, Vorderbrandstraße 20, Berchtesgaden, Tel. 08652-1515, www.bergwacht-berchtesgaden.de

Unterkunft

- **Touristinfo Berchtesgaden,** Maximilianstraße 9, 83471 Berchtesgaden, Tel. 08652-9445300, www.berchtesgaden.de, Mo–Fr 9–18 Uhr, Sa/So 10–13 u. 14–18 Uhr, Winter Wochenende geschl.
- **Touristinfo Berchtesgaden Region,** Königsseer Straße 2, 83471 Berchtesgaden, Tel. 08652-9670, www.berchtesgadener-land.info, Mo–Fr 8.30–18 Uhr, Sa 9–17 Uhr, So 9–15 Uhr, Winter Mo–Fr 8.30–17 Uhr, Sa 9–12 Uhr.
- **Intercontinental [a],** Hintereck 1, Obersalzberg, Tel. 08652-97550, www.berchtesgaden.intercontinental.com, DZ o. F. ab 153 €, m. F. und Nutzung des Wellnessbereiches ab 294 €. Auf 1000 Meter, dort wo es sich einst die Nazigrößen gutgehen ließen, hat man zur Entschärfung der Situation und um Ewiggestrigen das Wallfahrten zu vermiesen, das Luxushotel errichtet; in ihm wohnt man mit der Gewissheit, dass die an der Pleite vorbeischrammende Bayerische Landesbank jedes Bett jede Nacht subventioniert – wo sonst kann man im Schlaf Geld verdienen!
- **Vorderbrand [b],** Vorderbrandstr. 91, Schönau (sieben Kilometer vom Dokumentationszentrum Obersalzberg auf der Scharitzkehlstraße nach Süden), Tel. 08652-2059, www.berchtesgaden-online.com/vorderbrand, DZ/F ab 45 €. Zehn Zimmer, teilweise mit Bad und WC im Alpengasthof, das Kontrastprogramm zum Intercontinantal in nicht weniger exklusiver Lage mit Fernsicht, besonders schön ist die Übernachtung im Feldkasten, Hüttchen mit Wohnküche unten und Schlafzimmer oben. Vor dem Haus sitzt man herrlich in der Nachmittagssonne. Bayerische Schmankerl und Bergsteigeressen.

- **Rehlegg [c],** Holzengasse 16, Ramsau, Tel. 08657-98840, www.rehlegg.de, DZ/F ab 127 €. Über Ramsau am Süd- hang gelegenes, seit 1909 in Familienbesitz stehendes Berghotel mit einem großzügigen Wellnessbereich, ge- mütlich eingerichteten Zimmern im Haupthaus und sty- lishen Suiten im neu errichteten Flügel, alle mit Balkon und Blick auf das Tal. Liegewiese, Schwimmbad und ein ausgezeichnetes Restaurant.
- **Kederlehen [d],** Mieslötzweg 26, Berchtesgaden (ein Kilometer östlich des Salzbergwerkes), Tel. 08652-69463, www.angerer-kederlehen.de, DZ/F ab 40 €. Persönlich und freundlich geführte Pension in Alleinlage, 100 Meter über dem Tal in Südwest-Richtung, Zimmer mit Bad, gu- tes Frühstück, Halbpension möglich.
- **Jugendherberge [e],** Struberberg 6, Berchtesgaden, Tel. 08652-94370, www.berchtesgaden.jugendherberge.de, 19,10 €/Bett. Zwei Kilometer vom Bahnhof im Westen, noch vor der Gebirgsjägerkaserne, mehrere Gebäude in schöner Lage in der Natur, auch Doppel- und Familien- zimmer verfügbar.
- **Camping Mühlleiten [f],** Königsseerstr. 70, Königssee, Tel. 08652-4584, www.muehlleiten.eu, ganzjährig offen, 7 €/Zelt, 5,90 €/Person. Ein Kilometer vom See, vorbildli- che Infrastruktur und für die Zelter eigene Wiesen ab- seits der Caravans, Restaurant.

Baden, Schlittschuhlaufen, Feiern

Rund sechs Kilometer nach Nordwesten liegt das **Naturbad Aschauerweiher,** im Sommer ein Badeidyll mit Seerosenschmuck, im Winter beliebte Eislauffläche – und an den Wochen- enden *die* Disko im Berchtegadener Land: Aschauerweiherstraße 85, Bischofswiesen, Tel. 08652-3366; Mitte Mai bis Mitte Sept. 8.30–19.30 Uhr. Gaststätte Aschauer Wirt, www.gaststaette- aschauerweiherwirt.de, Fr/Sa Rock, Blues und Oldies ab 20 Uhr.

Essen und Trinken

- **Bräustüberl [g],** Bräuhausstr. 13, Berchtesgaden, Tel. 08652-976724, Mo–Sa 10–1 Uhr, So 11–22 Uhr, Menü um 15 €. Seit 1645 kocht man für Bürger und Könige, die in den alten Gewölben gutbürgerliche Küche aus Bayern und dem Salzburger Land genießen.
- **Unterstein [h],** Unterschönau (fünf Kilometer von Berchtesgaden in Richtung Königssee), Tel. 08652- 6556055, Di–So 11–23 Uhr, Winter Di–So 11–14.30 u. 17– 23 Uhr, Menü um 20 €. Traditionsgaststätte mit riesigem Biergarten gegenüber der Kirche unter alten Kastanien; drinnen ähnelt es einer Münchener Brauereiwirtschaft. Es

gibt bayerische bodenständige Gerichte auf hohem Niveau, im Stüberl gesonderter Restaurantbereich für die Highlights der Küche.

• **Wirtshaus im Zauberwald [i],** Im Zauberwald 5, zwei Kilometer westlich von Ramsau am Waldweg zum Zauberwald, Tel. 08657-552, www.ramsau-zauberwald.de, Do–Di 9–20 Uhr, Menü um 15 €. Gemütliche Waldgaststätte mit Biergarten, bayerische Brotzeit und Gebirgsforellen.

• **Sankt Bartholomä [j],** Königssee (nur mit dem Schiff zu erreichen), Tel. 08652-964937, 10–16 Uhr, Menü 12–15 €. Im Winter wärmt der Kachelofen in der Stube, im Sommer kühlt der Schatten der Kastanien im Biergarten. Auf den Tische kommt Bayerisches und Internationales, Fische aus dem Königssee und Wild aus dem Revier Sankt Bartholomä.

Einkaufen

• **Enzian [k],** Grassl, Salzburgerstr. 105, Berchtesgaden, Tel. 08652-95360, www.enzian-grassl.de. Seit 1602 wird gebrannt, teilweise noch heute in den Brennhütten im Gebirge, z.B. am Funtensee. Das Ergebnis ist über die Grenzen Bayerns hinaus bekannt.

Verkehr

• **Obersalzbergbahn,** Bergwerkstraße, Berchtesgaden, Tel. 08652-6559987, www.obersalzbergbahn.de, Kabinenbahn mit Mittelstation, Höhendifferenz 490 Meter, Länge 1530 Meter, 10 km/h, Berg- und Talfahrt 9 €.

• **Jennerbahn,** Jennerbahnstr. 8, Königssee, Tel. 08652-95810, www.jennerbahn.de, Kabinenbahn in zwei Sektionen, Höhendifferenz 1170 Meter, Länge 3300 Meter, 10 km/h, 9–17 Uhr, Winter 9–16 Uhr, Berg- und Talfahrt 20,80 €.

Rodeln

Vom Obersalzberg geht es auf einer 600 Meter langen Sommerrodelbahn hinunter ins Tal (2 €), im Winter nimmt man den vier Kilometer langen Ziehweg zur Talstation der Obersalzbergbahn (dort kann man sich auch einen Schlitten ausleihen).

Inn und Salzach

Die Hügellandschaften rund um Salzach und Inn sind geschichtsträchtiges Gebiet, die Orte an beiden Flüssen profitierten ebenso vom Salzhandel wie jene, durch die die Lastkarren zogen, nur waren es hier die Flussschiffe, die das „weiße Gold" Richtung Donau brachten. Der Reichtum drückte sich in einem ganz eigenen Baustil aus – der „Inn-Salzach-Architektur" mit prächtigen Stadthäusern mit dicken Mauern und Laubengängen. Dass das Salz heiß umkämpft war, sagen schon Städtenamen wie Wasserburg und Burghausen, dessen Befestigungsanlagen sich zur längsten Burg der Welt aneinanderreihen. Dass *Papa Benedetto* in Marktl bei Altötting geboren wurde, tut dem Tourismus ebenso nicht schlecht – wenngleich man es dort eigentlich gar nicht nötig hatte: Altötting war schon lange eines der wichtigsten Marienpilgerziele der Katholischen Kirche, in Augenhöhe mit Lourdes, Santiago di Compostela, Tschenstochau oder Fatima.

Tour-Tipp

Dauer: ein Tag. Strecke: etwa 75 Kilometer. Start ist **Wasserburg** (s.S. 258), über **Mühldorf** (s.S. 262) und **Altötting** (s.S. 264) gelangt man ostwärts fahrend nach **Burghausen** (s.S. 269).

Wasserburg

Am schönsten ist der Zugang zur fast vollständig vom Inn umschlossenen Stadt über die südliche Brücke und durch das Brucktor. Die Häuserfassaden zum Inn doppeln sich im Wasser und geben bereits einen ersten Eindruck von der Architektur der Vergangenheit.

Keinesfalls verpassen sollte man den Fußweg rund um die Stadt am Inn entlang – ausstaffiert mit Werken regionaler Künstler und mit Panoramablick auf das gegenüberliegende Hochufer. Danach kehrt man beim Spaziergang durch die Altstadt zurück und stößt am Marienplatz wieder zum Brucktor.

Das Parkhaus an der Südseite der Brücke bietet ausreichend Platz

Wasserburg

0 ⊢——————⊣ 100 m
© RKH VERLAG HERMANN

❶	**Sehenswert**	🄰	**Unterkunft**	🅰	**Essen und Trinken**
1	Brucktor	a	Paulaner Stuben	c	Weißes Rössl
2	Imaginäres Museum	b	Huber Wirt		
3	Marienplatz				
4	Ganserhaus				
5	Kirche St. Jakob				
6	Städtisches Museum				

Geschichte

Schon 1085 findet man „Wazzerburch" in den An-
nalen, damals wohl noch ein einfaches Fischerdorf,
das den Zusatz „Burg" durch die leicht zu verteidi-
gende Lage mit einer engen Landverbindung bekam. An diese Stelle verlegte im 12. Jahrhundert
Hallgraf Engelbert aus Limburg den Stammsitz seines Hauses, baute eine Burg und diese so aus, dass
sie schließlich die gesamte Landzunge umgriff. 1245
erlangte die Siedlung das Burgrecht – die Vorform
des Stadtrechtes – und drei Jahre später kam
Wasserburg an die Wittelsbacher und verblieb bei
ihnen. 1439 erhielt man den „Salzscheibenpfennig",
das Recht, Zoll auf jeglichen durch Wasserburg führenden Salztransport zu erheben, verliehen wurde
es „auf ewige Zeiten". Damit war die Stadt gemacht,
Handel und auch das Handwerk florierten, die
prächtigen Bürgerhäuser entstanden. Bis ins 19.

5

Jahrhundert blühte die Stadt, war Umschlagplatz für Waren vom Balkan, aus Österreich und Italien, die hier umgeladen wurden, und die Schiffsmeister und Kaufleute wurden immer reicher.

Sehenswert

Das in die Häuserfront eingelassene **Brucktor [1]** ist ab 1374 in den Urkunden zu finden und wendet seine wehrhafte Fassade dem Fluss zu. Die Innenfront ist mit Fresken von 1568 verziert – Wächter des Turms.

Imaginäres Museum [2]

Wer eine Weltreise scheut und dennoch über 500 Meisterwerke sehen will, die in der ganzen Welt verteilt sind, geht ins **Museum** beim Brucktor im Heiliggeist-Spital von 1341 (Bruckgasse 2, Tel. 08071-4358, www.wasserburg.de/de/imaginaeres-museum, Di–So 13–17 Uhr, Winter bis 16 Uhr, Eintritt 2,50 €). Mit aufwändigen Verfahren wurden die Kunstwerke dupliziert, und wohl nur Fachleute können den Unterschied zum Original sehen. Die **Spital-Kirche** birgt eines der schönsten Kunstwerke der Stadt, das aus Holz geschnitzte Altarbild zeigt das Pfingstwunder und stammt von 1500.

Marienplatz [3]

Am Eingang zum Marienplatz steht das **Alte Mauthaus,** das im 16. Jahrhundert Renaissance-Erker erhielt. Das **Neue Mauthaus** gegenüber ist unwesentlich jünger, die Engelsfigur unterhalb des Erkers wurde 1497 angebracht. Umrahmt wird der Platz von den typischen mittelalterlichen Gebäuden mit ihren Arkadengängen. Das wuchtige **Rathaus** mit

Wasserburg ist fast komplett vom Fluss umschlossen

Rathaus

seiner Giebelfront entstand 1459 in spätgotischem Stil. Auf einer Führung

> Rathausführung Di–So um 10, 14, 15 und 16 Uhr, Eintritt 2,50 €

können die **Rathaussäle** angeschaut werden. Die Ausmalung des kleinen Saales wurde 1564 fertiggestellt.

Folgt man der Schmidzeile nach Westen, gelangt man zur Burg, heute Sitz von Behörden und einem Krankenaus und nur von außen zu besichtigen. Auf dem Weg dorthin passiert man rechterhand das **Ganserhaus [4]** mit einer Renaissancefassade, fein bemalt im 16. Jahrhundert.

Kirche St. Jakob [5]

1410 beschloss der Stadtrat den Bau einer neuen und größeren Kirche, es entstand gleich nordwestlich vom Marienplatz bis 1478 ein Bauwerk, das die Stadt überragt und dessen viereckiger und massiger Turm schon von weitem sichtbar ist. Außen wurden zahlreiche Grabsteine bedeutender Wasserburger angebracht, das Innere der dreischiffigen Hallenkirche hat man mehrfach verändert, 1634 in prachtvoller Renaissance (von dieser Umgestaltung ist die Kanzel erhalten geblieben). Von 1460 stammt noch das Großgemälde des „Lebensbaumes" an der Außenseite des Chorschlusses, ein Meisterwerk volkstümlicher Malkunst.

Städtisches Museum [6]

Wenige Schritte von der Kirche nach Osten wartet das **Heimatmuseum** (Herrengasse 15, Tel. 08071-925290, /www.heimatmuseum-wasserburg.de, Di–So 13–17 Uhr, Winter bis 16 Uhr, Eintritt 2,50 €). In einer Abteilung wird die Stadtgeschichte erklärt, zwei weitere widmen sich der bäuerlichen Wohnkultur (mit stimmig zusammengestellten Möblierungen) und dem Handwerk mit vollständig eingerichteten Werkstätten und kostbaren Einzelstücken.

Service Wasserburg

Information

Touristinfo, Rathaus, Marienplatz 2, 83512 Wasserburg, Tel. 08071-10522, www.wasserburg.de, Mo–Fr 9–17 Uhr, Sa 10–14 Uhr, Winter Mo–Fr 9–15 Uhr, Sa 10–13 Uhr.

Unterkunft	• **Paulaner Stuben [a],** Marienplatz 9, Tel. 08071-3903, www.paulanerstuben-wasserburg.de, DZ/F 61 €. Hinter der Rokokofassade aus dem 18. Jahrhundert verbirgt sich ein Gemäuer aus der Mitte des 16. Jahrhunderts, blendend saniert und mit komfortablen Zimmern. Dass die Küche auch gut ist, versteht sich (Menü um 15 €).
	• **Huber Wirt [b],** Salzburgerstr. 25, Tel. 08071-7433, www.huberwirtamkellerberg.de, DZ/F und Etagendusche 44 €, mit Bad 58 €. Landgasthof auf der anderen Seite des Inns der Altstadt gegenüber im Osten am Aussichtspunkt Kellerberg (mit bestem Blick über die Stadt). Zweckmäßig eingerichtete Zimmer und eine Gaststätte mit regionaltypischen Gerichten (Menü um 12 €).
Essen und Trinken	**Weißes Rössl [c],** Herrengasse 1, Tel. 08071-50291, Mi–Sa 11.30–14, 18–24 Uhr, Menü um 20 €. Mitten im Herzen der Altstadt hinter dem Marienplatz gibt es in elegantbürgerlichem Ambiente bayerische Edelküche wie Zweierlei von der Kalbszunge mit schwarzem Radi oder Saltimbocca vom Ameranger Saibling mit Parmesanschaum.
Verkehr	• **Innschifffahrt,** Fa. Held, Tel. 08071-4793, April–Okt., 45-minütige Rundfahrt, 10 €/Person.

Mühldorf

Das Städtchen in der Flussschleife mit seinem großzügigen Stadtplatz im Inn-Salzach-Stil war ein „Spätheimkehrer". Von seiner Gründung zu Beginn des 10. Jahrhunderts bis 1802 gehörte es zu Salzburg, erst dann kam es zu Bayern. 1190 erhielt der Ort das Recht zur Salzniederlage, was den Handel beförderte. 1322 fand die letzte große Ritterschlacht des Mittelalters bei Mühldorf statt. Ludwig IV. „der Bayer" und Friedrich „der Schöne" von Österreich kämpften bei Ampfing um die Vorherrschaft im Reich, Ludwig gewann. Besonders lebhaft ist es auf dem Stadtplatz am Donnerstag und Freitag, wenn vormittags Wochen- und Bauernmarkt stattfinden und die Händler aus der Region ihre Stände aufbauen.

Sehenswert

500 Meter lang ist der Stadtplatz, gesäumt von Bürgerhäusern mit Laubengängen und zahlreichen Cafés und am nordwestlichen Ende mit dem auffälligstes Gebäude am Markt, dem knapp 30 Meter aufragenden **Nagelschmiedturm [1]**, dem Münchener Tor (jeden ersten Samstag im Monat darf

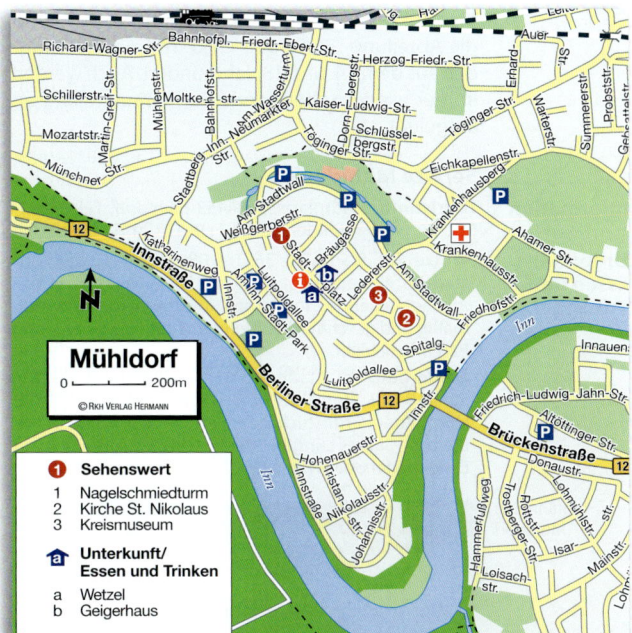

Mühldorf

0   200m

© RKH VERLAG HERMANN

1 Sehenswert

1 Nagelschmiedturm
2 Kirche St. Nikolaus
3 Kreismuseum

**a Unterkunft/
   Essen und Trinken**

a Wetzel
b Geigerhaus

man hinauf, 14–17 Uhr, Eintritt 1 €). Es stammt aus dem 12. Jahrhundert und erhielt seinen Namen von den Nagelschmieden im ungebenden Viertel, die mit seiner Verteidigung beauftragt waren. Sein Pendant an der südöstlichen Schmalseite ist das Inn- bzw. Altöttinger Tor.

Die **Stadtpfarrkirche St. Nikolaus [2]** nördlich des Inntores am Kirchenplatz wurde mehrfach neu errichtet. Von 1285 stammt der Turm, von 1443 die Chorwände, 1771 entstand der heutige Bau. Die sechs fein gearbeiteten Seitenaltäre sind aus unterschiedlich farbigem Salzburger Marmor erstellt, der Hochaltar zeigt St. Rupert vor der Altöttinger Madonna, alle stammen von 1772–74, ebenso wie die herrliche Kanzel.

Das **Kreismuseum [3]** (Tuchmacherstr. 7, Tel. 08631-2351, www.lodron-haus.de, Di–Do, So 14–17 Uhr, Eintritt 1,50 €) im Lodron-Haus hat als Schwerpunkte den Verkehr von der Römerstraße

Das **Jagdmuseum** (Stadtplatz 82, Mi 14–18 Uhr) behandelt die Jagd mal ganz anders: Vom Wolpertinger bis zu „Reh Klame" bis zur Eisenbahn, gesellschaftlichen Wandel und die Abteilung „Rund ums Geld" mit zwei Hortfunden aus dem 14. und 18. Jahrhundert. Auch werden immer wieder sehenswerte Sonderausstellungen aufgelegt.

Service Mühldorf

Information

Touristinfo, Stadtplatz 36, 84453 Mühldorf, Tel. 08631-612226, www.mühldorf.de, Di–Fr 9–17 Uhr, Sa 10–12 Uhr.

Unterkunft, Essen und Trinken

- **Wetzel [a],** Stadtplatz 36, Tel. 08631-36510, www.alt-stadthotel-wetzel.de, DZ/F ab 78 €. Im Herzen der Altstadt liegendes, modernes Hotel garni mit 25 zweckmäßig und geschmackvoll eingerichteten Zimmern und Parkmöglichkeit.
- **Geigerhaus [b],** Stadtplatz 31, Tel. 08631-188491, Di–So ab 9 Uhr, Menü um 12 €. Uriges Stadtlokal mit viel Holz, gutem Frühstück, bayerischem Schmankerln wie Bierbrot, Saures Lüngerl oder Speckspatz'n. Brotzeit mit Essigknödel oder Weißwurst.

Innfähre bei Mühldorf

Altötting

Eine Million Besucher kommen jährlich, um vor der „Schwarzen Madonna" in der Gnadenkapelle zu beten, dem wichtigsten Marienwallfahrtsort in Deutschland und einem der bedeutendsten der Welt. Das „Herz Bayerns" hat der im nahen Marktl geborene Papst Bendedikt XVI. Altötting genannt, und dies stimmt sicherlich für den spirtuellen Bereich.

Altötting wurde abseits des Inns auf einer weiten Ebene ohne jeglichen natürlichen Schutz gegründet. Deshalb nimmt man an, dass hier ein germanischer Versammlungsort existierte, ein Thingplatz, der der Stadt auch den Namen verlieh. Im 8. Jahrhundert hieß die Siedlung *Autingas,* um 877 entstand das Chorherrenstift, verschwand 907 während der Ungarneinfälle und wurde 1228 neu gegründet.

Sehenswert

Fast alles in der Stadt steht unter dem Thema Wallfahrt bzw. Spiritualität, seit die Schwarze Madonna 1489 einem von einem Heuwagen überrollten Buben und einem anderen, der ertrunken war, auf ihrem Altar ihre Leben zurückgab. Die Marienfigur befindet sich in der Gnadenkapelle in der Mitte des weiten Kapellplatzes.

Altötting

0 ————— 150 m

© RKH VERLAG HERMANN

Marktl

Mühldorf

Burghausen

---

❶ Sehenswert

1 Gnadenkapelle
2 Kirche St. Philippus und Jakobus
3 Neue Schatzkammer und Wallfahrtsmuseum
4 Jerusalem Panorama
5 Dioramenschau
6 Mechanische Krippe

ⓐ Unterkunft/ Essen und Trinken

a Scharnagel
b Graminger
c Camping Marktl

5

Gnaden-kapelle [1]

Messe von 6–11 Uhr, jede volle Stunde, So ab 7 Uhr und Mai–Okt. So auch 14 Uhr

Die Heilige Kapelle mit der Schwarzen Madonna ist das wichtigste Wallfahrtziel der Stadt und gehört zu den ältesten Kirchenbauten in Deutschland. Ihr Herz bildet die im 8. Jahrhundert entstandene, oktogonale Taufkapelle von knapp 10 Meter Durchmesser, an die 1494 das Langhaus angefügt wurde. 1517 kam der Umgang mit seinen Arkadenbögen hinzu. Betritt man den Umgang, kann man sich mit den mehr als 2000 Votivtafeln aus mehreren Jahrhunderten auseinandersetzen, mit denen sich Pilger für ihre Genesung oder die Rettung aus Not bedankten. Im Inneren betet der „Silberprinz", getrieben aus über 20 Kilo massivem Silber (von Kurfürst Karl Albrecht für die Gesundung seines Sohnes gestiftet), zur Mutter Gottes, einer frühgotischen Holzschnitzfigur von 1330, bekannt als „Schwarze Madonna". Die Wittelsbacher waren ihr ebenso wie das einfache Volk aufs höchste verbunden, und so finden sich an der Westseite der Kapelle die in Urnen bestatteten Herzen von zahlreichen Mitgliedern der Adelsfamilie vom 16. bis zum 20. Jahrhundert.

Kirche St. Phillippus und Jakobus [2]

Am Kappelplatz steht neben weiteren Kirchenbauten der 1499 als letzte gotische Stiftskirche Süddeutschlands errichtete dreischiffige Hallenbau. Neben dem Nordportal fällt eine sieben Meter hohe Schrankuhr aus dem 17. Jahrhundert ins Auge, auf der ein 50 Zentimeter großer Sensenmann aus versibertem Holz im Uhrentakt die Menschen niedermäht – eine Erinnerung an die Zeit, als während des Dreißigjährigen Krieges die Pest in Atötting wü-

tete, der „Tod von Eding (Ötting)". In der Peters-
kapelle liegen die sterblichen Überreste des ge-
fürchteten Feldherren Tilly der Katholischen Liga.

**Neue Schatz-
kammer und
Wallfahrts-
museum [3]**

Im **Haus Benedikt XVI.** (Kapellplatz 4, Tel. 08671-
9242015, www.neueschatzkammer.de, Di–So 10–
16 Uhr, Eintritt 4,50 €) erhält man alle Informationen
zum Thema Wallfahren mit einem Schwergewicht
auf Altötting. In der Schatzkammer sind Preziosen
ausgestellt, darunter das „Goldene Rössl" (ein kleiner Marienaltar aus Gold und Emaille, der zu den
kostbarsten Kunstschätzen Europas zählt) und der
Brautkranz von Kaiserin Elisabeth – „Sisi" genannt.
Neben zahlreichen liturgischen Gewändern und
Geräten sind u.a. noch 2000 Rosenkränze und 1200
Schmuckstücke zu sehen.

**Jerusalem
Panorama [4]**

Das **Panorama** (Gebhard-Fugel-Weg 10, Tel.
08671-6934, www.panorama-altoetting.de, 9–18
Uhr, Winter 11–14 Uhr, Eintritt 4,50 €) mit der
Kreuzigung Christi in einem eigens errichteten, rie-
sigen zwölfeckigen Bau (30 Meter Durchmesser, 15
Meter Höhe) ist das einzige historische Großraum-
Panorama Deutschlands. Die Leinwandfläche beträgt 1200 m², gemalt 1903 von Gebhard Fugel
(1863–1939). Der Besuch wird zum intensiven
Erlebnis, wenn man in der Mitte steht und sich langsam um die eigene Achse dreht.

**Dioramen-
schau [5]**

Die 22 **Dioramen** (Kapellplatz 18, Tel. 08671-6827,
Mo–Do 8–12 u. 13–17 Uhr, Fr 8–14 Uhr, Sa/So 9.30–
14 Uhr, Winter nicht Sa/So) bringen die Geschichte
der Wallfahrt in Altötting dem Auge des Betrachters
in dreidimensionaler Form nahe. In den plastischen

Landschaften stehen Fürsten und einfache Menschen, wütet die Pest und fällt Krieg über die Stadt.

Mechanische Krippe [6]

Die **Krippe** (Kreszentiaheimstraße 18, Tel. 08671/6653, März–Dez 9–17 Uhr) wurde 1926–28 von den Holzschnitzern in Oberammergau hergestellt, mehr als 130 Figuren – viele von ihnen mechanisch bewegt – sind über 25 m² verteilt und stellen die Geburt Christi und Alltagsszenen in Bethlehem nach. Ehrfürchtige Kinderaugen können davor Stunden zubringen.

Marktl

15 Kilometer östlich von Altötting liegt das Dorf Marktl, das selbst zu eine Art Wallfahrtsort wurde, schließlich ist es der Geburtsort von Joseph Alois Ratzinger, ehemals Kardinal und seit 2005 Papst Benedikt XVI. Zu sehen sind sein Geburtshaus, das ehemalige **Mauthaus** von 1701 (Marktplatz 11, Tel. 08678-747680, www.papsthaus.eu, Di–Fr 10–12 u. 14–18 Uhr, Sa/So 10–18 Uhr, Eintritt 3,50 €), mit einer Ausstellung zu seiner Person (und in dem auch der Erfinder der Achsschenkellenkung Georg Lankensperger geboren wurde), und die **Kirche St. Oswald** mit dem Taufbecken, in dem der Papst in die katholische Gemeinschaft aufgenommen wurde. Die Bendiktsäule vor seinem Geburtshaus erinnert an den Papstbesuch im Dorf am 11. September 2006.

Service Altötting

Information

- **Wallfahrts- und Verkehrsbüro**, Kapellplatz 2a, 84503 Altötting, Tel. 08671-506219, www.altoetting.de, Mo 8–17 Uhr, Di–Do 8–12 u. 14–17 Uhr, Fr 8–12 Uhr.
- **Touristinfo Marktl,** Marktplatz 1, 84533 Marktl, Tel. 08678-748820, www.marktl.de, 10–12 u. 14–16 Uhr.

Markt und Marktl

In Bayern gibt es für Orte die Namenserweiterung „Markt", ein Hinweis, dass sie es zum Handelsplatz geschafft hatten – ein Recht, dass der Landesherr verlieh und das meist zu Reichtum der Bewohner führte. Marktl erhielt das Marktrecht 1422 von Herzog Heinrich VII. von Bayern, er bestimmte auch den Namen.

Unterkunft, Essen und Trinken

- **Scharnagel [a],** Neuöttingerstr. 2, Tel. 08671-6983, www.gasthof-scharnagl.de, DZ/F ab 68 €. Der 1690 im Zentrum unmittelbar beim Kapellplatz errichtete Gasthof bietet modernisierte Zimmer, gutbürgerlich-bayerische Küche und einen Biergarten.
- **Graminger [b],** Graming 79 (zwei Kilometer außerhalb im Süden Altöttings), Tel. 08671-96140, www.graminger-weissbraeu.de, DZ/F 60 € (mit Etagenbad 40 €). Landgasthof mit komfortablen Zimmern und einer eigenen Brauerei mit köstlichen, unpasteurisierten Bierspezialitäten. In der Gaststätte Brotzeit und Schmankerl, kastanienbestandener Biergarten.
- **Camping Marktl [c],** Queng 3, Marktl, Tel. 08678-1786, www.campingplatz-marktl.de, 4,50 €/Zelt, 5 €/Person. Wiesencamping beim Badesee von Marktl in idyllischer Bauernhofatmosphäre, Spielplatz.

Burghausen

Bis 1993 längste Burg Deutschlands, bis 2010 Europas und heute der Welt

An der Salzach steht die längste Burg der Welt. 2010 hat die „Bibel der Superlativgläubigen", das Guinness Buch der Rekorde, den lang gehegten Traum der Burghausener wahr werden lassen. Und um es amtlich zu machen: Die Kommune trug den Begriff „Längste Burg der Welt" als Markenzeichen beim Patentamt ein! 1051 Meter Länge misst die Wehranlage hoch über der Altstadt am Flussufer! Auf drei Seiten steil abfallend, auf einer Seite noch zusätzlich mit einem Totarm der Salzach gesichert (dem heutigen Wöhrsee), trägt der Bergrücken die sechs aneinander gereihten Burghöfe vom Zugang im Norden, dem äußersten Hof, bis zum inneren Schlosshof im Süden mit dem Fürstenbau.

5

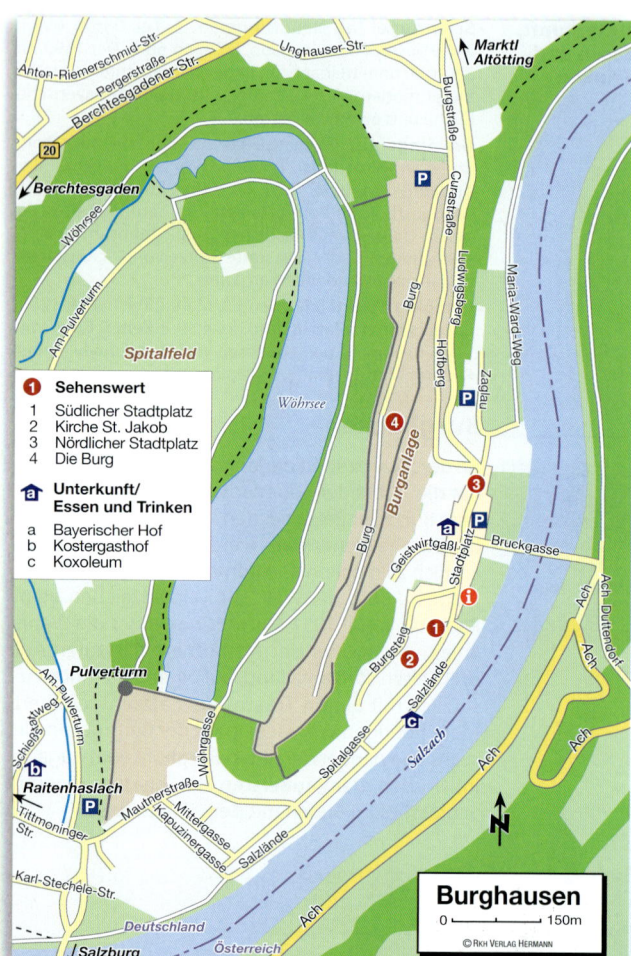

Burghausen

0 ⊢————————⊣ 150m

© RKH VERLAG HERMANN

Geschichte

Die sichere Lage an der Salzach hatte schon die
Kelten im 2. Jahrhundert v.Chr. zu einer Befesti-
gungsanlage animiert, und die Agilolfinger errichteten im 8. Jahrhundert ebenso eine Wehranlage,
einen befestigten Amtshof. Im 12. Jahrhundert
wurde dieser zur Burg erweitert, und unter Herzog

Heinrich XIII. von Niederbayern begann die Anlage im 13. Jahrhundert langsam die heutige Gestalt anzunehmen. Im 14. Jahrhundert stand die Burganlage in voller Ausdehnung. Doch die Bautätigkeit hörte nicht auf. Die Türkengefahr Ende des 15. Jahrhunderts führte zur Umwandlung von einer Flucht- zu einer Wehr- und Wohnburg. 1632, die Schweden zogen durch die Lande, verstärkte man die Befestigungen, im Jahr 1779, das Innviertel gelangt zu Österreich und Burghausen wurde bayerische Grenzstadt, entstanden Außenwerke, die unter der französischen Besetzung aber wieder abgetragen wurden.

Unten am Fluss, in der heutigen Altstadt, lebte man vom Schiffsverkehr und erhob seit dem 8. Jahrhundert Wasserzoll von den vorbeiziehenden, schwer beladenen Plätten. Mitte des 13. Jahrhunderts, nach der Landesteilung, wurde Burghausen zweite Residenzstadt der Herzöge Niederbayerns, und der Salzhandel mit Hallein florierte, bis 1594, als die Herzöge das Salzmonopol für sich in Anspruch nahmen. Der Niedergang begann, und Napoleon brachte das endgültige Aus: Keine Residenzstadt mehr, Einstellung der Schifffahrt, Abzug der Burggarnison.

Sehenswert

Am besten beginnt man unten in der südlichen Altstadt, wo Parkmöglichkeit besteht, schlendert entlang der engen Gassen zum Stadtplatz und steigt dann hoch zur Burg.

Südlicher Stadtplatz [1] Das Zentrum der Altstadt wird von prächtigen Bürgerhäusern und Verwaltungsgebäuden gesäumt, deren Fassaden mit Klassizismus, Renaissance, Rokoko und Barock ein Potpourrie der Stile der unterschiedlichen Bauperioden bilden. Das **Rathaus** (Haus Nr. 112/114) am südlichen Ende gegenüber der Kirche St. Jakob entstand 1307 als Handelshaus, 1430 zog der Stadtrat ein, 1788 bekam es seine klassizistische Fassade. Betritt man den Innenhof des **Terrassencafés** (Haus Nr. 111), sind Arkaden aus der Renaissance zu sehen. Das **Rentamt** (Haus Nr. 108), wenige Schritte weiter, trägt mit seinen Türmchen die Ranaissance nach außen.

Davor steht auf dem Platz der **Löwenbrunnen** von 1658, von dem nach Kriegszerstörungen nur noch die Wappenlöwen original sind. Rechts vom Rathaus wurde das Ständehaus um 1400 errichtet, die Fassade stammt aus dem frühen 19. Jahrhundert. Gegenüber prunkt an der Rokokofassade der Stuck der **Stadtapotheke** (Haus Nr. 40), einer der ältesten Apotheken Bayerns (erbaut 1596). Das Nebengebäude **Hotel Post** (Haus Nr. 39) besitzt schwere Gewölbe aus der ersten Hälfte des 16. Jahrhunderts.

Kirche St. Jakob [2]

Die Pfarrkirche wurde 1140 geweiht und nach einem Stadtbrand 1353 neu errichtet. Ein weiterer Stadtbrand 1504 führte zu umfangreichen Umbauten, 1855 musste man nach dem Einsturz des Langhauses die Kirche umgestalten, die dreischiffige Basilika erhielt die heutige neugotischen Innenausstattung. Auf den fast Einhundert, teils hervorragend gehauenen Grabplatten an den Fassaden und auch im Innern, sind die Namen der Stadtpatrizier und Adligen festgehalten.

Nördlicher Stadtplatz [3]

Westlich des **Marienbrunnens** von 1440 mit seiner Säule aus der Mitte des 17. Jahrhunderts trägt das Rauchhaus (Haus Nr. 49) im Giebelfeld der Rokokofassade das „Auge Gottes" aus Stuck. Östlich des Brunnens wurde die **Schutzengelkirche** 1683 errichtet, die Fassade entstand 1731. Beachtenswert sind die Deckenfresken. Das **Vier Jahreszeiten Haus** (Nr. 95/96) zeigt sich seit 1863 klassizistisch, als zwei Gebäude zusammengelegt und einheitlich gestaltet wurden. Den Abschluss des Platzes bildet im Norden die **Kirche St. Joseph.** 1631 in frühbarockem Stil für die Jesuiten errichtet, wurde die Innenausstattung nach dem Brand von 1863 völlig neu gemacht.

Vom Stadtplatz gelangt man zu Fuß über den Fürstensteig direkt in den zweiten Hof

Die Burg [4]

Der Haupteingang zur Burg (mit Parkplatz für das Auto) liegt im Norden. Sie ist in sechs Abschnitte unterteilt, die alle mit Zugbrücken und Wehrbauten voneinander getrennt sind. Im sechsten (äußersten) Hof lebten und arbeiteten die Beamten und das Burgpersonal, früher war der Zugang nur über eine Zugbücke und den vorgesetzten Oettinger-Torturm möglich. Im fünften Hof lag das *Kastenamt*, die Verwaltung der herzöglichen und kurfürstlichen

Burgfestspiele

Latifundien, und damit alles geregelt war, prüfte im Kastengegenschreiberturm der Controller des Mittelalters die Bücher. Schräg gegenüber steht die spätgotische Äußere Schlosskapelle von 1489.

Der vierte Hof war der Hochsicherheitstrakt der Anlage mit Folter- und Hexenturm (der letzte Hexenprozess fand 1751 statt) und dem Zucht- und Arbeitshaus. Im dritten Hof lagerte man Waffen und Getreide im Alten Zeughaus, hier wohnten Büchsenmeister und Zeugwarte.

Bäckerei und Brauhaus hatte man in den zweiten Hof gebaut, auch suchten hier die Fürsten die Nähe zu ihren Rössern im Marstall. Der Innere Schlosshof war zweifach gesichert. Man betritt ihn über den Torzwinger und das Innere Burgtor. Im Gebäude linkerhand war in der Frühzeit der einzige heizbare Raum (hier aß und beriet man), rechterhand lebte die Herzogin in der Kemenate (heute Stadtmuseum) und im Abschlussbau im Süden, dem Palas, war die Wohnung des Herzogs untergebracht.

5

Stadt-museum

Das **Museum** (Burg 48, Tel. 08677-65198, 9–18 Uhr, Winter 10–16 Uhr, Eintritt 2 €) residiert in den Wohnräumen der Herzogin und ihrer Entourage. In 30 Räumen über vier Etagen wird die Stadt- und Regionalgeschichte in fünf Abteilungen aufgefächert: Malerei und Plastik, Volkskunst und Handwerk, Militärisches, Gerichtswesen und Bürgertum.

Kloster Raitenhaslach

Ein angenehmer, fünf Kilometer langer Fußweg führt von der Salzlände in Burghausen die Salzach entlang zum Kloster

Der große Klosterkomplex im Wald an der Salzach, sechs Kilometer südwestlich von Burghausen, entstand ab 1146 für den Zisterzienserorden und bestand bis 1803. Zahlreiche Erweiterungen (Altes Kloster im 16. Jahrhundert, Neues Kloster um 1750) machten es zu einer der größten Anlagen an der Salzach. Die **Klosterkirche** wurde 1186 als dreischiffige Pfeilerbasilika in romanischem Stil geweiht, zum 600-jährigen Jubiläum 1746 baute man das Gotteshaus zur Wandpfeilerkirche mit einer prachtvollen barocken Innenausstattung um. Beachtlich sind die Deckenfresken aus dieser Zeit. Nicht weniger aufwändig ist der **Prälatenstock** geschmückt (nur mit Führung, am besten am Tag vorher anmelden, Kontakt über den Heimatpfleger unter Tel. 08677-3588, Eintritt auf Trinkgeldbasis, Dauer eine Stunde), der Gebäudeabschnitt ist eines der wenigen Architekturdenkmäler Bayerns, das zu keiner Zeit eine Veränderung erfahren hat und deshalb völlig im barocken Originalzustand erhalten ist. In ihm befindet sich u.a. das Papstzimmer, in dem 1782 Pius VI. schlief. Die schöne Gaststätte in den Klostergewölben besitzt einen ansprechenden Biergarten.

Service Burghausen

Information

Touristinfo, Stadtplatz 112, 84489 Burghausen, Tel. 08677-887140, www.burghausen.de, Mo–Fr 9–17 Uhr, April–Okt. auch Sa 9–13 Uhr.

Unterkunft, Essen und Trinken

• **Bayerischer Hof [a],** Stadtplatz 45/46, Tel. 08677-97840, www.bayerischer-hof-burghausen.de, DZ/F 85 €. 15 Zimmer mit Bad vermietet der familiär geführte Traditionsgasthof mitten in der Stadt. Restaurant, schattiger Biergarten vorm Haus.

• **Klostergasthof [b],** Raitenhaslach (fünf Kilometer südwestlich von Burghausen), Tel. 08677-9730, www.

klostergasthof.com, DZ/F 98 €. 16 elegante Zimmer mit Bad in unvergleichlicher Lage im Klosterhof; wer entspannen will, ist hier richtig. Die Gaststätte serviert Bayerisches auf gehobenem Niveau (Menü um 20 €). Sonnenterrasse und Biergarten unter Kastanienbäumen im Klosterhof (Bier am Kiosk, die Brotzeit darf man mitbringen).

• **Knoxoleum [c],** In den Grüben 133, Tel. 08677-916191, www.knoxoleum .de, Di–Sa ab 18 Uhr. Keine normale Kneipe, schräg bis historisch, bunt bis cool, Kunst und Kultur, Livemusik und auf alle Fälle angesagt. Untergebracht in den Wehrmauern der Stadt bis tief runter zum Wasserspiegel der Salzach unter Gewölben. Die „gutbürgerliche" Küche reicht von Fingerfood über Kokos-Ingwer-Suppe bis Hühnchenbrust in Sesammantel, und nach Voranmeldung gibt's „heißen Stein" mit Gemüse und Fleisch.

Verkehr **Plättenflussfahrt,** Touristinfo Burghausen; auf einer Plätte – dem traditionellen Lastkahn – geht es von Tittmoning zur Anlegestelle Burghausen (Mai–Okt., anderthalb Stunden, 12 €/Person). Sonntags um 16 Uhr auch von Raitenhaslach nach Burghausen (Mai–Okt., halbe Stunde, 6 €).

5

Salzburg

Wer kennt nicht die „Gusto-Stückerln", die Mozart-kugeln? Es gibt mehr: Mozart-Haus, Mozarteum, Mozart-Festspiele – vieles in der Stadt an der Salzach steht unter dem Motto des Genies, das die Musik in der Welt zu nicht geringem Anteil beeinflusst hat. Doch das alleine ist nicht Salzburg. Als Erzbischöfliches Fürstentum, das seinen Reichtum

Salzburg

0   300 m

Fußgängerzone

© RKH VERLAG HERMANN

❶	**Sehenswert**
1	Schloss Mirabell
2	Mozart-Wohnhaus
3	Marionettentheater
4	Kapuzinerberg
5	Kirche St. Sebastian und Friedhof
6	Getreidegasse
7	Altes Rathaus
8	Mozarts Geburtshaus
9	Franziskanerkirche
10	Dom
11	Residenz
12	Kirche St. Peter und Friedhof
13	Hohensalzburg
14	Museum der Moderne
15	Schloss Hellbrunn

ⓐ	**Unterkunft**
a	Auersperg
b	Hofwirt
c	Yoho
d	Gmachl

ⓐ	**Essen und Trinken**
e	Blaue Gans
f	Stern Bräu
g	Triangel
h	Fasties
i	Afro Café
j	Konditorei Fürst
k	Scios Specereyen
l	Café Mozart

ⓐ	**Einkaufen**
o	Schnaps
p	Tracht
q	Gürtel
r	Schirme
s	Kaffee

ⓐ	**Nachtleben**
m	republic
n	Steinerrasse

Seit 1996
Weltkultur-
erbe der
Unesco

über Jahrhunderte auf das für Europa lebensnot-
wendige Salz gründen konnte, hat es die Geschicke
einer ganzen Region beeinflusst. Das Schöne daran:
In der Altstadt ist Salzburg so wie es war, hoch oben
die mächtige Hohensalzburg und unten die prächtigen Paläste von Erzbischof und den Gesandten,
enge Handwerkergassen, weite Plätze, Kirchen und
romantische Friedhöfe, feine Läden und urige
Gaststätten.

Geschichte

Die keltische Siedlung im Salzburger Becken wurde
im Jahr 15 von den Römern übernommen, erhielt
den Namen *Iuvavum* und bald den Status einer römischen Stadt – der ersten nördlich der Alpen. Mit
dem Niedergang des Römischen Reiches erober-
ten Germanen mehrfach Iuvavum, bis diese schließlich die Römer 488 endgültig hinter die Alpen zu-
rückdrängten. Die Gründung des frühmittelalter-
lichen Salzburg geht auf den hl. Rupert zurück, der
696 beauftragt wurde eine Mission zu gründen,
nach Iuvavum kam, einen frühchristlichen Orden
vorfand und dort, wo der heutige Dom steht, eine
erste Kirche errichten ließ. Die Mission mauserte
sich zum Kloster, das vom Landesherren große
Ländereien erhielt und die Rechte an den
Solequellen des Berchtesgadener Landes. Salzburg
war gegründet und ein weiteres Kloster entstand,
das *Nonnkloster* für einen Frauenorden. 739 war

Blick über
Salzburg

Salzburg schließlich Bistum, 774 konnte man den
neuen Dom weihen – ein gewaltiges Bauwerk von
66 Meter Länge und 33 Meter Breite.

6

Zurück ins
Mittelalter:
Hohensalzburg

798 wurde der Salzburger Bischof vom Papst zum Erzbischof erhoben, der nun die kirchliche Vorherrschaft über ganz Bayern innehatte. 996 erhielt man das Markt- und Münzrecht. Während des Investiturstreits stand Salzburg an der Seite des Papstes, und als Frontstadt gegen die kaiserliche Seite baute man 1077 zur Sicherung die Hohensalzburg. Ständige Händel mit den Bayern über den Salzabbau (auf Befehl Kaiser Barbarossas brannte Salzburg 1167, wenig später auf Befehl des Erzbischofs Reichenhall) endeten in der Vorherrschaft Salzburgs über den Salzhandel. Zwar verlor man die Salinen von Reichenhall und Berchtesgaden, doch bei Hallein hatte man Ersatz gefunden.

Salzburg wurde immer selbständiger und unabhängiger von Bayern, eine Entwicklung, die schließlich bei der Schlacht von Mühldorf 1322 den Erzbischof in einer Allianz mit den Habsburgern gegen die Wittelsbacher sah. Die Österreicher verloren, aber Salzburg blieb eigenständig. 1328 erhielt es eine Landesordnung und wurde zum Fürsterzbistum erklärt. Die Säkularisation machte Salzburg zum Kurfürstentum, und bis zum Wiener Kongress wechselte es mehrfach den Herrscher: mal war man bayerisch, mal napoleonisch, mal gehörte man den Habsburgern. 1816 war man endgültig in Österreich angekommen.

Im II. Weltkrieg wurde durch alliierte Bomben etwa 40% der Stadt zerstört!

Sehenswert

Eine der bestbefestigten Städte des Mittelalters wird Salzburg genannt, und das zu Recht. Rund um das breite Becken, durch das die Salzach fließt, stehen auf den Hügeln wehrhafte Bauten. Die beidseits des Flusses sich erstreckende Altstadt war durch weitere, starke Festungswerke geschützt (die teils aber schon von Napoleon und im Zuge der Stadtentwicklung abgetragen worden sind).

Salzburg Card: Für 30 €/Person hat man zwei Tage (22 € für 24 Stunden) freien Eintritt in fast alle Museen und freie Fahrt mit dem öffentlichen Verkehr

Den Rundgang beginnt man am besten an der Salzach beim **Schloss Mirabell** (Touristeninformation,

Schloss Mirabell

Parkgarage), entdeckt das Viertel am nördlichen Ufer mit Schloss Mirabell, Mozarts Wohnhaus und dem mittelalterlichen Friedhof von St. Sebastian. Dann nimmt man eine der Brücken auf die andere Seite und flaniert durch die Gassen, vorbei an Mozarts Geburtshaus, zu den Kirchen und Residenzen, hinauf zur alles beherrschenden Hohensalzburg, wieder hinab und erneut bergauf zum **Museum für Moderne Kunst.**

Schloss Mirabell [1]

Das heute die Stadtverwaltung beherbergende Schloss geht auf Fürsterzbischof Wolf Dietrich von Raitenau zurück (Mirabellplatz, Tel. 0662-80722338, Mo–Fr 8–18 Uhr). Er ließ es für seine Lebensgefährtin, die Bügerstochter Salome Alt 1606 errichten und verfügte den Namen „Schloss Altenau". Dass der oberste Landesherr nicht ganz den Regeln den Zölibates folgte, dafür konnte er nichts. Wie der

Volksmund sagt, wurde er vom Blitz getroffen und verliebte sich unsterblich. Immerhin 15 Kinder hatten die beiden, und sie sollen sich immer treu geblieben sein. Sein Nachfolger benannte die Anlage in „Mirabell" um. Im Barock wurde umgestaltet, wegen des Stadtbrands 1818 ist vom barocken Umbau nicht mehr viel erhalten, doch das marmorne **Treppenhaus** ist

6

noch im Original zu sehen und gilt als Meisterwerk des europäischen Barock, geschaffen von Lucas von Hildebrandt (1668–1745). Es ist mit Skulpturen von Georg Raphael Donner (1693–1742) geschmückt, die als Putten im Treppenhaus nachgerade spitzbübisch herumturnen.

Der oben gelegene **Marmorsaal,** in dem auch Mozart aufspielte, ist einer der beliebtesten Orte Salzburgs für das eheliche Treuegelöbnis.

Auch der **Garten** wurde mehrfach umgebaut, heute zeigt er sich so, wie er 1730 gestaltet wurde. Seit 1854 dient er mit seinem Brunnen, Heckentheater (eines der ersten nördlich der Alpen), Zwerglgarten (mit 15 urkomischen Skulpturen) und der Orangerie als städtischer Park.

Universität Mozarteum

An der südlichen Seite des Parkes gilt das **Mozarteum** als gelungenes Beispiel für die Verbindung von historischer Bausubstanz mit modernen architektonischen Stilmitteln. Der Primogeniturpalast wurde integriert und mit viel Glas, klarer Holz- und Steinausstattung und großzügigen Flächen eine den heutigen Ansprüchen genügende Kultur- und Lehrinstitution geschaffen. Hier studieren Gäste aus aller Welt Musik, die darstellende und bildende Kunst.

Mozart-Wohnhaus [2] Das Wohnhaus von Wolfgang Amadeus Mozart hat die Familie 1773 bezogen. Das auch als „Tanzmeisterhaus" bekannte Gebäude war davor tatsächlich eine Tanzschule, die allerdings eine gewichtige Rolle spielte. Hier lernten die jungen Adligen das Hofzeremoniell und die richtige Art, sich in den Residenzen zu bewegen – eine durchaus repräsentative Adresse für die Mozart-Familie in nächster Nähe zum Schloss Mirabell. 1787 starb Wolfgang Amadeus' Vater Leopold und die großzügige Wohnung wurde aufgegeben. Das **Museum** am Makartplatz 8 (Tel. 0662-874227, www.mozarteum.at, 9–17.30 Uhr, Juli/Aug. bis 20 Uhr, Eintritt 7 €, Kombikarte mit Geburtshaus 12 €) widmet sich dem Leben und Werk von Wolfgang, der hier zahlreiche Symphonien, Konzerte und Bühnenstücke geschrieben hat.

Marionettentheater [3]

Seit 1913 führt das **Marionettentheater** (Schwarzstr. 24, Tel. 0622-872406, www.marionetten.at) Opern und Schauspiele auf, natürlich von Mozart (u.a. „Zauberflöte" und „Don Giovanni"), aber nicht nur. Auch Rossini, Shakespeare und „Peter und der Wolf" von Prokofieff stehen auf dem Programm, nicht nur für Kinder ein wunderbares Erlebnis. Besonders für Kleinere geeignet: die einstündigen Nachmittagsvorstellungen (Karten ab 18 €, Kinder ab 14 €).

Kapuziner-berg [4]

Eine steile Gasse führt von der Linzer Gasse hoch zum Kloster und Festungswerk auf dem Kapuziner-(Im-)berg zum Aussichtspunkt Kanzel mit Blick über die Stadt und auf die Festung Hohensalzburg gegenüber. Wer den steilen Anstieg scheut und dennoch den Blick genießen will, nimmt den Aufzug im am Salzachufer gelegenen Hotel Stein in die 7. Etage zum Café mit Aussichtsterrasse (ab 12 Uhr offen).

Kirche St. Sebastian und Friedhof [5]

Der arkadengerahmte Kirchenfriedhof von St. Sebastian an der Einkaufsstraße und Fußgängerzone Linzer Gasse geht auf 1512 zurück, die Kirche selbst musste wegen Baufälligkeit 1750 abgerissen werden und wurde in spätbarockem Stil neu errichtet. Auf dem **Friedhof** (9–18.30 Uhr, Winter bis 16 Uhr) liegen in gewöhnlichen und kunstvollen Grabstätten im Laubengang und im Geviert der Arkaden einfache und berühmte Bürger Salzburgs friedlich beieinander, gräfliche und freiherrliche Grabstätten wechseln mit denen von Kaufleuten und Handelsherren. Gleich neben dem Eingang in einem Aufgang findet man das Grab des berühmten (und mildtätigen) Arztes Theophrastus Bombastus von Hohenheim – genannt Paracelsus (1493–1541). Auch ruht hier ein Teil der Familie von W. A. Mozart: seine Frau Constanze, deren Tante Genofeva (Mutter des Komponisten Carl Maria von Weber) und Vater Leopold. Die Schwester von Wolfgang Amadeus, das Nannerl, allerdings wollte hier nicht beerdigt werden.

In der Mitte des Friedhofes steht das Mausoleum für Fürsterzbischof Wolf Dietrich von Raitenau

**Getreide-
gasse [6]**

Wechselt man nun über die Staatsbrücke zum andern Ufer der Salzach, gelangt man vom Rathausplatz unmittelbar in die Fußgängerzone der Getreidegasse mit ihren zahlreichen Läden und Lokalen in mittelalterlichen Gebäuden. Eng und hoch scheinen sie, die Fenster nach oben immer kleiner werdend, dennoch mit reichgeschmückten Portalen. Doch nimmt man einen der Durchgänge, merkt man gleich, dass dies die Wohn- und Lagerhäuser von Patriziern waren. Als Durchgangshäuser gebaut, sind sie mehrere dutzend Meter tief und führen in ein Gewirr von Hinterhöfen mit weiteren Geschäften und Gaststätten, ehemals auch Werkstätten der Handwerker, wie die Zunftzeichen an den Vorderfassaden kund tun.

Altes Rathaus [7]

Am Kranzlmarkt, der Verlängerung der Getreidegasse nach Osten, steht das Alte Rathaus, das als Wohnhaus auf das 14. Jahrhundert zurückgeht. 1407 erwarb es die Stadt und baute es um, 1772 erhielt es seine heutige Rokokofassade. Der Turm mit der Mondphasenuhr war über Jahrhunderte der Ort, von dem aus die Stadtbläser Salzburg mitteilten, was die Stunde geschlagen hat.

**Mozarts
Geburtshaus
[8]**

Wenige Schritte vom Alten Rathaus steht farbenfroh leuchtend das Geburtshaus, in dem sich das **Mozart-Museum** befindet und ein weiteres Mal Auskunft zum Leben von W. A. gibt (Getreidegasse 9, Tel. 0662-844313, www.mozarteum.at, 9–17.30 Uhr, Juli/August bis 20 Uhr, Eintritt 7 €, Kombikarte mit Wohnhaus 12 €). Die Familie lebte in der dritten Etage von 1747 an für 26 Jahre zur Miete, eine kleine Wohnung mit Küche, Kabinett, Wohn-, Schlaf- und Arbeitszimmer. Sieben Kinder bekam die Mutter, nur zwei überlebten.

Hinter Glas die größte Kostbarkeit: die 1747 ge-
baute Kindergeige des Genies, die nur ein einziges
Mal das Haus verließ, 2009 Richtung Japan, wo der
Kronprinz ihr Töne entlocken durfte.

Wolfgang Amadeus Mozart

Joannes Chrysostomus Wolfgangus Theophilus (lat. für Amadeus)
– Wolferl – wurde am 27. Januar 1756 als Sohn des Salzburger
Hofmusikers Leopold und seiner Frau Anna Maria geboren. Fünf
Jahre später komponiert das Wunderkind sein erstes Werk, ein
Menuett. Aber auch seine fünf Jahre ältere Schwester *Nannerl*
(Marta Anna) galt als hochbegabt, Musikunterricht erhielten die
beiden gemeinsam von ihrem Vater. Bald reisten sie in der Welt
herum und gaben Konzerte an vielen Fürstenhöfen Europas. Mit
13 Jahren wurde W. A. dritter Hofmusiker in Salzburg, mit 24
Jahren adelte ihn der Papst zum „Ritter vom Goldenen Sporn",
mit 31 Jahren starb er am 5. Dezember 1791 in Wien und wurde
dort begraben. Seine letzte Ruhestätte ist unbekannt. Mozarts
Werke traten schon zu seinen Lebzeiten ihren Siegeszug durch
die Konzertsäle und Opernhäuser der Welt an, heute wäre die
abendländische Musikwelt ohne ihn gar nicht mehr denkbar.

Franziskaner- An der Stelle eines bei der von Barbarossa befohle-
kirche [9] nen Brandschatzung zerstörten Vorgängerbaus ent-
stand im 15. Jahrhundert die gotische Kirche unter
Einbeziehung des romanischen Langhauses. Besonders eindrucksvoll ist der Chor mit seinen schlanken
Säulen und dem überspannenden Netzgewölbe.
Dem 1710 von Fischer von Erlach neu erstellten
Hochaltar integriert ist die Madonna von Michael
Pacher aus dem Jahr 1498. Bemerkenswert ist das
von Fürsterzbischof Wolf Dietrich von Raitenau in
die Kirche nachträglich eingebaute Oratorium in der
Art eines „Hauses im Haus" mit einem direkten
Zugang zu seiner Residenz. Zumindest im Gotteshaus wäre es anrüchig gewesen, die Beziehung zu
seiner Geliebten Salome Alt offen zur Schau zu stellen, und so hatte sie im Oratorium einen verschwiegenen Platz, um der Messe beizuwohnen.

Dom [10] Wer in die Katakomben vor dem linken Seitenaltar
des Querhauses hinabsteigt, begegnet zwischen
den Grabstellen der Fürsterzbischöfe den verwirren-
den Fundamenten des Doms. Noch aus der Zeit als

Dom

die Stadt Iuvavum hieß, stammen die ersten Steine, von der Kathedrale von 774. Das Feuer Barbarossas legte sie nieder und 1177 entstand das größte romanische Münster nördlich der Alpen, größer noch als der Dom zu Speyer. Ein weiterer Brand zerstörte den Dom erneut, 1628 konnte man dann das erste frühbarocke Gotteshaus nördlich der Alpen weihen. Alliierte Bomben machten 1945 der Kirche erneut den Garaus, und die dritte Kirchenweihe fand 1959 statt.

Quert man den Domplatz und begibt sich unter den mittleren Bogen der Durchfahrt, zeigt sich ein schönes Beispiel für die Verspieltheit des Barock. Das Haupt der in der Mitte des Platzes aufragenden Madonnenfigur wird von der goldblitzenden Krone an der Domfassade aus heimischem Untersberger Marmor bekränzt. Betritt man das 101 Meter lange und 45 Meter breite Hauptschiff, steht linkerhand das Taufbecken von 1311, in dem W. A. Mozart in die Kirchengemeinde aufgenommen wurde. Am rechten Seitenaltar des Querschiffes ist ein Abbild der Madonna von Altötting zu sehen. 79 Meter erhebt sich die Kuppel über die Vierung von Haupt- und Querschiff.

10.000 Gläubige finden im Dom Platz

Residenz [11] Unbedingt sollte man sich dort die **Prunkräume** und die von Wolf Dietrich von Raitenau gesammelten Kunstwerke in der 180 Zimmer zählenden Residenz anschauen – sie sind eines Königs würdig (Residenzplatz 1, Tel. 0662-80422690, www.salzburg-burgen.at, 10–17 Uhr, Galerie Di–So 9–17 Uhr, Eintritt 8,50 €). Wenn man die mit Fresken, Gemälden und wertvollen Möbeln ausgestatteten langen Saalfluchten durchschreitet, fällt es nicht schwer, sich die damalige Zeit mit Fürsten und Lakaien, Gesandten und schönen Frauen vorzustellen, die hier feierten oder einfach nur Mozarts Musik lauschten. Nach der Säkularisation wurde die Residenz weiter für Staatsempfänge genutzt (Kaiser Franz Joseph empfing u.a. Napoleon III.), und heute darf man die Säle für Veranstaltungen anmieten. In der Galerie sind Werke europäischer Maler des 16. bis 19. Jahrhunderts ausgestellt (Brueghel, Rubens, Rembrandt, Barocco, Strozzi und zahlreiche Gemälde des österreichischen Barock).

Wolf Dietrich von Raitenau

Der Fürsterzbischof (1559–1617) war zu seiner Zeit einer der mächtigsten und reichsten Herrscher in Europa, Kunstsammler und verantwortlich für das Erscheinungsbild der Altstadt, so wie sie heute zu sehen ist. Er hat Salzburg städtebaulich umgekrempelt, ließ nach dem Dombrand 55 Häuser abreißen und schuf so Platz für die Neuanlage mit weiten Flächen rundherum und für die prächtige Residenz. 15 illegitime Kinder hatte er mit seiner Geliebten, Salome Alt, aber nicht nur deshalb war er umstritten. Seine im Salzhandel gegen Bayern gerichtete Politik führte schließlich zum Ende seiner Herrschaft. Die Wittelsbacher marschierten in Salzburg ein und brachten Wolf Dietrich in Festungshaft. Er starb als Häftling in der Hohensalzburg.

Kirche St. Peter und Friedhof [12]

Residenzplatz

Südlich des Doms, unterhalb der Hohensalzburg bei der Standseilbahn auf den Mönchsberg, steht die Klosterkirche St. Peter mit Friedhof. Sie entstand als romanischer Bau an Stelle einer Vorgängerkirche 1143, im 18. Jahrhundert wurde sie im Stil des Rokoko umgestaltet. Die älteste, vom hl. Rupert gegründete, Mönchsgemeinschaft auf deutschem Boden, ist noch heute tätig. Ihr Leben war von Arbeit geprägt, und die Gemeinschaft brachte es nicht nur zur kulturellen Blüte, auch bautechnisch

Die Kloster-
bäckerei
verkauft herr-
lich duftendes
Brot (Mo/Di
und Do/Fr 7–
17.30 Uhr, Sa
bis 13 Uhr)

war man „fit". Der Orden schlug durch den Mönchsberg hindurch einen Kanal und leitete so das
Wasser vom Abfluss des Königssees in sieben
Armen durch die Stadt. Vor dem Klosterfriedhof
treibt noch heute einer dieser Kanäle das Wasserrad
der Klosterbäckerei.

Auf dem Friedhof werden heute nur noch Bürger
begraben, die sich um Salzburg verdient gemacht
haben. In einer Grotte im Fels befindet sich das
Grab von W. A. Mozarts Schwester Nannerl, die sich
mit seiner Frau nicht vertrug und die letzte Ruhestätte mit ihr nicht teilen wollte. Blickt man die
Felswand hoch, fallen eingelassene Mauern mit
Fenstern auf, frühchristlich genutzte Höhlen, deren
Bestimmung nicht ganz klar ist, vielleicht Wohn-
stätten oder Meditationsorte.

**Hohen-
salzburg [13]**

Für den Rund-
gang sollte
man mit Auf-
stieg zwei
Stunden ein-
planen

Mit der **Festungsbahn** (9–20 Uhr, Winter bis 17
Uhr, Juli/August bis 22 Uhr, 10,50 € mit Eintritt in die
Festung, Berg- und Talfahrt alleine 2,30 €) geht es
schnell hinauf, zu Fuß windet sich der sehr steile
Weg 15 Minuten nach oben. Schon im Mittelalter
hat man mit einer Winde auf hölzernen Schienen
das beständig notwendige Baumaterial hochge-
wuchtet, seit 1892 gibt es die Standseilbahn, die
bis 1959 noch mit Wasserkraft betrieben wurde und
deshalb „Tröpferlbahn" hieß. Den Grundstein für
die stärkste **Festung** (Tel. 0622-84243011, www.ho-
hensalzburg.com, 9–19 Uhr, Winter 9.30–17 Uhr,
Eintritt 10,50 €) Salzburgs legte 1077 Erzbischof
Gebhard. Erzbischof Leonhard von Keutschach
(1495–1519) baute sie weiter aus, und keiner der

zahlreichen Feinde konnte sie je einnehmen. 1861 wurde die Funktion als Wehrbau aufgegeben, das Militär nutzte sie aber weiter als Kaserne, zuletzt die US-Amerikaner, die in ihr das Hauptquartier für Österreich aufschlugen. Durch mehrere Sperranlagen und Tore entlang der steilen Mauern betritt man die Höfe des Inneren.

Erster Anlaufpunkt ist das **Festungsmuseum** mit einer Ausstellung zur Baugeschichte und zum täglichen Leben in der Burg. Beim Blick auf die Folterinstrumente laufen einem Schauer über den Rücken. Eine Abteilung ist der Geschichte des Salzburger Hausregiments vorbehalten, des k.u.k. Infanterieregiments Nr. 59 „Erzherzog Rainer", das auf der Burg stationiert war. Im **Marionettenmuseum** sind zahlreiche Figuren zu sehen, die teils der Gründer des Marionettentheaters unten in der Stadt schuf. Highlight sind zum Abschluss der **Hohe Stock**, die holzgetäfelten Fürstenzimmer in gotischem Stil mit einem herrlichen Blick hinaus aufs Umland und einem höchst wertvollen Kachelofen.

Museum der Moderne [14] Wieder unten in der Stadt hält man sich links und nördlich und gelangt nach fünf Minuten zum **Mönchsbergaufzug** (September bis Juni Do–Di 8–19 Uhr, Mi 8–21 Uhr Juli/August 8–21 Uhr, im Winter ab 8.30 Uhr, Berg- und Talfahrt 2,20 €) hoch zum **Museum** (Mönchsberg 32, Tel. 0622-842220403, www.museumdermoderne.at, Di–So 10–18 Uhr, Mi bis 20 Uhr, Eintritt 8 €) mit vorzüglichen Wechselausstellungen und nochmal einem fantastischen Blick über Salzburg.

Schloss Hellbrunn [15]

Das **Schloss Hellbrunn**, vier Kilometer südlich des Zentrums, gab der Nachfolger Wolf Dietrich von Raitenaus – Fürsterzbischof Markus Sitticus – 1612 als Sommerresidenz in Auftrag (Fürstenweg 37, Tel. 0622-8203720, www.hellbrunn.at, 9–18 Uhr, Mai/Juni/Sept. bis 17.30 Uhr, sonst bis 16.30 Uhr, im Juli/August auch Abendführungen um 19, 20 und 21 Uhr, Eintritt 9,50 €). Als Baumeister wurde der Dombaumeister Santino Solari bestimmt, der ein Juwel der Renaissance schuf, dessen Wasserspiele im Park Weltberühmtheit genießen. Mit Brunnen und Grotten, Fontänen und Wasserautomaten werden die Besucher überrascht und gefoppt. Zum heimlichen Wahrzeichen Hellbrunns ist das *Germaul* geworden, ein kupfergetriebener Automat, der die Augen verdreht und dem Betrachter die Zunge entgegenstreckt.

Service Salzburg

Information

Touristinfo, Mozartplatz 5, 5020 Salzburg, Tel. 0043-662-88987330, www.salzburg .info, Mo–So 9–19 Uhr, Nebensaison Mo–Sa 9–18 Uhr.

Vorwahl
Österreich:
0043

Unterkunft

• **Auersperg [a],** Auerspergstr. 61, Tel. 0662-889440, www.auersperg.at, DZ/F ab 145 €. Ideale Stadtunterkunft, in zwei nebeneinander liegenden Palais aus dem 19. Jahrhundert ruht man in modern und ausgesucht möblierten, luxuriösen Zimmern mit allen medialen Finessen wie CD- und DVD-Player, Flat-TV und Wifi. Ausgezeichnetes Frühstücksbüffet im Sommer im Garten und ein kleiner, schicker, lichtdurchfluteter Wellnessbereich mit Dachterrasse für die nachmittägliche Erholung. Gute Tipps vom Personal für den Aufenthalt in der Stadt, Parkplatz.

• **Hofwirt [b],** Schallmoser Hauptstr. 1, Tel. 0662-8721720, www.hofwirt.net, DZ/F ab 87 €. Modernisiertes Komforthotel der Dreisterne-Klasse an der Fußgängerzone am Nordufer. 60 Zimmer, Restaurant.

• **Yoho [c],** Paracelsusstr. 9, Tel. 0662-879649, ww www.yoho.at, Bett ab 17 €, DZ m. Bad ab 42 €. Modernes Hostel mit allen notwendigen Einrichtungen wie Wifi und Internet-Café, ab 3 € gibt's eine Mahlzeit.

- **Gmachl [d]**, Dorfstr. 35, Bergheim (fünf Kilometer nördlich Salzburg), Tel. 0662-4521240, www.gmachl.at, DZ/F ab 168 € (zahlreiche Arrangements mit Halbpension und Wellnessangeboten zu günstigeren Preisen). Auf dem Land am Ufer der Salzach, für den, der nicht im Zentrum wohnen will, aus der Stadt auf einem schönen Spaziergang erreichbar (sieben Minuten mit der Lokalbahn). Riesiger Garten mit zahlreichen Sport- und ausgezeichneten Wellnesseinrichtungen (Hallenbad, beheiztes Freibad, Saunen), ideal für Familien. Bestes, haubengekröntes Essen in den Gaststuben, auch unser Bundespräsident a.D. Roman Herzog fühlt sich hier wohl.

Essen und Trinken
- **Blaue Gans [e]**, Getreidegasse 41–43, Tel. 0662-84249150, www.hotel-blaue-gans-salzburg.at, Mo–Sa 12–1 Uhr, Menü ab 30 €. *Die* Adresse Salzburgs, um im Zentrum in angenehm-eleganter, gemütlicher Atmosphäre in 650 Jahre alten Gewölben essen zu gehen, die Küchenchefin ist ein Garant für unprätentiöse Küche mit den allerbesten Zutaten, die sich zu ganz phänomenalen, neuen Geschmackssensationen vereinen, Fische aus der Region (Huchen – ein Lachsfisch – im Vakuum gedämpft, Räuchersaibling), Lammspezialitäten, aber auch das perfekte Wiener Schnitzel; mit den Menüvorschlägen ist man ebenso bestens beraten. Auch Zimmervermietung im angeschlossenen arthotel (DZ/F ab 119 €).
- **Stern Bräu [f]**, Griesgasse 23/25, Tel. 0622-842140, 9–2 Uhr, Menü ab 20 €. Traditionsgaststätte, in die schon W. A. Mozart mit Joseph Haydn für eine Sause kam, mehrere Gasträume und Bars, Biergarten in den Hinterhöfen und eine gute Speisekarte mit traditionellen k&k-Gerichten.
- **Triangel [g]**, Wiener Philharmonikergasse 7, Tel. 0662-842229, 11–24 Uhr, Menü um 25 €. Die Lage neben dem Festspielhaus macht es wahrscheinlich, dass am Nebentisch ein Kaliber wie Anna Netrebko sitzt und sich vom Auftritt erholt; wahrscheinlich ist dann aber auch, dass man keinen Platz findet. Österreichische, italienisch angehauchte Küche drinnen oder auf dem Freisitz.
- **Fasties [h]**, Pfeifergasse 3, Tel. 0662-844774, Mo–Fr 10–21 Uhr, ab 5 €. Sandwiches in hübschen Farben und Pasta im Stehen, eine schnelle und leckere Mahlzeit auf dem Weg von Museum zu Museum.
- **Afro Café [i]**, Bürgerspitalplatz 5, Tel. 0662-844888, Mo–Fr 10–24 Uhr, Sa ab 9 Uhr, Menü um 15 €. Knallbunt und afrikanisch mit Gerichten vom Schwarzen Kontinent, in gehobener Manier zubereitet und nicht zu scharf, dazu Cocktails oder ein Windhoek Lager.

Nachtleben
- **republic [m]**, Anton-Neumayr-Platz 2, Tel. 0662-841613, So–Do 8–1, Fr/Sa bis 4 Uhr. Tagsüber angenehmes Café mit Snacks, abends Szenetreff mit wechselndem DJ-Programm und Live-Acts.

Steinterrasse

· **Steinterrasse [n],** Giselakai 3–5, Tel. 0662-8743460, tgl.
12–24 Uhr. Chillen mit Blick über Salzburg und seine Burg
im 7. Stock des Hotels Stein.

Einkaufen

· **Schnaps [o],** *Spirituosen Sporer,* Getreidegasse 39, Tel.
0662-845431, www.sporer.at. Beste selbstgebrannte
Schnäpse zum Verkosten vor Ort oder zum Mitnehmen,
winziger Ausschank und immer proppenvoll mit Damen
und Herren, die im Winter gegen Erkältungsviren an-
trinken, in der wärmeren Jahreszeit gegen die Sommer-
grippe – eine Institution.

· **Tracht [p],** *Jahn-Markl,* Residenzplatz 3, Tel. 0662-842610,
www.jahn-markl.at. Wer wirklich authentische Tracht
mag, der kommt hierher und erfährt u.a., welche Farb-
zusammenstellungen an Dirndl und Lederhosenstickerei
in die Region passt. Die Hirschlederne, handgenäht und
-bestickt ist nicht billig (um 3000 €), aber es gibt auch
güntsigere aus Ziegenleder (um 300 €) – auf alle Fälle ist
hier nichts aus Asien sondern immer aus der Region.

· **Gürtel [q],** *Schliesselberger,* Dreifaltigkeitsgasse 4, Tel.
0662-882280, www.guertelmacher.at. Gürtel aus allem,
mit allen erdenklichen Schließen, selbst zusammengestellt und nach Wunsch verarbeitet (blank, gefüttert, ge-
doppelt usw.), einfachere Ausführungen sind am selben
Tag fertig, kompliziertere dauern etwas länger.

· **Schirme [r],** *Kirchtag,* Getreidegasse 22, Tel. 0622-
841310, www.kirchtag.com. Seit 100 Jahren werden hier
haltbare und formschöne, allen Wettern trotzende
Schirme hergestellt, für Damen und Herren, gegen Regen
und Sonne.

· **Kaffee [s],** *220 Grad,* Chiemseegasse 5, Tel. 0622-827881,
www.220grad.com; selbstgerösteter Kaffee aus aller Welt
zu fairen Preisen gehandelt und mit Kuchen vor Ort verkostet, bevor man sich für eine Mischung entscheidet.

Feste

· **Mozartwoche,** Mozarteum, Theatergasse 2, Tel. 0043-
662-8744, www.mozarteum.at. Um Wolferls Geburtstag
am 27. Januar eine Woche lang Konzerte, Oper, Künstler-
gespräche.

- **Salzburger Festspiele,** Kartenbüro: Herbert von Karajan Platz 11, Tel. 0043-662-8045500, www.salzburgerfestspiele.at, Mo–Fr 8.30–12 u. 13–16.30 Uhr. Ende Juli bis Ende August hochkarätig besetzte Opern, Schauspiele und Konzerte in verschiedenen Spielstätten, dazu der Höhepunkt, nämlich Hugo von Hofmannsthals „Jedermann" auf dem Domplatz. Der Ableger **Salzburger Pfingstfestspiele** gibt an den Pfingstfeiertagen mit Konzerten einen Vorgeschmack.
- **Salzburger Jazzherbst,** Karten über www.salzburgerjazzherbst.at. Zehn Tage Ende Okt./Anfang Nov. mit den Größen des Jazz.
- **Salzburger Adventssingen,** Karten über www.salzburgeradventssingen.at. Die besinnliche Veranstaltung im Festspielhaus ist immer schnell ausverkauft.

Gusto-Stückerln

Mozartkugeln sind ja schon allseits bekannt. Nach Meinung einiger stellt die besten die **Konditorei Fürst [j]** in der Getreidegasse 47 her, silbern sind sie mit blauem Aufdruck, und dass sie handgemacht sind, sieht man nach Entfernung der Verpackung an dem kleinen Schokoladenpropfen, der das Löchlein vom Haltedorn verschließt.

Doch wer kennt schon die nicht ganz pc-konform genannte Leckerei **Venusbrüstchen?** Um sie zu gustieren, kehrt man bei **Scios Specereyen [k]** (Sigmund-Haffner-Gasse 16, Tel. 0662-841638, www.stranzundscio.com, Mi–So 10–20 Uhr) ein und verkostet die aus marinierten Kastanien, Amarena-Kirsche und Schokolade hergestellten *capezzoli di vernere* so, wie man es bereits im Barock tat – um die Gäste mit ihnen und weiterem Exotischen zu beeindrucken, reichte man Obst aus fernen Ländern (oder der eigenen Orangerie) dazu.

Wem's zu schwer war, der bestellt anschließend etwas aus dem ausgezeichneten Brände-Angebot, und wer überhaupt nicht auf Süßes steht, ordert vier Austern mit einem Glas Weißwein.

Das Muss bei einem Besuch in der Salzachstadt sind natürlich die **Salzburger Nockerln.** Die Einheimischen bestellen sie am liebsten im **Café Mozart [8]** in der Getreidegasse 22 (Tel. 0622-843958, Mo–Sa 8–21 Uhr, So ab 9 Uhr).

6

Autor Friedrich Köthe

Zu seiner Arbeit als Reisejournalist und -autor kam der Münchner mit seiner Ehefrau durch Zufall. Ursprünglich hatten die beiden Ethnologie und Soziologie studiert, waren privat und beruflich viel in Afrika unterwegs und wurden Anfang der 1990er Jahre von einem Verleger gebeten, einen Reiseführer über Tunesien zu schreiben. Seither sind von ihnen zahlreiche Bücher über Nord- und das südliche Afrika, vor allem über Namibia, erschienen, europäische Lieblingsziele wie Slowenien oder Sizilien kamen hinzu, und auf Madeira lernten sie den portugiesischen Kulturkreis kennen und lieben. Nach vielen Fernreisen legen sie nun einen Reiseführer ihrer bayerischen Heimat vor.

Register A–Z

NOTIZEN

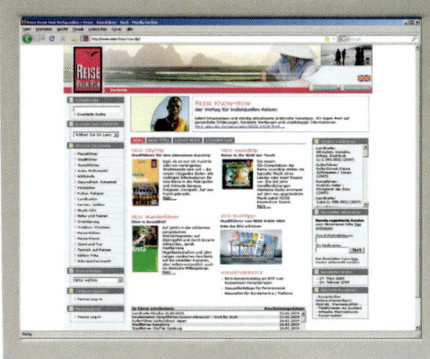

Die Reiseführer auf einen Blick

Reisehandbücher
Urlaubshandbücher
Reisesachbücher
Edition RKH, Praxis

Die Reiseführer auf einen Blick

Reisehandbücher
Urlaubshandbücher
Reisesachbücher
Edition RKH, Praxis

Afrika, Durch, 2 Bde.
Agadir, Marrakesch,
  Südmarokko
Ägypten individuell
Ägypten/Niltal
Alaska ♪ Kanada
Algerische Sahara
Argentinien, Uruguay,
  Paraguay
Äthiopien
Australien –
  Auswandern
Australien, Osten
  und Zentrum
Australien, Westen
  und Zentrum

Baikal, See u. Region
Bali und Lombok
Bali, die Trauminsel
Bangkok
Botswana
Brasilien
Brasilien kompakt

Cabo Verde
Chicago
Chile, Osterinsel
China Manual
Chinas Osten
Costa Rica
Cuba

Djerba & Zarzis
Dominikanische
  Republik
Dubai, Emirat

Ecuador,
  Galápagos
El Hierro
Erste Hilfe unterwegs

Fahrrad-Weltführer
Florida
Fuerteventura

Gomera
Gran Canaria
Guatemala

Havanna
Hawaii
Honduras
Hongkong, Macau,
  Kanton

Indien, der Norden
Indien, der Süden
Iran

Japan
Jemen
Jordanien

Kalifornien und
  USA Südwesten
Kalifornien, Süden
  und Zentrum
Kambodscha
Kamerun
Kanada, USA
Kanadas Maritime
  Provinzen
Kanadas Osten,
  USA Nordosten
Kanadas Westen, Alaska
Kapstadt – Garden
  Route (Südafrika)
Kapverdische Inseln
Kenia
Kenia kompakt
Kerala (Indien)
Krügerpark – Kapstadt
  (Südafrika)

Ladakh, Zanskar
Lanzarote
La Palma
Laos
Lateinamerika
  BikeBuch
Libyen

Malaysia, Singapur,
  Brunei
Marokko
Mauritius,
  La Réunion
Mexiko
Mexiko kompakt
Mongolei
Motorradreisen
Myanmar

Namibia
Namibia kompakt
Neuseeland BikeBuch
New Orleans
New York City
New York im Film

Oman
Outdoor-Praxis

Panama
Peru, Bolivien
Peru kompakt
Phuket (Thailand)

Qatar
Queensland (Australien)

Rajasthan (Indien)

San Francisco
Senegal, Gambia
Singapur
Sri Lanka
St. Lucia, St. Vincent,
  Grenada
Südafrika
Südafrika: Kapstadt –
  Garden Route
Südafrika: Krügerpark –
  Kapstadt

Sydney, Naturparks
Syrien

Taiwan
Tansania, Sansibar
Teneriffa
Thailand
Thailand – Tauch-
  und Strandführer
Thailands Süden
Tokyo, Kyoto,
  Yokohama
Transsib
Trinidad und Tobago
Tunesien
Türkei, Hotelführer
Türkei: Mittelmeerküste

Uganda, Ruanda
USA, als Gastschüler
USA, Kanada
USA, Canada BikeBuch
USA Nordosten,
  Kanada Osten
USA, der große Süden
USA Südwesten, Kalif.,
  Baja California
USA, Südwesten,
  Natur u. Wandern
USA, der ganze Westen

Venezuela
Vereinigte Arabische
  Emirate
Vietnam

Westafrika – Sahel
Westafrika – Küste
Wo es keinen Arzt gibt

Yucatán, Chiapas
  (Mexiko)

PANORAMA

Australien
Cuba
Rajasthans Palasthotels
Südafrika
Thailands Bergvölker
  und Seenomaden
Tibet
Vietnam

Edition RKH

Abenteuer Anden
Auf Heiligen Spuren
Durchgedreht –
  Sieben Jahre im Sattel
Inder, Leben und Riten
Mona und Lisa
Myanmar – Land
  der Pagoden
Please wait to be seated
Rad ab!
Salzkarawane
Südwärts durch
  Lateinamerika
Suerte –
  8 Monate durch Südamerika
Taiga Tour
USA – Unlimited Mileage

Praxis

Aktiv Marokko
All inclusive?
Australien: Outback/Bush
Australien: Reisen/Jobben
Auto durch Südamerika
Ayurveda erleben
Buddhismus erleben
Canyoning
Clever buchen/fliegen
Daoismus erleben
Drogen in Reiseländern
Dschungelwandern
Expeditionsmobil
Fernreisen auf eigene Faust
Fernreisen, Fahrzeug

Fliegen ohne Angst
Frau allein unterwegs
Früchte Asiens
Fun u. Sport im Schnee
Geolog. Erscheinungen
GPS f. Auto, Motorrad
GPS Outdoor-Navigation
Handy global
Hinduismus erleben
Höhlen erkunden
Hund, Verreisen mit
Indien und Nepal,
  Wohnmobil
Internet für die Reise
Islam erleben
Japan: Reisen
  und Jobben
Kanu-Handbuch
Kartenlesen
Kommunikation
  unterwegs
Konfuzianismus erleben
Kreuzfahrt-Handbuch
Küstensegeln
Langzeitreisen
Maya-Kultur erleben
Mountainbiking
Mushing/Hundeschlitten
Neuseeland: Reisen
  und Jobben
Orientierung mit
  Kompass und GPS
Panamericana
Paragliding-Handbuch
Pferdetrekking
Radreisen
Reisefotografie
Reisefotografie digital
Reisekochbuch
Reiserecht
Respektvoll reisen

Mit PANORAMA neuen Horizonten entgegen

Außergewöhnliche Bilder, lebendige Anekdoten und hautnahe Einblicke wecken Erinnerungen oder Vorfreude auf ein Reiseland. PANORAMA präsentiert sich im handlichen, quadratischen Format (18x18 cm, Hardcover mit Fadenheftung) und luftigen Layout, mit Fotos von atemberaubenden Landschaften, Land & Leuten ...

Andrew Forbes & David Henley
PANORAMA Tibet
ISBN 978-3-8317-1542-8 · € 14,90 [D]

Aroon Thaewchatturat & Tom Vater
PANORAMA Zur Quelle des Ganges
ISBN 978-3-8317-1702-6 · € 14,90 [D]

Andrew Forbes & David Henley
PANORAMA Cuba
ISBN 978-3-8317-1519-0 · € 14,90 [D]

Andrew Forbes & David Henley
PANORAMA Kambodscha
ISBN 978-3-8317-1610-4 · € 14,90 [D]

Elke & Dieter Losskarn
PANORAMA Südafrika
ISBN 978-3-89662-347-8 · € 14,90 [D]

Isabel und Steffen Synnatschke
PANORAMA USA Südwesten
Wonderland of Rocks
ISBN 978-3-89662-242-6 · € 17,50 [D]

Günter & Andrea Reindl
PANORAMA Australien
ISBN 978-3-89662-390-4 · € 14,90 [D]

Aroon Thaewchatturat & Tom Vater
PANORAMA Thailands
Bergvölker und Seenomaden
ISBN 978-3-8317-1524-4 · € 14,90 [D]

Aroon Thaewchatturat & Tom Vater
PANORAMA Rajasthans
Palasthotels
ISBN 978-3-8317-1601-2 · € 14,90 [D]

Hans Zaglitsch & Linda O'Bryan
PANORAMA Mundo Maya
ISBN 978-3-8317-1611-1 · € 14,90 [D]

Elke & Dieter Losskarn
PANORAMA Namibia
ISBN 978-3-89662-327-0 · € 14,90 [D]

Andrew Forbes & David Henley
PANORAMA Vietnam
ISBN 978-3-8317-1520-6 · € 14,90 [D]

Andrew Forbes & David Henley
PANORAMA Thailand
ISBN 978-3-8317-1609-8 · € 14,90 [D

Weitere Titel in Vorbereitung

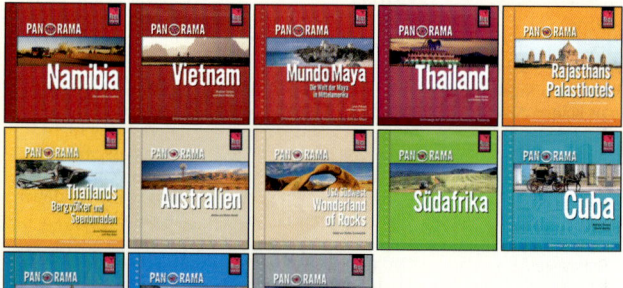

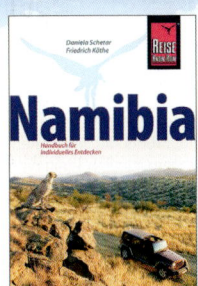

Daniela Schetar,
Friedrich Köthe

Namibia

5. Auflage

588 S., strapazierfähige
PUR-Bindung, mehr als
55 Stadtpläne und Karten,
über 100 Farbfotos u. Abb.,
Griffmarken, Seiten- und
Kartenverweise, Register

ISBN 978-3-89662-325-6

⬭ 23,50 [D]

Ganz **Namibia** mit diesem Reisehandbuch entdecken:

- Die aktuelle Auflage dieses Buches kombiniert detailgenaue, vor Ort recherchierte praktische Informationen mit unterhaltsamen und informativen Exkursen zu Geschichte, Hintergründen und den Menschen des Landes.

- Das Reisehandbuch nennt und gewichtet nahezu alle Unterkünfte in Namibia mit Internet-Kontakt, enthält genaue Stadtpläne mit Lageangaben der Hotels. Mehr als 650 Unterkunftsadressen.

- Mit integriertem Routenplaner, der eine einfache Planung der Reise erlaubt und mit GPS-Daten und exakten Kilometertabellen jedes Ziel auffindbar macht. Mehr als 55 Stadtpläne und Karten – Namibias Reiseziele auf 32 Routen entdecken.

- Das Reisehandbuch führt in die Nachbarländer, nach Victoria Falls, Botswana, in den südafrikanischen Kgalagadi Transfrontier National Park und ermöglicht die Reise in Gebiete und Landschaften, in die „andere" nicht kommen.

- Mit einer Vielzahl an Aktivitäten, wie Ballonfahren, Fallschirmspringen, Quadbike-Fahren, Reiten, Wandern, Fly-in-Safaris, Angelausflüge, Kajaktouren …

Daniela Schetar,
Friedrich Köthe

Namibia kompakt

2. Auflage

288 S., strapazierfähige
PUR-Bindung, 45 Karten
und Stadtpläne, mehr als
150 Farbfotos und Abb.,
Griffmarken, Seiten- und
Kartenverweise, Register

ISBN 978-89662-328-7

⬭ 14,90 [D]

Namibia kompakt

… ist ein Reiseführer mit hoher Informationsdichte für eines der beliebtesten Reiseziele des südlichen Afrika. Beschrieben werden alle Highlights des Landes und wichtige Sehenswürdigkeiten im angrenzenden Zimbabwe und Botswana. Für organisiert Reisende und für die, die individuell unterwegs sind, der optimale Reisebegleiter.

Namibia kompakt …

- kombiniert detailgenaue, verlässliche Reiseinformationen mit unterhaltsamen Themen über Land und Leute, visualisiert durch zahlreiche Fotos und Illustrationen.

- enthält viele Karten und Stadtpläne, die alle eng mit dem Inhalt verzahnt sind. Nennt die besten Adressen für Ihre Reise.

- wurde von kompetenten Autoren mit langer Namibia-Erfahrung verfasst.

- ist zusätzlich ein Kulturführer und verschafft Zugang zur ethnischen Vielfalt des Landes. beleuchtet geschichtliche Hintergründe und historische Zusammenhänge.

- gibt Tipps und macht Vorschläge für Aktivitäten und zur Gestaltung freier Zeit.

... zwei optimale Reisebegleiter für Namibia

Rad- und andere Abenteuer aus aller Welt

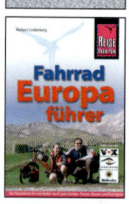

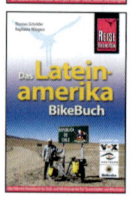

Edition Reise Know-How

In der Edition Reise Know-How erscheinen außergewöhnliche Reiseberichte, Reportagen und Abenteuerberichte, landeskundliche Essays und Geschichten. Gemeinsam ist allen Titeln dieser Reihe: Sie unterhalten, sei es unterwegs oder zu Hause – auch als ideale Ergänzung zum jeweiligen Reiseführer.

Abenteuer Anden - Eine Reise durch das Inka-Reich.
ISBN 3-89662-307-9 · € 17,50

Auf Heiligen Spuren - 1700 km zu Fuß durch Indien.
ISBN 3-89662-387-7· € 17,50

Die Salzkarawane - Mit den Tuareg durch die Ténéré.
ISBN 3-89662-380-X · € 17,50

Durchgedreht – Sieben Jahre im Sattel
ISBN 3-89662-383-4 · € 17,50

Myanmar/Burma – Reisen im Land der Pagoden.
ISBN 3-89662-196-3 · € 17,50

Odyssee ins Glück – Als Rad-Nomaden um die Welt
10 Jahre, 160.000 km und 5 Kontinente
ISBN 978-3-89662-520-5 · € 17,50

Please wait to be seated – Bizzares und Erheiterndes
von Reisen in Amerika. ISBN 3-89662-198-X · € 12,50

Rad ab – 71.000 km mit dem Fahrrad um die Welt.
ISBN 3-89662-383-4 · € 17,50

Südwärts – von San Francisco nach Santiago de Chile.
ISBN 3-89662-308-7 · € 17,50

Suerte – 8 Monate auf Motorrädern durch Südamerika.
ISBN 978-3-89662-366-9 · € 17,50

Taiga Tour – 40.000 km allein mit dem Motorrad von München durch
Russland nach Korea und Japan · ISBN 3-89662-308-7 · € 17,50

USA Unlimited Mileage – Abgefahrene Episoden einer Reise durch
Amerika. ISBN 3-89662-189-0 · € 14,90

Völlig losgelöst – Panamericana Mexiko–Feuerland in zwei Jahren
ISBN 978-89662-365-2 · € 14,90

Die goldene Insel – Geschichten aus Mallorca
ISBN 3-89662-308-7 · € 10,50

Eine Finca auf Mallorca oder Geckos im Gästebett
ISBN 3-89662-176-9 · € 10,50

Eine mallorquinische Reise – Mallorca 1929
ISBN 3-89662-308-7 · € 10,50

Geschichten aus dem anderen Mallorca
ISBN 3-89662-308-7 · € 10,50

Mallorca für Leib und Seele – Schlange im Schneckensud und
andere Köstlichkeiten · ISBN 3-89662-195-5 · € 14,90

„Rad & Bike"

Fahrrad Weltführer – Das Standardwerk für Fernreiseradler,
2. Aufl., 744 Seiten. ISBN 3-89662-304-4 · € 23,50

BikeBuch USA/Canada – 624 S., über 170 Fotos und 45 Karten
ISBN 3-89662-389-3 · € 23,50

Fahrrad-Europaführer– 3. Auflage, 648 S., über 50 Karten und
200 Fotos und Abb. · ISBN 978-3-89662-384-3 · € 25,00

Das Lateinamerika BikeBuch 696 S., 92 SW- und 32 Farbfotos,
27 Karten · ISBN 978-3-89662-388-1 · € 25,00

Bestseller 4. Auflage

Peter Smolka

71.000 km mit dem Fahrrad um die Welt:

Rad ab!

Vier Jahre lang radelte der Erlanger Globe-trotter Peter Smolka um den Erdball. Zu-nächst durchquert er den Nahen Osten und Afrika, wo er nur knapp den Angriff eines Elefanten überlebt. In Kapstadt heuert er auf einer Segelyacht an, die nach Brasilien bringt. Nach neun Monaten Südamerika sind die nächsten Stationen Neuseeland und Australien. Bereits seine Fahrt durch Saudi-Arabien hatte in der Reiseszene für Aufsehen gesorgt. In Südostasien erhält Peter Smolka nach zähen Verhandlungen auch die Genehmigung Mynamer (Ex-Birma) auf dem Landweg zu durchqueren. Vor der Rückreise nach Europa wagt er sich schließlich nach Afghanistan hinein … Spannend, detailliert, einfühlsam und humorvoll – ein Buch für jeden, der gern reist.

Hardcover mit Schutzumschlag, 360 Seiten, plus 16 Seiten Farbfototeil

REISE KNOW-HOW Verlag · ISBN 3-89662-383-4 · € 17,50

Claude Marthaler

Bestseller 4. Auflage

Sieben Jahre im Sattel:

Durchgedreht

Weltanschauung auf Rädern

Claude Marthaler verließ seine Heimatstadt Genf am 12. März 1994, Kurs Ostasien. Er radelte durch die südlichen Länder der ehe-maligen Sowjetunion, durch Indien, Tibet, China und Südkorea. Über Japan erreichte er Alaska, von dort ging es durch Nord-, Mittel- und Südamerika, und beim Kilo-meterstand 87.750 wurde Ushuaia auf Feuerland erreicht. Von Buenos Aires ge-lang ihm der Sprung nach Südafrika, und danach rollte der »Yak«, wie Claude sein Fahrrad in Asien getauft hatte, wei-tere Zehn,tausende Kilometer über die staubigen Pisten Ost- und West-afrikas zurück nach Europa ... der Kreis einer beispiellosen Bike-Odysee hatte sich geschlossen - nach 7 Jahren, 60 Ländern und 122.000 Kilometern ...

Hardcover mit Schutzumschlag, 320 S., 16 Seiten Farbfototeil, über 50 Fotos und Illustrationen

REISE KNOW-HOW Verlag · ISBN 3-89662-305-2 · € 17,50

Dorothee Krezmar und Kurt Beutler

10 Jahre, 160.000 km und 5 Kontinente

Odyssee ins Glück

Als Rad-Nomaden um die Welt

10 Jahre lang radelten Dorothee Krezmar und Kurt Beutler kreuz und quer über den Globus. Für sie war das Fahrrad das ideale Verkehrsmittel, um sich fremden Menschen und Kulturen zu nähern. Natürlich gab es auch Tiefschläge. Sie berichten von einem Bienenüberfall, in Afrika wurden sie von bewaffneten Buschmännern abgeführt und entkamen in Argentinien nur knapp den Banditen. Trotz allem stand diese Mammut-Reise unter einem Glücksstern. Auf ihrer Odyssee lernten sie eine viel bessere Welt kennen als die von den Medien gezeichnete. Beide erzählen ihre persönliche Geschichte, die gemeinsamen Erlebnisse brachten Dorothee und Kurt immer näher zusammen und sie entdeckten für sich die Langsamkeit, schließlich stand ihre Reise unter dem Motto reduce speed.

Hardcover mit Schutzumschlag, 384 Seiten, 16 S. Farbteil, mehr als 70 s/w-Fotos, 10 Karten
Reise Know-How Verlag · ISBN 978-3-89662-520-5 · € 19,90

Joachim Held

Abenteuer Anden

**Eine Radreise
durch das Inka-Reich**

Ein Jahr mit dem Fahrrad durch die faszinierende Welt der südamerikanischen Anden zwischen Chile und Peru – das sind 10.000 km durch Sturm, Sand und Schnee, über 5000 m hohe Gebirgspässe und staubtrockene Wüstenplateaus. Aber es sind auch 10.000 km durch das alte Inka-Reich, 10.000 packende Kilometer in die Vergangenheit.

Joachim Held entführt den Leser in den geheimnisvollen Zauber eine Kultur, in der noch immer Naturverbundenheit und uralte Mythen das Leben bestimmen. Zahllose Begegnungen verdichten sich zu einem einfühlsamen, vielschichtigen Porträt mit zahllosen historischen und kulturellen Aspekten. Eine aufrichtige Reportage, ein fesselndes Buch.

Hardcover, 320 S., über 100 Farb- u. s/w-Fotos, Abb. und Karten
Reise Know-How Verlag   ISBN 3-89662-307-9 · € 17,50

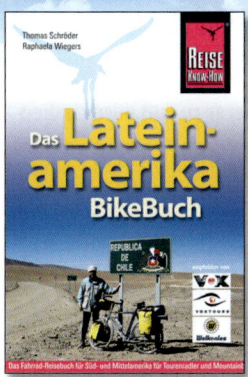

Thomas Schröder, Raphaela Wiegers

Das Lateinamerika BikeBuch

Süd- und Mittelamerika für Tourenradler und Mountainbiker

Ein unentbehrliches Buch für alle, die mit ihrem Bike oder Tourenrad die Länder zwischen Rio Grande in Mexiko und Feuerland an der Südspitze des amerikanischen Kontinents entdecken wollen. Thomas Schröder und Raphaela Wiegers haben mit 18 Co-Autoren auf fast 700 Seiten eine Fülle an Informationen rund um Radreisen auf diesem Kontinent zusammengetragen. Jedes lateinamerikanische Land wird mit möglichen Radtouren und Rad-Besonderheiten vorgestellt. Das Lateinamerika Bike-Buch wird ständig aktualisiert und ergänzt auf www.bikeamerica.de.

696 Seiten, 150 Abbildungen und Fotos,
27 Übersichtskarten zu Ländern Regionen und Routen
Reise Know-How Verlag · ISBN 978-3-89662-388-1 · € 25,00

Gudrun Ziermann

Panamericana Mexiko–Feuerland in zwei Jahren:

Völlig losgelöst

Über 100.000 Kilometer und zwei Jahre lang sind Gudrun Ziermann und Tobias Groenen mit einem expeditionstauglichen Landrover unterwegs. Ihr Weg führt durch knochentrockene Wüsten und tropische Regenwälder, über riesige Salzseen und verschneite Andenpässe, hinauf aufs Altiplano, hinein in die heiße Hölle des Chaco und immer wieder zu den kleinen Orten abseits der Hauptstraßen, wohin sich nur selten ein Fremder verirrt. Im Schritttempo fahren sie durch den nahezu weglosen Kupfercanyon in Mexiko. In Belize werden sie gebeten, einen Militärkonvoi anzuführen. In Kolumbien gelangen sie nur über Umwege zu einer Ausgrabungsstätte mitten im Guerilla-Gebiet. In Bolivien stecken sie mehrere Tage in Straßenblockaden fest. Auf einer Sandpiste durchqueren sie das Feuchtgebiet des Pantanal. Ob beim Schamanenritual in den Anden oder bei der Kaiman-Jagd im brasilianischen Dschungel - die Gastfreundschaft und Offenheit der Menschen erlaubt es Gudrun Ziermann immer wieder, hinter die Kulissen zu blicken. Das Ergebnis ist ein spannender Reisebericht mit außergewöhnlichen Einblicken in fremde Länder. Es sind die Begegnungen mit den Menschen, die einer Reise Leben einhauchen.

Hardcover mit Schutzumschlag, mehr als 100 Farb- und s/w-Fotos, 7 Karten
REISE KNOW-HOW Verlag   ISBN 978-3-89662-365-2 · € 17,50

Christian Krug

Auf heiligen Spuren

1700 Kilometer zu Fuß durch Indien

Fünf Monate wandert Christian Krug zu Fuß durch Indien. Das Meer – der Fluss – die Berge: Auf drei Etappen erlebt er alle Gegensätze, die dieses Land zu bieten hat. Von Karnataka bis Mumbai wandert er 800 Kilometer an der paradiesischen Konkanküste. Er sieht die Touristenstrände Goas und kommt zu menschenleeren Buchten in Maharashtra. Am Fluss Narmada im Herzen Indiens taucht er in das ländliche Leben ohne Strom und ohne Straßen ein, wandert bei 40 Grad mit heiligen Männern und trifft Menschen, die seit Jahrhunderten Pilger versorgen.

Im Land der Götter, dem „Dev Bhoomi" im Himalaya, sind die Hauptquellflüsse der Ganga seine Weggefährten. Bei Eis, Schnee und Steinschlag erreicht er Gaumukh, das »Kuhmaul« auf 4000 Meter Höhe - Quelle von Indiens heiligstem Fluss.

Indien in dem Tempo erleben, das dem Menschen am meisten entspricht – zu Fuß: Erst da erschließt sich dieses unbegreifbare Land, das wie kein anderes die Gegensätze des 21. Jahrhunderts in sich vereint. Mit viel Hintergrundwissen und genauem Blick für das Verborgene erzählt Christian Krug von einem spannenden Weg mit faszinierenden Begegnungen und täglichen Überraschungen.

Hardcover mit Schutzumschlag, 360 Seiten,
über 100 Farb- und s/w-Fotos, 7 Karten
REISE KNOW-HOW Verlag ·ISBN 3-89662-387-7 · € 17,50

Werner Gartung

Die Salzkarawane

Mit den Tuareg durch die Ténéré

Die Salzkarawane ist ein jahrhundertealtes, erprobtes Transportmittel der Tuareg durch die Ténéré.

Werner Gartung nimmt den Leser mit auf diese Extremreise durch eine unbarmherzige Sahara-Wüste. Es ist nicht nur ein Abenteuerbericht, sondern beschreibt das Leben und die Kultur der Tuareg, die Begleiter der Karawanen-Schicksalsgemeinschaft und gibt Einblicke in die Tiefen ihrer Seelen: Eine literarische Reisereportage erster Güte, getragen vom Respekt vor der Wüste und den Tuareg, die das »Unbewohnbare bewohnbar machen« …

288 Seiten, Hardcover mit Schutzumschlag,
über 100 Farb- und s/w-Fotos sowie Abbildungen, Karte
REISE KNOW-HOW Verlag · ISBN 3-89662-380-X · € 17,50

Kirsten Kallinna

Suerte

8 Monate auf Motorrädern durch Südamerika

Acht Monate auf Motorrädern durch Südamerika - für Kirsten und Jörg Kallinna geht ein lang gehegter Traum in Erfüllung, als sie im Sommer 2004 zu dieser Reise aufbrechen. In Ecuador beginnt nun für beide ein völlig neues Leben, das Leben unterwegs.

Erst noch zögerlich, doch bald ganz intensiv tauchen sie ein in einen faszinierenden und unglaublich vielseitigen Kontinent, der sie in seinen Bann nimmt. Fast 30.000 Kilometer legen sie in diesen acht Monaten auf ihren Motorrädern zurück, durchqueren dabei sämtliche Klimazonen, eine Vielzahl von Landschaften und treffen die unterschiedlichsten Menschen. Sie fahren durch Wüsten und tropisches Tiefland, über fast 5000 Meter hohe Andenpässe, über riesige Salzseen und stemmen sich auf den Pisten Patagoniens gegen den Sturm. Zwischen Äquator und Feuerland erleben sie alle Höhen und Tiefen einerReise voller Gegensätze. Sie geraten an ihre Grenzen und sind doch glücklich wie nie zuvor. Suerte, das heißt Glück. Kirsten Kallinna schildert packend, humorvoll und vor allem sehr persönlich die kleinen und großen Erlebnisse und Herausforderungen eines faszinierenden Abenteuers. Ein Buch, das Lust zum Reisen macht!

Hardcover mit Schutzumschlag, 220 Seiten, über 60 Farb- u. s/w-Fotos, 5 Karten
REISE KNOW-HOW Verlag · ISBN 978-3-89662-366-9 · € 17,50

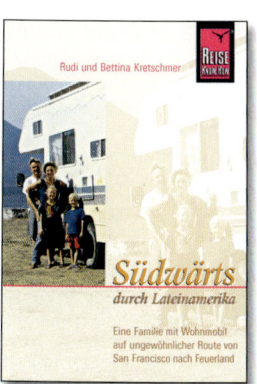

Rudi und Bettina Kretschmer

Südwärts
durch Lateinamerika

Eine Familie mit Wohnmobil auf ungewöhnlihce Route von San Francisco nach Feuerland.

Hautnah erzählt das Buch von einer fantastischen Reise in die „Neue Welt". Zwischen San Francisco und Santiago de Chile erlebt die Familie mit zwei Kindern den Dschungel Amazoniens, die unendlichen Steppen Patagoniens und die Metropolen ihrer Reiseländer. Zwei Jahre lang führen die vier ein Leben, das einzig dazu bestimmt ist, die nord- und südamerikanische Welt anzusehen und ihre Wunder zu bestaunen. Ein einfühlsamer und spannender Reisebericht mit einem überraschenden Ausgang …

Hardcover mit Schutzumschlag, 320 Seiten
40 Farb- u. 70 s/w-Fotos, 4 Karten
REISE KNOW-HOW Verlag · ISBN 3-89662-308-7 · € 17,50